Friedrich Leberecht Wilhelm Schwartz

Die poetischen Naturanschauungen der Griechen, Römer und Deutschen

Friedrich Leberecht Wilhelm Schwartz

Die poetischen Naturanschauungen der Griechen, Römer und Deutschen

ISBN/EAN: 9783743319202

Hergestellt in Europa, USA, Kanada, Australien, Japan

Cover: Foto ©ninafisch / pixelio.de

Manufactured and distributed by brebook publishing software
(www.brebook.com)

Friedrich Leberecht Wilhelm Schwartz

Die poetischen Naturanschauungen der Griechen, Römer und Deutschen

DIE POETISCHEN

NATURANSCHAUUNGEN

DER

GRIECHEN, RÖMER UND DEUTSCHEN

IN IHRER BEZIEHUNG ZUR MYTHOLOGIE.

VON

Dr. F. L. W. SCHWARTZ,

PROFESSOR UND DIRECTOR DES KÖNIGL. FRIEDRICH - WILHELMS - GYMNASIUMS
ZU POSEN.

ZWEITER BAND.

BERLIN.

VERLAG VON WILHELM HERTZ.

(BESSER'SCHE BUCHHANDLUNG.)

1879.

WOLKEN UND WIND,

BLITZ UND DONNER.

EIN BEITRAG

ZUR

MYTHOLOGIE UND CULTURGESCHICHTE

DER URZEIT

VON

Dr. F. L. W. SCHWARTZ,

PROFESSOR UND DIRECTOR DES KÖNIGL. FRIEDRICH-WILHELMS-GYMNASIUMS
ZU POSEN.

BERLIN.
VERLAG VON WILHELM HERTZ.
(BESSER'SCHE BUCHHANDLUNG.)
1879.

VORREDE.

Das grosse Resultat der modernen Anthropologie, auf welches die prähistorische Mythologie, Sprachwissenschaft und Ethnologie bestimmter oder unbestimmter hinführt, ist der Satz: es giebt in der ersten Entwicklung der Menschheit keine gegebene allgemeine Basis, von der man als etwas a priori Vorhandenem ausgehen könnte, als eben die Anlage der menschlichen Natur überhaupt. Alles was auf dem Gebiete der Sprachentwicklung, Religion und der gesammten Cultur der Urzeit hervortritt, sind Entwicklungsphasen, die sich bildeten, je nachdem die Individuen in kleineren oder grösseren Gruppen zu gemeinsamem Leben sich dauernd zusammenfanden und unter dem Reflex einer solchen Gemeinsamkeit ihrem Leben sowohl gewisse Grundlagen gaben, als auch in der Welt sich selbst zurecht zu finden und umgekehrt jene sich mit ihren geistigen Fähigkeiten zurecht zu legen anfingen. Wie jede aus ähnlichen oder verschiedenen Elementen sich zufällig zusammenfindende Gruppe von Colonisten in fremden Gegenden bei mehr oder minderer Abgeschlossenheit allmählich in Generationen einen besonderen gemeinsamen leiblichen und geistigen Typus, einen gewissen gemeinsamen Charakter in ihrem ganzen Leben herausbildet, der durch gemeinsame Ernährungs- wie Lebens- und Denkweise bedingt, durch Verhältnisse oder gewisse präponderirende Individuen modificirt oder in besondere Bahnen geleitet wird, müssen wir uns in ähnlicher Weise die ersten Bildungsgruppen der Menschheit denken, nur eben in unmittelbarster Naturwüchsigkeit des Augenblicks und erst sehr allmählich in mehr geistig sich gestaltendem Denken und Fühlen zu dauernderen Lebensformen vorschreitend. Gemeinsame Abstammung (Race), Uebereinstimmung in Sprache und Gewohnheit konnte ebenso wie gemeinsame Neigung zu dieser oder jener Lebensweise den Mittelpunkt der sich bildenden Centren abgeben. In grosser Mannigfaltigkeit, noch in einem gewissen Flusse haben wir uns diesen Bilgungsprozess der früheren Generationen zu Gruppen als ζῶα πολιτικά in irgend welcher Beziehung der sich gesellenden Individuen zu einander zu denken. Ein „typisch ausgeprägtes" Urvolk in dem Sinne, wie man früher wähnte, hat in bestimmter einheitlicher Gestaltung selbst auf indogermanischem Boden niemals existirt. Wie die Menschheit schliesslich aus Individuen, so haben auch die Völker von jeher — und existiren auch heute nur in mehr oder minder homogenen, aber doch wieder selbstständig nüancirten Gruppen, das Genus existirte auch hier nur in der Species, und erst mit allgemeineren Beziehungen in gemeinsamer Lebens-Cultur oder religiöser Entwicklung knüpften sich idealere Bande, die Species auf nationaler oder religiöser Base allmählich einend, ohne jedoch die Mannigfaltigkeit des landschaftlichen Unterbaus jemals ganz zu verwischen.

Was von der prähistorischen Zeit im Allgemeinen, gilt von der prähistorischen Mythologie und Religion noch im Besonderen. Ihre Anfänge beginnen zugleich mit den ersten Denkoperationen und Begriffsentwicklungen, in denen der Mensch von seiner engsten Umgebung, seiner primitivsten Thätigkeit, die sich nur in der Befriedigung von Hunger und Durst und sonstiger erwachender Begehrlichkeiten und Leidenschaften bewegte, ausgehend, noch ohne entwickeltere Vorstellungen von Raum und Zeit, Leib und Seele, ohne ethische Begriffe irgend welcher Art, das Gute nur unter der Form dessen, was ihm angenehm oder nicht, kennend, Alles um sich nach demselben Massstab zu beurtheilen und, was er nicht mit seinen Sinnen unmittelbar fassen konnte, nach Analogieen mit dem Bekannten sich zurecht zu legen anfing und so in immer weiteren Kreisen im Wissen und Glauben das Verständniss seiner Umgebung in seiner Weise gewann. So unbeholfen, ja barock oft die Formen sind, unter denen uns dieser Prozess bei dem Naturmenschen entgegentritt, so ist es doch im Grunde dasselbe Prinzip, demzufolge der heutige civilisirte Mensch auch noch dem ihm Unbekannten gegenüber verfährt; der Unterschied liegt nur in dem geweiteten Horizont und der Anwendung dabei der inzwischen im Lauf der Jahrtausende gewonnenen wissenschaftlichen Resultate. In der Sache ist es dieselbe Operation, ob der Naturmensch „analog seiner und der anderen ihn umgebenden Wesen Essbegier, die ihn zum Verfolgen Alles dessen treibt, was ihm geniessbar dünkte," schliesslich meinte, wenn der Wind den Wolken nachjagte und sie plötzlich verschwunden waren, der Wind, den er fühlte und dessen Wirkung er gleichzeitig dort oben wahrnahm, hätte den Wolken in ähnlichem Verlangen nachgesetzt und dieselben „verschlungen"[1]), oder ob der civilisirte Mensch des XIX. Jahrhunderts die Frauenhofer'schen Linien in der Spectralanalyse „durch Analogieen mit vorhandenen Erscheinungen", welche die Wissenschaft allmählich aufgedeckt, sich zurecht zu legen und zu erklären sucht. Das Individuum Mensch ist an sich in Betreff seiner Anlagen zu allen Zeiten eben dasselbe gewesen, und darin beruht gegenüber der colossalen Verschiedenheit im Fortschritt der Jahrtausende das Gemeinsame aller Zeiten; der Mensch — in seiner Allgemeinheit, abgesehen von einzelnen besonders begabten Individuen gefasst — wird eben nur eine verschiedene Species je nach den verschiedenen Voraussetzungen seiner leiblichen und geistigen Existenz und der daraus sich entwickelnden Lebensrichtung.

Habe ich in meinen früheren Schriften, namentlich in der Vorrede zum „Ursprung der Mythologie" und dem I. Theil der „Poetischen Naturanschauungen (der Griechen, Römer und Deutschen) in ihrer Beziehung zur Mythologie" verschiedentlich im Anschluss an den obigen Gedankengang darauf hingewiesen, dass man sich die Urzeit auch in Betreff der mythologischen Entwicklung zunächst in voller Nacktheit, baar von Allem, was den Menschen nicht der Augenblick zuführte, zu denken habe, in voller Unmittelbarkeit Alles um sich anschauend, bis sich in der Gemeinsamkeit der einzelnen Centren allmählich eine eingehendere Verständigung darüber anbahnte und in den sich bildenden Traditionen gewisse bestimmtere Ansichten resp. Erfahrungen

---

[1]) S. meinen Aufsatz „Ζεὺς πίνει" im neusten Heft der Fleckeisen-Masius'schen Jahrb.

sich geltend zu machen anfingen, so hatte sich gleichzeitig meinen Untersuchungen derselbe Gedanke substituirt, mit dem Noiré seine Schrift über die Sprach-Philosophie schliesst, wenn er sagt: „die Entstehung der Mythologie ist eine nothwendige, hochwichtige Entwicklungsstufe in dem Sprach- und Geistesleben der Menschheit." Nur fasst er im Anschluss an die Forschungen M. Müller's und Kuhn's die Sache etwas zu sehr unter dem Reflex der Sprachentwicklung, weniger in der ihr zukommenden Selbstständigkeit, wenn er jenen Prozess in dem Sprachleben der Urzeit sich vollziehen lässt und fortfährt: „Linguistisch kann jene Entwicklungsstufe bezeichnet werden als die Periode, da zuerst Subjecte aus der Unbestimmtheit des Denkprozesses sich auszusondern und zu selbstständigem Dasein sich zu gestalten anfingen."

Eine ähnliche Reserve muss ich auch zum Theil in Betreff der von ihm dann gegebenen Ausführung von dem Eintreten des betr. religiösen Prozesses einnehmen, in so fern er namentlich den Moment des Einsetzens der religiösen Phase gleich mit einer Fülle und Tiefe von Vorstellungen charakterisirt, die meist in anderer Weise und anderen Gebieten, erst mehr historisch gezeigt als wie ein deus ex machina innerhalb des Kreises, von dem wir handeln, eingetreten sind.

Er sagt nämlich: „Es war eine Zeit auf unserer Erde, da gab es für den Menschen, wenigstens für sein Denken („dieser Zusatz ist zu betonen" Anm.), noch keinen Mann und keine Frau und kein Kind, keine Sonne und keinen Mond, kein Thier und keinen Baum, kein ich und kein du, kein hier und kein dort, sondern einen geringen Vorrath von Lauten, welche sein Thun begleiteten und sich an den Objecten anhefteten, die von dieser Thätigkeit geschaffen oder von ihr modificirt wurden."

„Es ist die Periode der objectiven Sprachforschung."

Dem stimme ich bei, aber nun fährt er fort: „Eine ganz ungeheure Revolution in dem Geistesleben musste nachmals eintreten, als die Menschen anfingen, ihre Blicke von dem Boden, an den sie gefesselt waren, emporzurichten zu den ewigen Gestirnen, zu dem Himmel, der dauernd und fest blieb, während sie selbst aufblühten, welkten und vergingen, zu der Morgenröthe, die ihnen den neuen Tag brachte und das Grauen der

Nacht verscheuchte, zu den Wolken, die von den Stürmen gejagt wurden, und die nach langer schmachtender Dürre"
„gnädig ernst den langersehnten Regen
mit Donnerstimme und mit Windesbrausen
in wilden Strömen auf die Erde schütten."
„Dass eine solche Revolution", heisst es weiter — „nicht
etwa plötzlich und unvorbereitet — sondern langsam und ganz
allmählich wie alle Entwicklung einmal eingetreten sein muss,
in welcher die activen Naturkräfte ahnungsvoll empfunden und
durch die entzündete Phantasie als lebende, thätige Wesen aufgefasst wurden, wo die Objecte unmerklich sich in Subjecte
verwandelten und die Sprache, das Denken jenen Charakter
annahm, den wir heute kennen, und der uns so natürlich erscheint, dass wir wähnen, es müsse immer so gewesen sein,
ist ganz zweifellos."
„Diese Periode fällt zusammen mit dem Ursprung der Religion." So Noiré.

Abgesehen von einzelnem Andern, auf das wir noch nachher kommen werden, so zieht die Darstellung von den „ewigen Gestirnen" an bis zu dem „ahnungsvollen Empfinden
der activen Naturkräfte als lebender, thätiger Wesen", wie
schon angedeutet, eine Menge von Entwicklungsphasen und
Entwicklungsobjecten, ja eine Fülle von Abstractionen, um den
Gegensatz gegen die frühere Zeit zu zeichnen, hinein, welche
auf ganz anderen geistigen Gebieten in der Tradition eines
langen Culturlebens sich erst allmählich entfaltet und dann auch
auf religiösem Gebiete sich geltend gemacht haben. Was Noiré
schildert, ist eben schon entwickelte Religion, wenn auch heidnische, nicht erst das Keimen derselben. Ist doch selbst eine
so entwickelte Mythologie wie die nordische nicht einmal zu
der Phase der ewigen Dauer seines Himmels und seiner Götter
durchgedrungen. Ja schon die Auffassung des Himmels an sich
als etwas Göttliches findet in der prähistorischen Mythologie
keine Stelle, ebensowenig wie die Personification der Naturkräfte. Dem Naturmenschen war zunächst eben Alles lebendige
Realität, die Scheidung zwischen Denken und Glauben, das ursprünglich eins bei ihm war, vollzog sich in anderer Weise mit
einer psychologischen Nothwendigkeit.

Was zunächst den Horizont des Naturmenschen anbetrifft, so war ihm von dem eng begrenzten Centrum aus, in dem er sich bewegte, Himmel und Erde also eins; was überhaupt um ihn vorging, das war seine Welt, ob oben oder unten, das war ihm zunächst gleich. Dahinfliegende Wolken waren ihm Vögel, wie die wirklichen, welche er im niederen Fluge oder, wenn sie sich niederliessen, mit einem Stein zu erreichen suchte. Die am Morgen aufsteigende, in den Wolken sich verästende Sonnen- oder Lichtsäule war ihm der aufsteigende Stamm eines lichten, himmelanwachsenden Baumes, wie er solchen am Horizont auf Erden oft plötzlich auftauchen sah. Das massenhafte Dahin- ziehen einzelner Wolken, das er als Dahintreiben von Herden oder als eine dahinrasende Jagd fasste, war ihm eine Erscheinung, wie analoge Bilder hier unten. Erst allmählich keimte im Er- kennen von allerhand damit zusammenhängenden, unfassbaren, wunderbaren Beziehungen und im Gefühl, nicht in jene Regionen eingreifen zu können, die Ahnung einer dort oben sich in be- sonderer (zauberhafter) Weise abspielenden Welt. Die volle Abstraction und der Gegensatz von Himmel und Erde ist eben eine der spätesten Entwicklungsphasen auf mythologischem Ge- biet, die schon fast eine in der Vorstellung fertige Welt von gottesähnlichen Wesen voraussetzt, nicht mehr an den steten Wandel dort oben, wie in der ersten naiven Zeit, glaubt, all- mählich eine Art System in demselben ahnt, welches aber auch nur annähernd in gewissen Gruppen oder gar Klassificationen zu erfassen, erst eine Fülle von Beobachtungen und Denkope- rationen, vor Allem Abstractionen von Raum und Zeit voraussetzte. Es hatte eben ursprünglich Alles noch einen individuellen, momen- tanen Charakter und wurde nach ihm gefasst. Der „züngelnde", sich „schlängelnde" Blitz war zunächst etwas Anderes, als der scheinbar als Pfeil dahinfliegende oder wie eine „Fackel" auf- leuchtende; die Mannigfaltigkeit in der Art, wie die Himmelser- scheinungen überhaupt sich darstellten, bestimmte zunächst ihre Auffassung in derselben Fülle. Das Erkennen einer gewissen Iden- tität trotz der verschiedenen Formen so wie des auf einer gewissen Regelmässigkeit beruhenden Wandels in den Naturerscheinungen ist erst das Product einer Art wissenschaftlichen Arbeitens des Menschengeistes zum Theil ausserhalb der mythologischen Ge-

bilde gewesen, die eben stets und überall nach den augenblick-
lichen Eindrücken ein freies Handeln dort oben voraussetzen.
Wir haben für die Anfänge dieser in unendlich kleinen
centralen Kreisen im Laufe der Jahrtausende sich vorbereitenden
Entwicklung der Menschheit bis zu dem Augenblick ihres historischen Charakters in wirklich geschichtlich gegliederten Volks-
massen, was die mythologisch religiöse Entwicklung anbetrifft,
gewisse Analoga, die uns leiten können[1]). Das sind neben den
überall im Glauben roher Völker, ja selbst noch im Aberglauben
bei gebildeten Nationen hervortretenden, halb fetischartigen,
halb von einem gewissen Animismus, der Alles belebt erachtet,
erfüllten Auffassungen gewisser das Leben bedingender, äusserer
Objecte, in Betreff der mythischen Conceptionen zunächst einzelne
in der Tradition zufällig erhaltene, rohere Glaubensüber-
reste, wie z. B., wenn bei den Griechen der Iris in Bezug auf
die Regenbogenhörner ein Stierkopf beigelegt wurde, mit dem
sie das Wasser ausschlürfen sollte, oder sonst die Winde als
gefrässig, die Wolken haschend und vor Durst schlürfend gedacht wurden[2]). Dann ist es die Sprache mit ihren mannigfachen Bezeichnungen derselben Himmelserscheinungen, vor Allem aber die stets sich neu gebärende phantasievolle Auffassung
der den Menschen umgebenden Wunderwelt von Seiten dichte-
rischer Anschauung. Sie ist ebenso individuellen, momen-
tanen, aller gelehrten Voraussetzungen baaren Ursprungs wie
die des Naturmenschen. In voller Freiheit poetischer Schöpfung
kennt sie nur das Gesetz der Analogie, und wenn sie in dieser
Hinsicht eine für alle Zeiten geltende Sprache redet, insofern
die Prämissen, von denen sie ausgeht, allgemein menschliche
oder überall vorkommende oder hervortretende sind, so unterscheidet sie von der Urzeit meist nur der Geschmack. Die Sonne

---

[1]) Eingehend hat sich hierüber neuerdings auch Laistner in seinen
„Nebelsagen Stuttgart 1879" im Nachwort S. 207 ff. ausgesprochen. Von
den Ausführungen des reichhaltigen Buches weiche ich nur stellenweise
insofern ab, als ich meine, dass die mythologische Deutung sich nicht
zu sehr in „Specialitäten" nach Forchhammer'scher Weise verlieren
dürfe, wenn gleich ich besondere mythische „Genrebilder" localen
Charakters durchaus nicht läugne.

[2]) s. den S. VII. citirten Aufsatz.

als Auge zu fassen, ist allgemein menschlich, den Blitz als
Schlange selbstverständlich, wo es Schlangen giebt, die aufsteigende Sonne aber oder, wie der Talmud sagt, die Säule
der Morgenröthe nicht bloss als einen „sich erhebenden" Baum,
sondern sogar als einen Phallus zu fassen, gehört natürlich
nur der rohsten Natürlichkeit und Nacktheit der Urzeit an.
Wenn aber veredeltere Sitte solche Anschauung wie die letztere unter civilisirten Verhältnissen unmöglich macht, so bricht
doch eine gewisse Analogie in der Auffassung selbst auch in
solchem Falle noch „abstract" ohne jenen Hintergrund in so
fern hindurch, als oft einzelne Ausdrücke an jene Vorstellung
anklingen, so dass eben nur der Unterschied der Zeit es veranlasst, dass ihnen nicht weiter Folge gegeben wird, wenn z. B.
Gleim bei Schilderung eines Sonnenaufgangs im Anschluss an
ähnliche Ausdrücke der Sprache sagt:

> Sie (die Sonne) steigt
> Im Unermesslichen empor und thut
> Den Willen ihres Gottes; Leben fliesst
> Mit ihrem Licht' in Alles um sie her;
> In Alles strömt die Gotterschaffene
> Wohlthaten ihres Gottes. Sehet auf,
> Sie stehet da. Hat eines Menschen Hand
> Sie hingestellt?

oder wenn in dem bekannten Gedicht „Columbus" es heisst:
„Jetzt hebt sich der östliche Strahl", nachher von einem belebenden Strahl die Rede ist u. s. w.[1])

In den angedeuteten Gegensätzen zu unserm heutigen
Denken und Empfinden beruht eine unendliche Schwierigkeit
der betr. Wissenschaft. Schon das Zurückgreifen auf die der-
beren volksthümlichen Kreise innerhalb des historischen Lebens
erscheint dem ideellen Sinn der gewöhnlichen Humanitäts-
studien, welche nur der idealen Entwicklung des Menschenge-
schlechts gleichsam in den Etappen der Literatur nachzugehen
gewohnt sind, widerstrebend, und wie sie sich mit erklärlichem
Widerwillen von den oft recht bestialisch rohen Seiten des
Lebens der alten Culturvölker abwenden, wird es ihnen unend-

---

[1]) Vergl. Berl. Zeitsch. f. Ethnol. v. J. 1874 S. 179 ff. meines Auf-
satzes über den (rothen) Sonnenphallus der Urzeit.

lich schwer, noch einen nackteren Hintergrund für die Urzeit, also auch mit für die Vergangenheit jener Völker zugeben zu sollen, einen Zustand, der noch weit hinter dem Zustand der jetzigen rohesten Naturvölker zurückliegt, welche schon durch die Continuität gemeinsamer Existenz seit Jahrtausenden unter denselben natürlichen Verhältnissen innerhalb dieses Kreises eine, wenn auch begrenzte, so doch immerhin nicht ganz wegzuleugnende praktische Lebens- und somit Culturgestaltung erreicht haben. Die Wissenschaft hat aber mit jener individuell so berechtigten Stimmung nichts zu thun, sie muss sich für diese Kreise wenigstens an jene nackte Rohheit des natürlichen Menschenthums in so weit gewöhnen, dass sie dieselbe als eben etwas Natürliches in den Prozess mit aufnimmt, den sie möglichst nahe der Geburtsstätte der Menschheit aufzunehmen trachtet.

Diese Verschiedenheit in Betreff der Lebensgewohnheiten und des Geschmacks, von denen die Urzeit bei den betr. Naturanschauungen ausging, betreffen aber nur mehr oder weniger einzelne Anschauungskreise, daneben ist die Fülle des Uebereinstimmenden, wie dieser II. Theil der „Poet. Naturanschauungen in ihrer Beziehung zur Mythol." wieder bestätigt, doch so gross, dass nicht wenig hierdurch die ganze Art der Untersuchung bestätigt wird. Wir sehen in einer Zusammenstellung der Bilder von den Himmelserscheinungen, wie sie theils in der Sprache ihren typischen Niederschlag gefunden, theils bei den Dichtern der Griechen, Römer und Deutschen oft in der überraschendsten Analogie uns entgegentreten, fast vollständig das Entstehen eines mythischen Himmels in seiner Mannigfaltigkeit und doch wieder natürlichen Einfachheit. Durch eine Fülle von Nüancirungen in den Erscheinungen und dann auch wieder in der Auffassung derselben Elemente entstehen eine Masse mythischer Ansätze, welche wir dann in den verschiedenen Stämmen der betr. Völker, unter verschiedenen Culturentwicklungen von Jagd, Fischfang, Nomadenthum und Ackerbau, so wie in der Entfaltung des menschlichen Lebens an sich (auch nach sexualer Seite hin), auf die mannigfachste Weise in den Mythologien und den sich daran schliessenden Gebräuchen entwickelt und in allmähliche Beziehung zu kalendarischem Auffassen des Wandels der Jahreszeiten und überhaupt der Zeit getreten sehen.

Neben einer ganzen himmlischen Thierwelt von Wolken-
vögeln, Blitzschlangen, Sturmeswölfen, den brüllenden Donner-
stieren u. s. w. sehen wir, um nur einzelnes hervorzuheben, in
den Zusammenstellungen besonders dieses zweiten Theils innerhalb des betr. Anchauungskreises auch gewisse menschenartige
Typen auftreten. Der Wind wird zum Treiber, Hirten oder
Jäger der himmlischen Thiere, der Sturm zum Räuber und
Entführer des Sonnenlichts oder der Sonnenjungfrau oder zum
Helden, der sie von den finsteren Wolkendämonen befreit. Der
Gewitterheld wird zum σωτήρ, Retter und Helfer (Reiniger und
himmlischen Arzt). Daneben treten die himmlischen Sänger
und Musikanten, die in vollerer Entfaltung des Unwetters ihre
wilden Orgien und Umzüge halten. Im Glanz des Gewitters wandelt sich dann der Himmel in eine Feuerwelt, die entweder als
eine Schmiede zurechtgelegt wird oder die Vorstellung einer
Hölle weckt. Wie in einem Kaleidoskop ändert sich die Situation, bald erscheint dies, bald jenes feindlich oder helfend.
Blitz und Donner, so bedeutsam sie in der Weiterentwicklung
der mythologischen Massen geworden, erscheinen im Anfang
jedoch mehr secundär. Die Finsterniss des Unwetters, der
Alles vor sich niederschmetternde Sturm treten gleichsam als die Urmächte in den Vordergrund, die der Mensch
zuerst fürchtete, denn, wie es im Märchen von Sonne, Mond
und Wind S. 82 heisst, der Mensch huldigte nur dem, welchen
er zu fürchten Veranlassung zu haben glaubte.

So spiegelt sich in der ganzen Mythologie, wie ich es
schon in meinem Buch über den Urspr. d. Myth. ausgesprochen
und trotz Mannhardt festhalte, ursprünglich ein gewisses Chaos
gläubiger Vorstellungen von den in den wunderbaren Erscheinungen des Himmels und namentlich des Gewitters sich be-
kundenden Wesen und Dingen als einer zauberhaften Welt
wieder, die nur mit ihren Symptomen in diese Erdenwelt hinein-
zureichen schien, die aber die Menschen sich nach der Analogie
der letzteren gläubig zurechtlegten u. s. w. Wir sehen die Lebensgewohnheiten wie die Culturphasen der Urzeit gleichsam
in bestimmt abgelagerten, mythologischen Schichten sich do-
cumentirend. Ganze Klassen von Vorstellungen schliessen sich
an das Jäger- und Hirtenleben an; Reihen von Bildern, die

sich an Sonne und Mond knüpfen, scheinen noch nichts von einem feurigen Hintergrunde zu wissen, sondern fassen, wie wir im I. Theile gesehen, das Himmelslicht als Flüssigkeit. Nur allmählich erst rückt dann der Wechsel der Jahreszeiten, das Mondjahr in die mythischen Bilder und Gebräuche bestimmend mit ein. Innerhalb der gezeichneten Regionen tritt fast der ganze mythische Prozess in seinen Anfängen klar vor Augen. Die Deutung dessen, was man sah, die Beziehungen, die man zwischen den Erscheinungen supponirte, bilden meist den Ausgangspunkt der ethischen Entwicklung, den der mythische Niederschlag in der Tradition erhielt und der dann selbstständig in derselben sich entfaltete. Die Erscheinungen oder die Wesen, denen man bei erweiterter Naturbetrachtung Macht oder Einfluss beilegte, fingen an verehrt zu werden und wurden allmählich immer persönlicher gedacht im Cultus von Generationen zu Göttern; während sich Anderes als eine Art Residuum in Sage, Märchen und Gebräuchen ablagerte. Auf jenem Wege konnten gewisse Gestalten die Menschen durch die verschiedenen Culturepochen begleiten, indem sie neue Momente als Accidentien an sich nahmen, ebenso konnten aber auch aus neuen Naturbetrachtungen neue Wesen entstehen. Der wilde Jäger des Gewitters konnte zum Wetterherrn werden, die Frühlingssonne zur Frühlingsgöttin, ebenso wie der leuchtende Gewittergott, der die Mächte der Finsterniss, des Winters u. s. w. vertreibt, diese Rolle übernehmen konnte.

Wie Himmel und Erde eins war, so fand man die Wesen, die man dort oben wahrnahm, auch hier auf Erden unter Umständen wieder, abgesehen davon, dass die Tradition schon einfach jenen Unterschied nicht machte, eine Uebertragung also ganz natürlich war. Die himmlischen Wasser- und Windgeister, die riesen- und zwerghaften Wesen, die Dämonen, die mythischen Thiere, kurz Alles was dort oben zu leben schien und die Phantasie der Menschen erfüllte, wurde in Wald und Feld, Wasser und Sumpf, in Bergen wie in den Tiefen der Erde, wo nur Anknüpfung sich zu bieten schien, angesiedelt. So erstarrte die alte mythische Production 'gleichsam in den engen localen Kreisen in einfachen, beschränkten Formen, während

daneben, als sich einzelne Culturschichten der Menschen aus
der Masse der Allgemeinheit mit weiterem Horizont emporzu-
heben anfingen, immer neue, allmählich fortschreitende Vorstellungen und Bilder zu keimen begannen, deren phantasievollere
Entwicklung dann Poesie und Kunst übernahm.
Der Polytheismus hat eine zwiefache Wurzel. Er wurzelt
einmal in der Verschiedenheit der Naturelemente und zwar
besonders in der von Sturm und Sonne, Tag (Morgenröthe) und
Nacht (Mond); dann aber zweitens in der verschiedenen historischen Entwicklung derselben Elemente in verschiedenen Volks-
kreisen, wodurch bei einheitlicherem geistigen Zusammenwachsen
derselben zu einer Nation später dann verschiedene Götter und
Göttinnen desselben Naturursprungs unter verschiedenem Namen
und verschiedener Gestaltung und Charakter in das Pantheon
des Gesammtvolkes eingingen. Dies zeigt die nordische, dies
die griechische Mythologie in der significantesten Weise.

Mit den Anfängen mythisch religiöser Vorstellungen verbunden erscheinen aber zugleich, um dies auch hier nicht unerwähnt zu lassen, eine Fülle religiöser Gebräuche, die in der
Nachahmung der entsprechenden himmlischen Vorgänge, an
welche man glaubte, bestanden. Wie das Kind Alles nach Analogien fasst und das, was es von den Alten sieht, nachahmt, so
bekam auf demselben Wege auch das menschliche Leben der
Urzeit nicht bloss seine ersten Vorstellungen, sondern auch seine
ersten Lebensformen, in so weit nicht der Mensch auch mit
seinen eigenen Sinnen, Kräften und Begierden practisch seine Umgebung auffasste, dieselbe sich gestaltete und sein Verhalten zu ihr
einrichtete[1]). An jenem mythischen und rituellen Material aber
keimte und rankte sich alles höhere Denken und Empfinden zu
immer volleren Gestalten empor, je mehr die fortschreitende
Cultur in einzelnen Schichten der Culturvölker den menschlichen
Horizont zu weiten und die menschliche Natur zu vertiefen und
somit voller zu entfalten, ja bis zur Vorstellung des Ideellen
und Ewigen vorzudringen anfing, bis schliesslich der aus den
Naturreligionen sich entwickelnde Religions- und Culturstoff

[1]) S. u. A. Berl. Zeitschr. f. Ethnol. v. J. 1875: Schwartz, „Zum Ursprung der Gebräuche der Urzeit."

gleichsam erschöpft einem neuen Geiste Platz machte, der
im Stillen lange vorbereitet, dann im Christenthum gleichsam
eine Neuschöpfung der Menschheit vollbrachte. Ich habe diese allgemeinen Bemerkungen dem II. Theil
der Poet. Naturanschauungen vorangeschickt, obwohl sich der-
selbe vielleicht mit einer einfacheren Vorrede hätte begnügen
können, weil es angethan schien, nachdem ich seit dem Erscheinen des I. Theils im J. 1864, abgesehen von der jüngst
erschienenen Abhandlung „über den Ursprung der Stammsage
Roms" mehr in einzelnen Aufsätzen auf diesem Gebiete mich
habe thätig erweisen können, die Aufgabe der vergleichenden
und prähistorischen Mythologie wieder etwas voller zu präcisiren,
zumal da Mannhardt den bisherigen Vertretern derselben in der
Vorrede seiner „Wald- und Feldculte" plötzlich eine Art Absage-
brief geschickt und in seinem Bemühen sich von ihnen zu sondern, die Prinzipien und Resultate, für die er früher selbst zum
Theil in so bedeutsamer Weise eingetreten, anzufechten sich hat
angelegen sein lassen[1]). Statt nämlich von den mehr oder weniger doch schon gewonnenen, allgemeinen Grundlagen aus auch
für die Entfaltung und Weiterentwicklung der mythologischen
Welt neue Prinzipien aufstellen oder wenigstens die alten entsprechend modificiren zu helfen, hat er sich theils durch seine
Beschäftigung mit den agrarischen Culten, theils durch das Be-
streben, die neue Wissenschaft aus ihrer bisherigen erklärlichen,
ihn aber besonders bedrückenden Isolirtheit (s. S. XXXIX.) bal-
digst herauszuführen, verführen lassen, wieder in die bisher in
der classischen Mythologie so erfolglos angewandte sogen. historische Methode einzulenken, überall von individuell localen Gestaltungen, als besonderen Schöpfungen geistigen Inhalts auszu-
gehen und so meist nach individuellen Erklärungen auch
da zu suchen, wo es nur mehr oder minder selbstständig entwickelte Spielarten, Localisirungen, rituelle Nachahmungen alter,

---

[1]) Ob dabei gerade die vielfach pointirte Art in der Schilderung
seines angekündigten „Befreiungsprozesses von den herrschenden Richtungen", sowie in der Proclamirung angeblich „neuer Methoden" in „wahr-
haft historischem Sinne" u. dergl. der gemeinsamen Wissenschaft nützen
und ihn über das Sichisolirtfühlen, über das er klagt, hinforthelfen dürfte,
lasse ich dahingestellt.

weit verbreiteter mythischer Naturelemente u. s. w. sind. So kommt
er dahin, nicht bloss das oben S. XIV aufgestellte Hauptprinzip des
Urspr. d. Myth. als „allzuhastig" gezogenes Product einer selbst
geschaffenen (!) Phantasiewelt zu bezeichnen (S. XXIII.) (während
es nur die consequente Durchführung der in meinen ersten
Schriften aufgestellten Grundsätze war, wie sie sich mir während zehnjährigen Sammelns von Sagen im Volke „bei den
betr. Wanderungen" aufgedrängt und in weiteren zehn darauf
folgenden Studienjahren ausgebaut hatten), sondern es begegnet
ihm, dass er im Widerspruch mit seinen eigenen, noch kurz
zuvor erschienenen Aeusserungen selbst etwas wie die flüssige
Natur der volksthümlichen Sage in ihrer Mannigfaltigkeit selbst
ganz verkennt. So fordert er z. B. in den Sagen von den Kyklopen
meiner Auffassung gegenüber, damit er diese wieder beseitigen
möchte (S. 111), ein einheitliches System, während das Ein-
heitliche nur in der Vorstellung von den „einäugigen Sonnen-
riesen" beruht, an verschiedenen Orten aber die verschiedensten
mythischen Elemente sich an sie ansetzten und Alles dies nun
neben einander in der allgemeinen Tradition auftritt. So verlangt er überall logische Sonderung, wo in den betr. Natur-
elementen selbst schon Uebergänge sich finden, z. B. bald der
Sturm, bald der Donner seine Harfe ertönen lässt, der Regenbogengott die Sonnengöttin bald schützt, bald wie in der Sage
vom Herakles und der Here, gegen sie seinen Bogen spannt
oder schliesslich gar der Regenbogen als des Sonnengottes
Bogen (des Apollo ἀκερσόκομης) gilt. Wie Mannhardt am Schluss
seines Werkes aber sich doch bei der Recapitulation seiner Ge-
sammtresultate veranlasst sieht, die vorher bekämpften Prinzipien
in rücksichtsloser Offenheit theilweise wieder anzuerkennen und
zu meinen „es bestätige sich doch meine Ansicht über den Ursprung der höheren Mythologien aus dem niederen Volksglauben", so hoffe ich, dass er schliesslich auch wieder voller
sich den zum Theil verlassenen Bahnen zuwenden, und die
nachfolgenden Blätter ihn mit überzeugen werden, dass nicht
das vorhin S. XIV erwähnte Grundprinzip, wie er sich ausdrückt, ein Verlieren in eine von mir „selbstgeschaffene"
Phantasiewelt ist, und dass das, was ihn zum Theil abge-
schreckt hat, weiter mit zu gehen und mit vereint in den

mythischen Urwald vorzudringen, nicht der Gang der For-
schung, den ich eingeschlagen, sondern der Charakter der Urzeit ist, wie er ihn selbst so trefflich in seiner Abhandlung über
die lettischen Sonnenmythen mit einem andern Bilde schildert,
dessen Consequenzen sich ihm eben nur entziehen. Er
sagt nämlich dort ganz übereinstimmend mit dem so scharf getadel-
ten Grundprinzip: „Wie aus der in ewigem Flusse befindlichen
Masse eines brodelnden Zauberkessels steigen da vor unseren
Augen in unendlicher Reihe immer neue, wechselnde, sich häufig
ausschliessende, einander widersprechende Naturbilder für ein
und dieselben Zustände des Tagesgestirns und der dasselbe begleitenden Lichterscheinungen in die Höhe, immer neue Versuche
das Unbegreifliche derselben fasslich, durch Vergleich mit bekannten Gegenständen aus der Nähe sich verständlich zu machen.“

Bewährt nun auch der II. Theil der Poetischen Naturanschauungen diesen Charakter wieder in vollstem Masse, so treten
doch anderseits eine Fülle bestimmter Gruppen, Charaktere, Vorstellungen wenn auch in embryonischer Gestalt hervor, die wir
in den indogermanischen und anderen Mythologien dann weiter
entwickelt sehen, so dass wir das Keimen und die Verzweigung der mythischen Gestaltungen in ihren Haupt-
richtungen hier deutlich vor uns haben.

Ich habe, um den Eindruck des Gesammtbildes nicht so
wie beim ersten Theile zu erschweren, möglichst wenig selbstständige mythologische Excurse eingefügt, sondern mich meist
auf Andeutungen beschränkt. Nachdem ich frisch von der Arbeit
„über den Ursprung der Stammsage Roms“ mit ihren weiten
merkwürdigen Perspectiven kam[1]), konnte ich es mir freilich nicht
versagen, Einzelnes doch etwas eingehender zu behandeln, was
besonders eigenthümlich neu sich herausstellte. Ich rechne namentlich hierher die Vorstellung der Gewitterumzüge mit den
Donnerpauken, die himmlische Feuerwerkstatt, der Gegensatz
der Licht- und Nacht- resp. guten und bösen Zauberwelt,
vor Allem aber solche Einzelheiten, wie die aufgehängten Wol-

---

[1]) Vergl. die Selbstanzeige in der Jenaer Literatur-Zeitung. 1879.
Nr. 257, zu deren Abfassung mich eine etwas eigenthümliche Anzeige
im Leipziger Centralblatt veranlasst hat.

kengötter Here, Marsyas und Odhin. Das Letztere zeigt uns wieder
deutlich, wie ein und dasselbe mythische Element in ganz auseinander liegenden, heterogenen Kreisen unter verschiedenster
Gestaltung haften geblieben ist, so dass nur, indem man von
der betr. Anschauung ausgeht, man den Faden findet, der von
einem zum andern führt.

Derartige Beispiele aber, die überall wiederkehren, bestätigen es vor Allem, dass die gemeinsamen Ursprünge des mythologischen Materials weit zurück in der Nähe der Geburtsstätte
der menschlichen Sprachen liegen.

Die selbstständige historische Entfaltung der einzelnen
mythologischen Elemente beginnt mit dem Augenblick, wo
das Bild aus der Anschauung übergeht in die Tradition, wo
der Loslösungsprozess von dem natürlichen Hintergrund anfängt
und es gleichsam zum freien Eigenthum des menschlichen Geistes
wird, der die in demselben liegenden Keime nun auf religiösem
wie historischem, poetischem wie künstlerischem, abergläubischem
wie rituellem Boden verwerthet und in dem immer einheitlicheren
Geistes sich gestaltenden Schaffen der Nation homogener aus-
bildet. Aber wie in den Sprachen die alten Formen immer
noch in den Bildungen späterer Jahrtausende nachklingen, so
hielt auch der an die Mythen sich anschliessende Volksgeist
die alten, seine Phantasie erfüllenden Conturen trotz aller Wandlungen des Inhalts immer noch möglichst fest, so dass bei aller
idealisirenden Gestaltung des Stoffs immer noch der alte prähistorische Hintergrund auch in den historischen Mythologien
mehr oder minder erkennbar im Einzelnen hindurchschimmert.

Gelegentlich lassen sich auch schon innerhalb der prähistorischen Mythologie gewisse ethnologische Bezüge verfolgen, obgleich die Sammlungen des mythischen volksthümlichen Materials
stellenweise noch so lückenhaft sind, dass abschliessendere Ur-
theile in Betreff der Grenzen, innerhalb welcher gewisse com-
plicirtere oder ausgebildetere Vorstellungen vorkommen, die man
nicht mehr gut als „allgemein menschliche" bezeichnen kann,
immerhin noch bedenklich sind. Wie lange hat man nicht z. B.

die Wineta-Sage als eine specifisch pommersche angesehen, und jetzt tauchen im Ursprung analoge in Italien, Griechenland wie im fernen Indien auf und zeigen, dass es nur eine besonders entwickelte Spielart einer alten indogermanischen Tradition ist. Nichtsdestoweniger habe ich es nicht für ungeeignet erachtet, immerhin auf gewisse charakteristische Momente in ethnologischer Hinsicht hinzuweisen, wenn es gleich nach meiner Meinung vor Allem erst jetzt darauf ankäme, die historischen Mythologien der einzelnen indogermanischen Völker wie der Aegypter u. s. w. in Betreff ihres Materials in die landschaftlichen mythischen Kreise gleichsam aufzulösen und so überall die Brücke zwischen prähistorischer und historischer Mythologie zu schlagen. Als auf ein bedeutsames Moment obiger Art habe ich in den folgenden Blättern u. A. auf die Analogien der indogermanischen Sagen von den mythischen brüllenden Donnerrindern (die dann zu Sonnenstieren wurden) zu entsprechenden finnisch-mongolischen wie celtischen und ägyptischen hingewiesen, während die wohl noch ältere Vorstellung der Blitzesschlangen und Drachen, wenn gleich in verschiedenen Stufen der Ausbildung, die alte wie neue Welt verbindet. Wie die prähistorische Mythologie „in einem gewissen Reflex" uns über den Inhalt und die unentwickelten rohen Lebensformen der Urzeit Auskunft giebt und so der Sprachvergleichung Anschauung und Mass für jene Zeiten mit bietet, dürfte sie im Verein mit jener so wie anderen Zweigen der Anthropologie auch das Ihrige dazu beitragen, den Schleier zu lüften, der jetzt noch die ethnologischen Beziehungen der Vorzeit deckt.

Posen, den 13. Juni 1879.

W. Schwartz.

INHALTSVERZEICHNISS.

Capitel I.

Wolken.

Capitel II.
Wind (Sturm).

Capitel III.
Der Blitz.

Capitel IV.
Donner.

Capitel VI.

Regenbogen.

Capitel VII.

Regen.

Wolken.

—

1. Die Wolke als Haut, Fell, Vliess, Sack, Windsack, Wetterbalg, Aegis, goldenes Vliess.

Im Veda wird die Regenwolke an einzelnen Stellen als die schwarze Haut bezeichnet, an anderen die regenspendende und befruchtende Haut genannt (M. Müller, Essays, Leipzig 1869. II. S. 159). — Besonders wollichte Wolken erscheinen als Fell, Vliess, z. B. Arat. Dios. 206 sqq.

> πολλάκι δ' ἐρχομένων ὑετῶν νέφεα προπάροιϑεν
> οἷα μάλιστα πόκοισιν ἐοικότα ἰνδάλλονται·

Dazu stellt sich: Vergil, Georg. I. 397. Tenuia nec lanae per coelum vellera ferri (videntur). — Lucrez, VI. 503 sqq. Veluti pendentia vellera lanae, Quum supera magnum venti mare nubila portant. — Plin. hist. nat. XVIII. C. 35. § 82. Si nubes, ut vellera lanae, spargentur multae ab oriente, aquam in triduum praesagient. — Zu derselben Anschauung citirt Mannhardt, Germ. Myth. Berlin 1858. Thomson, Frühling: „Hebt die Wolken hoch empor und breitet sie dünn, weiss, wollicht über den alles umwölkenden Himmel."

Dem entsprechend erblickt der norddeutsche Bauer in solchen dahinziehenden Wölkchen eine Schafherde und sagt: „Der Himmel ist lämmerbunt" oder „hüt hütt de schäper sine schäpe." Kuhn und Schwartz, Nordd. Sagen. Leipzig 1849. G. 413. Schwartz, Urspr. d. Myth. Berlin 1862. S. 4. Vergl. J. P. Hebel im „Sommerlied":

> Weisse Wölklein steigen auf,
> Ziehn dahin im stillen Lauf.
> Gottes Schäflein gehn zur Weide.

1

Das Fell, Vliess geht nämlich in das entsprechende Thier über, an das man dachte. So sagt auch M. Müller a. a. O.: „Während so von der Wolke selbst als der schwarzen Haut gesprochen wird, erscheint der Dämon der Wolke oder die personificirte Wolke im Veda als ein Widder, d. i. ein zottiges, haariges Thier. So ist Urana, das Widder oder laniger bedeutet, der Name eines von Indra erschlagenen Dämons." Vergl. weiter unten „Wolken ziehen" und „Wind treibt die Wolken" (wie eine Herde Schafe, Rinder). Zu der Vorstellung einer Haut, eines Felles stellt sich die eines Sackes. „d'Sunne schlüeft in e Sack" sagt man im Aargau, wenn die untergehende Sonne hinter einer Wolkenbank tritt, und schliesst daraus auf trübe Witterung. Rochholtz, Naturmythen. Leipzig 1862. S. 219 Anm. Dazu stimmt folgende Schilderung: „Als es schon ziemlich tief in der Nacht war, da stieg eine Wolke auf, schwarz wie ein Sack, und entsetzlicher Donner mit Blitzen kam aus ihr u. s. w. Schleicher, Litauische Märchen. Weimar 1857. S. 144.

Dass damit die Sage von der Wolke als einem Windsacke oder Schlauche, der die Winde birgt, namentlich der Schlauch des Aeolos, welchen dieser dem Odysseus giebt, zusammenhängt, habe ich schon Urspr. d. Myth. S. 233 besprochen. Eine ditmarsische Redensart vom Winde bestätigt die Anschauung, wenn es heisst: de grote Windkerl ist verreist, nun hat de Lütje den Sack fliegen laten[1]). Zu der oben erwähnten schwarzen Regenhaut, so wie dem schwarzen Sack, aus dem Donner und Blitz herausfahren, stellt sich speciell, was Grimm, Myth. II. Aufl. S. 607 aus nordischen Quellen anführt: Ogautan hatte (gleich Aeolos) einen Wetter-

[1]) In Flinsberg hörte ich einmal die Beschreibung des Nordwinds, in der er geradezu zu einer Art Sackträger wurde, der die Wolken über die Berge schleppt und, wenn er nicht weiter kann, sie „aussackt" wie der ziehende Dräk auch es unter Umständen mit dem macht, was er fortschleppt. S. Schwartz, Kulturhistorische Studien in Flinsberg. Ausland v. J. 1878. No. 10. Ueber den obigen Gegensatz des grossen Windkerls, der verreist, und des Lütje vergl. den Gegensatz zwischen Gott und Petrus als Wettermacher, von dem in den Nordd. Sagen S. 415 und in der Berliner Zeitschr. „der Bär" v. J. 1876. S. 94 Anm. gehandelt.

balg (veðrbelgr), wenn er ihn schüttelte, brach Sturm und Wind aus (fornald sög. 2, 412)[1]). Aus allem diesen ergiebt sich der Ursprung der Aegis des Zeus, zumal wenn wir auch sonst noch die Ziege in der Gewitterscenerie wiederfinden (s. „Blitzzickzack" = „Springen einer Ziege"). Die Aegis ist die Wetterwolke, die auch Klopstock in diesem Sinne vorschwebt, wenn er sagt (Messias. 1821. V. Ges. v. 140 ff.):

Seraph Eloa stand hoch auf dem Wagen. Ihm kam in das Antlitz
Durch die Himmel entgegen ein tausendstimmiger Sturmwind.
Da erklang's um die goldenen Achsen, da flog ihm das Haupthaar
Um das Gewand, wie Wolken zurück. Mit der Ruhe der Stärke
Stand der Unsterbliche da! In der hochgehobenen Rechten
Hielt er ein Wetter empor. Bei jedem erhabenen Gedanken
Donnert' er aus dem Wetter hervor.

Ebenso heisst es vom Juppiter:

Arcades ipsum
Credunt se vidisse Jovem, quum saepe nigrantem
Aegida concuteret dextra nimbosque cieret.
Vergl. Aen. VIII. 352 sqq.

Desgl. VII. v. 141 sqq.:

Hic pater omnipotens ter coelo clarus ab alto
Intonuit, radiisque ardentem lucis et auro
Ipse manu quatiens ostendit ab aethere nubem;

wozu Thiel mit Recht bemerkt: „nubem ist die vom Blitz geröthete Wolke. Taubm. vergl. νεφέλη χρυσίζουσα, χρυσοειδής." — So schüttelt sie auch Zeus bei Homer (τινάσσει, ἐπισσείει), wirft sie wie ein Fell um die Schultern, ἀμφὶ δ' ἄρ' ὤμοισιν βάλετ' αἰγίδα θυσσανόεσσαν, δεινήν κτλ. Il. V. 738 sqq. In dieser Weise deutete auch schon Damm, Lex. Hom. unter αἰγίς dieselbe, wenn er sagt: „Physice autem per τὴν τοῦ Διος αἰγίδα intelliguntur nubes fulgurantes atrae καὶ τὸ τῆς ἀστραπῆς σέλας καὶ ὁ μάλα κτύπος βροντῆς. ex epitheto (ἐρεμνήν) apparet αἰγίδα esse νέφος πυκνὸν καταιγιδῶδες, eine düstere, stürmische Gewitterwolke (a dark, tempestuous thundercloud) . . .

---

[1]) Hierher gehört übrigens auch des Hermes Sack (κίβισις), welchen er nebst den Flügelschuhen dem Perseus leiht; bei demselben ist nur die specielle Beziehung zum Wind in den Hintergrund getreten, daher er, im gewissen Sinn gegenstandslos geworden, fast nur als eine Art Jagd-Boten- oder Reisetasche gilt. cf. Preller, Griech. Myth. II. 66. Anm. 1.

quia rubent nonnunquam (nubes), hinc χρυσῇ fingitur illa αἰγίς."
Aehnlich fassten die Aegis auch schon Lauer, Preller, Welcker,
welcher letztere speciell zu dem aegishaltenden Zeus die Stelle
aus dem XVIII. Psalm heranzieht, wo es heisst: „Er macht
Finsterniss zu seiner Hülle; was um ihn her, zu seiner
Decke" u. s. w., ähnlich wie es vom indischen Sonnengott
heisst: „er der die Finsterniss aufrollt wie ein Fell. M. Müller,
Vorles. über d. Wissensch. d. Sprache. Leipzig 1866. II. 457.
Dies ist natürlich nur der Ursprung der Vorstellung. Dass
man, je mehr man die Aegis sich nachher als Schild dachte,
dem entsprechend dieselbe dann ausstattete, ist selbstverständlich. Dieselbe Entwicklung werden wir nachher vom einfachen
Wolkenmantel bis zum Harnisch und Panzer wahrnehmen.

An das so entwickelte feurig strahlende goldene Ziegenfell des Zeus schliesst sich als Analogon sofort, wenngleich im
gewissen Sinne in abgeschwächter Bedeutung, das goldene
Widderfell im phasischen Sonnenlande, von dem uns die
griechische Heroensage oder vielmehr ein altes Märchen unter
der Form derselben meldet; werden wir doch auch nachher
den goldenen Widder noch speciell neben der Ziege in der
Wolke wiederfinden. Hier mag es neben dem Hinweis auf die
oben citirte Stelle aus M. Müllers Essays genügen, für die Parallele jener beiden Thiere in dieser Hinsicht im Allgemeinen
Lauer (Griech. Myth. Berlin 1853) anzuführen, der da S. 155
sagt: „Eine besonders beliebte Vorstellung der „Wolke" ist jedoch die eines weissvliessigen Widders') (auch einer Ziege
— αἴξ — Aegis)." Wie nun Apolls Blitzpfeil während des
Winters bei den (sommerlichen) Hyperboreern verborgen, in
der nordischen Mythologie während dieser Zeit Thors Hammer
entführt galt, und der Gott dann auszieht, ihn mit List und
Gewalt wiederzuholen, so gilt auch der Argonautenzug dem
Wiedererwerb des goldenen Vliesses. Ist bei dem Vliess
die Beziehung auf Blitz und Donner verschwunden, so entwickelt
sich andrerseits um dasselbe doch die vollste Gewittersce-

') Das goldene Vliess wird auch nämlich als weiss bezeichnet.
Preller, Gr. Myth. Berlin 1861. II. 313 das. Anm.

nerie. Es hängt an dem in allen indogermanischen Sagen vorkommenden Himmelsbaum, dem Sonnenbaum, wie Rückert
sagt, gehütet vom Gewitterdrachen. Ist es ferner ein aus
dem Gewitter entlehntes Bild, dass der Sonnenheld die feuerschnaubenden erzhufigen Gewitterstiere anschirren muss,
so ist es ein zweites derartiges, wenn aus den gesäten
Drachenzähnen neue Gewitterkämpfer ersteben, die sich
dann, als Steine zwischen sie im Donner rasseln, gegenseitig
bis zur Aufreibung bekämpfen u. s. w.[1]).

Neben den Kämpfen übrigens, um dies doch auch zu erwähnen, die Jason um das Vliess zu besteben hat, tritt dann
auch noch significant der Erwerb der Sonnentochter Medea,
indem mittelbar auch dieser die Fahrt gilt, gerade wie Theseus
den Minotauros besiegt und daneben die Ariadne entführt, Herakles nach Besiegung des Drachen die Hesione u. s. w. Dem
Charakter nach steht Medea in einer gewissen Analogie zu der
bösen Zauberin Kirke; die Sonnentöchter schienen eben im Gewitter allerhand bösen Spuk dort oben zu treiben, daher diese
dämonische Seite ihres Charakters neben ihrer Schönheit.

2. Wolke als Gespinnst.

Das ist das lebende Wort vom Geist der Natur,
Der schaffend die Adern der Erde durchrinnt,
Der die Gespinnste der Wolken spinnt.

Grube, Buch der Naturlieder. Leipzig 1851. S. 38.

„So wollte ich ja lieber mit den Hexen auf dem Schwarz-
wald Nebel spinnen," heisst es im westlichen Süddeutschland
nach Wolf bei Mannhardt, Germ. Myth. S. 654. „Nach finnischem
Glauben erscheinen die Sonnen- und Mondtöchter besonders

---

[1]) Zu dem Sonnenbaum vergl. meine Abhandl. über den Sonnenphallus u. s. w. in der Berl. Zeitschr. für Ethnologie v. J. 1874. S. 167 ff.,
in Betreff des Uebrigen: Urspr. d. Myth. S. 90. 137. 188. 283. Das
Pflügen im Gewitter dort oben tritt auch im Wallachischen Märchen
hervor, wenn der Held, um die Königstochter zu gewinnen, mit seinen
Zauberstieren das Kupferfeld pflügt, wie auch der finnische Ilmarinen deshalb mit feuerschnaubendem Ross das Schlangenfeld
ackert. Urspr. d. Myth. S. 240 und Schott, Walachische Märchen. Stuttg.
1845. S. 62. Ueber die Vorstellung des Pflügens im Gewitter
überhaupt s. weiter unten unter „Gewitter zieht herum" und „Blitz"
als „Weg, Faden, Furche."

geschickt im Weben und werden bald auf dem Rande einer
rothschimmernden Wolke oder auf dem farbenreichen Regenbogen, bald wieder an dem Rand eines dunklen Laubwaldes
sitzend und webend gedacht. — Von einem Gewebe heisst es,
dass es so schön sei, als wäre es vom Mond gewebt und von der
Sonne gesponnen." Castrèn, Finnische Mythol. Petersburg 1853.
S. 58. In der Kalevala wird auch von einem Hemd gesprochen,
welches die Windtochter verfertigt. S. 68. Bekanntlich heisst
ebendas. im Anschluss daran die Sonne noch Gottes Spindel.
s. I. Theil S. 12. — Entsprechende Vorstellungen treten bei Deutschen und Griechen hervor; vergl. über die goldspinnenden
Frauen der deutschen Sage, über die $\chi\varrho v\sigma\eta\lambda\acute{a}\varkappa\alpha\tau o\varsigma$ Artemis,
Leto u. s. w., über die Athene 'Εργάνη, welche der Hera das
(Wolken-) Gewand gewebt haben sollte, das sein Analogon in
dem χιτών des νεφεληγερέταο Διός findet, d. h. dem Gewitterge-
wande, welches Athene dann auch, zum Kampf ausziehend, selbst
anlegt, ebend. S. 233 ff. 243. Urspr. d. Myth. S. 118. 246. — Neben
die Sonne als Spindel tritt der Blitz dann als Faden s. das.

Auf diesen Anschauungskreis dürfte auch die alte, Deutschen wie Griechen und Römern gemeinsame Vorstellung der
drei Schicksalsgöttinnen zurückzuführen sein, welche des Menschen Leben spinnen (der Nornen, Moeren und Parzen). Die
3 Nornen zeigen noch am meisten den natürlichen Hintergrund,
besonders in Verbindung mit den drei spinnenden Schwestern
der bairischen Sage, deren Identität mit den Nornen im Element Panzer in seinen „Bairischen Sagen und Bräuchen" nachgewiesen hat. Wie sonst in deutscher Sage die Sonne als
„weisse Frau" gedacht wird, die umgeht und erlöst sein will,
so auch jene drei Schwestern. Am Tage der Sonnenwende
oder zu heiligen Zeiten erscheinen sie hintereinander gehend,
zwei weisse voran, dann die schwarze u. s. w. Ich meine,
es sind die Tage, welche dort als drei Nornen, hier als drei
Jungfrauen des Menschen Leben bestimmen, nur mythisch in
der Dreitheilung von Morgenröthe, Tag und Nacht, den zwei
lichten und einer schwarzen Schwester, gefasst. — Dazu
würde auch passen, dass sie als Nornen am Fuss des Licht-
baums (hier der heiligen Esche), wo ihr Brunnen (der Regenquell) ist, ihr Wesen treiben, dort der Saal ist, aus dem sie

kommen. Grimm, Myth. S. 379. — Wie zu den bairischen
drei Schwestern dann die Gewitterwesen Hund, Drache,
wilde Jagd u. s. w. treten, gehen auch die Nornen wie Moeren
in die Gewitternacht über. Am Himmel breiten die Nornen
(im Blitz) das goldene Seil aus, weben ihr schauriges Gewebe, bestimmen dem Nornegast, wie die Moeren dem Meleager
die Lebenszeit, so lang des Blitzes Fackel brennt u. s. w.
So werden sie überhaupt dann, in das Gewitter übergehend, zu
den bösen Schicksalsmächten, den griechischen Erinnyen,
den Jägerinnen mit den stygischen Hunden und Hades-
Drachen, die aus der Unterwelt am Himmel heraufkommen,
um den Frevler (am Himmel) zu verfolgen.

3. Wolke als Mantel, (Hemd), Panzer, Harnisch,
vergl. Wolke als Kappe, Hut.

Wolke (schwarze) = schwarzer Mantel. „Sie sah nicht,
wie die Wolken in ihren schwarzen Mänteln über den
Himmel zogen." v. Winterfeld, die Zigeunertochter. Jena 1877.
S. 40. — vergl. „Gewitter" als „Säemann", wo diesem auch
ein weiter, dunkler Mantel beigelegt wird. Ebenso spricht
Herder (bei Grube S. 49) von einem schwarzen, weiten Mantel
der Nacht:

Sternenreiche, goldgekrönte Göttin,
Du, auf deren schwarzem, weitem Mantel
Tausend Welten funkeln.

Von der Sonne geröthet wird die Wolke weiter zu einem
strahlenden Gewande (s. Poet. Naturan. I. S. 204), ebenso wie
neben der schwarzen Haut die goldige, feurige stand; die
Anschauung eines Mantels oder Gewandes überhaupt nur einen
Culturfortschritt gegenüber der eines Felles kennzeichnet.

Ein weiter Mantel wird zunächst dem nordischen Odhin
beigelegt, gerade wie auch die griechischen Götter in Wolken
gehüllt auftreten, z. B. beim Quint. Smyrn. IX. 292 καλυψάμενος νεφέεσσι Λητοΐδης κτλ. Dann wird jener Mantel Odhins
zum Wunschmantel, der nicht bloss zur schnellen Ortsver-
änderung dienlich ist, nämlich den Betr. durch die Luft dahin-
zutragen, sondern auch Schutz und Glück verleiht (Grimm,
Myth. I. 133. II. 875. Menzel, Odhin. Stuttgart 1855. S. 164.
Laistner, Nebelsagen. Stuttgart 1879. S. 302). Auch die un-

sichtbar machende Tarnhaut Siegfrieds gehört hierher; s. über dieselbe Grimm, Myth. I. S. 431. Einen feurigen Pelz (oder Hemd) hat hingegen der finnische Donnergott Ukko. Um denselben bittet ihn Ilmarinen (Kalevala 43, 197 ff.):

> Bring mir einen Pelz voll Feuer,
> Bring ein Hemd mir voller Hitze;
> Dass ich so geschützet kämpfe, .
> So geschirmet mich dann schlage u. s. w.

Hierzu bemerkt Castrèn a. a. O. S. 43: „die Vorstellung von dieser Bekleidung ist ohne Zweifel von einer feuerfarbenen, rothschimmernden Wolke hergenommen, welche Ukkos Hemd oder Pelz genannt wird, da sich das Gewitter in einer solchen Wolke zu verbergen und gleichsam einzuhüllen pflegt. Aus demselben Grunde erhält Ukko bisweilen das Epithet poutapil vessä asuva „der in der Hitzwolke Wohnende." Eine zwiefache Beziehung ergiebt sich hier. Erstens erinnert die letzte Bezeichnung an die Beschreibung des Blitzfunkens, die Nonnus Dion. II. 482 sqq. giebt:

> ἤδη γὰρ περίφοιτος ἀπὸ χθονίου κενεῶνος
> ξηρὸς ἀερσιπότητος ἀνέδραμεν ἀτμὸς ἀρούρης,
> καὶ νεφέλης ἔντοσθε ἐελμένος αἴθοπι κόλπῳ
> πνίγετο θερμαίνων νέφος ἔγκυον· ἀμφὶ δὲ καπνῷ
> τριβομένων καναχηδὰ πυριτρεφέων νεφελάων
> θλιβομένη πεφόρητο δυσέκβατος ἐνδόμυχος φλὸξ
> διζομένη μέσον οἶμον, ἐπεὶ σέλας ὕψοθι βαίνειν
> οὐ θέμις· ἀστεροπὴν γὰρ ἀναθρώσκουσαν ἐρύκει
> ὀμβρηρῇ ῥαθάμιγγι λελουμένος ἴκμιος ἀὴρ
> πυκνώσας νέφος ὑγρὸν ὑπέρτερον·

Dass sich dazu wieder Namen des indischen Agni stellen, wenn er „der in der Höhle sciende, da hineingesetzte" oder „der (in der Wolke) verborgene" heisst, darauf habe ich schon in einem Aufsatz über die Prometheus-Sage in Kuhn's Zeitchr. v. J. 1871. S. 210 hingewiesen; jetzt möchte ich die Perspective noch weiter dahin verfolgen, dass auch Hephäst bei der Thetis und Eurynome in verborgener Grotte weilt und dort schmiedet. Die Wassergottheiten gehören aber ursprünglich an den Himmel und so dürfte die betr. Grotte des Hephäst auch nur die Wolke sein, in der er schmiedet, wie es bei Lucrez von dem in der Wolke thätigen Vortex heisst: et calidis acuit fulmen fornacibus intus (s. Urspr. d. Myth. S. 12 und unten unter Gewitter-Schmiede). Dass dieselbe Wendung der Sage zum Theil beim Agni wiederkehrt, wenn er sich auch ins Wasser geflüchtet haben soll, darauf habe ich schon Urspr. d. M. S. 269 f. hingewiesen.

Zweitens gemahnt, um wieder zu Ukkos feurigem Hemd und der brennenden Aegiswolke zurückzukehren, dies mythische Element an zwei Gewänder der griechischen Sage, welche durch ihre brennende Eigenschaft dem Wesen, das sie trägt, todbringend werden. Der Connex der Sage lässt sie vergiftet erscheinen, die feurige Natur aber als der Urgrund tritt immer noch in den Schilderungen hervor. Das eine giebt die Sonnentochter Medea der Glauke, als sich ihr Jasons Liebe zuwendet, τῇ μὲν γαμουμένῃ πέπλον μεμαγευμένον φαρμάκῳ ἔπεμψεν, ὃν ἀμφιεσσαμένη μετὰ τοῦ βοηθοῦντος πατρὸς πυρὶ λάβρῳ καταφλέγει (das πῦρ λάβρον entspricht ganz dem „wilden Feuer", dem „Blitzfeuer" der deutschen Sage). Apoll. Bibl. I. 9 cf. Bode, Myth. I. 25. Medea dedit tunicam pellici suae, infectam venenis et allio. Quam quum indueret, coepit cremari incendio. — Das andere Hemd ist das bekannte Todtengewand des Herakles, als er im Gewitter gen Himmel fährt. Bei der Schilderung seines Todes kommt noch ein anderes Moment hinzu, von dem nachher noch besonders die Rede sein wird „der Wind zerreisst die Wolken" oder „reisst in den Wolken." So will Herakles das feurige Gewand sich vom Leibe reissen; vergebens, er zerfleischt so sich nur selbst; was die Titanen am Zagreus, seinem Analogon in dieser Hinsicht, vollführten, indem sie ihn zerreissen[1]), das vollbringt der scheidende Sonnen- und Gewitterheld gleichsam an sich selbst. Hören wir zunächst Ovids Schilderung (IX. 160 sqq.):

---

[1]) Poet. Naturan. I. 18 f. 70 f. 188—218 cf. XVI. — cf. meinen Aufsatz z. Methode der Mythenforschung in Fleckeisen und Masius. Jahrb. 1874. S. 182.

Incaluit vis illa mali (*ὁ τῆς ὕδρας ἰός* Apoll.); resolutaque flammis
Herculeos abiit, late diffusa, per artus.

_ _ _ _ _ _ _ _ _ _ _ _ _ _ _ _ _ _

Nec mora; letiferam conatur scindere vestem;
Qua trahitur, trahit illa cutem; foedumque relatu,
Aut haeret membris frustra tentata revelli;
Aut laceros artus, et grandia detegit ossa.
Ipse cruor, gelido ceu quondam lamina candens,
Tincta lacu, stridit[1]); coquiturque ardente veneno,
Nec modus est; sorbent avidae praecordia flammae;
Caeruleusque fluit toto de corpore sudor:
Ambustique sonant nervi cet.

In der Erzählung bei Westermann Myth. S. 374 heisst es
noch prägnanter: *ἐνδυσαμένου τοῦ Ἡρακλέους ὑφῆψεν ὁ χιτὼν*
καὶ κατέφλεξεν αὐτόν· ὁ δὲ καιόμενος καὶ ῥίψας ἑαυτὸν ἐν
τῷ πλησίον ποταμῷ θερμὸν τὸ ὕδωρ ἐποίησεν, ἐξ οὗ λοιπὸν γε-
γόνασιν αἱ Θερμοπύλαι μεταξὺ Θετταλίας καὶ Φωκίδος. — Dass
aber das Feurige das Ursprüngliche ist, wird noch in anderer
Weise aus einem ganz anderen Sagenkreis vom Herakles bestätigt, wo von keinem Gewande die Rede ist, sondern es
einfach heisst, dass er sich durch Feuer selbst getödtet, *ὡς*
πυρὶ αὐτὸν ἀνεῖλε μὴ δυνηθεὶς τὸ οἰκεῖον ἐντεῖναι τόξον
πεντηκοντούτης γενόμενος. Ptolem. Heph. I. init. Wie der
sommerliche Gewittergott Zeus nämlich im Winter entnervt erscheint, er dem Gewitterdrachen Typhon gegenüber die
Sehnen oder Flechsen verloren haben sollte, Apolls Pfeil im
Winter fern bei den Hyperboreern verborgen galt, überhaupt
dann schliesslich die göttlichen Wesen, welche man speciell
im Sommer wahrzunehmen wähnte, im Winter einfach als
„abwesend" gedacht wurden, so schien nach anderer älterer
Auffassung der sommerliche Sonnen- und Gewitterheld,
mochte er Baldur oder Herakles heissen, in den letzten
Herbstgewittern selbst dem Feuertode in irgend einer Weise
erlegen, was in der letzten Herakles-Mythe dann als Selbst-

---

[1]) Erinnert an das Aufzischen des Blitzfeuers, als Odysseus dem
Himmelsriesen Polyphem das Sonnenauge (im Gewitter) ausbohrt.
cf. Naturansch. Theil I. 183 f.

mord aufgefasst wurde, „da er zu alt geworden, den Regenbogen zu spannen und den Blitzpfeil zu entsenden".
Denn beide sah man nicht mehr vereint am Himmel auftreten.
cf. Urspr. d. Myth. S. 101 ff. 280. vergl. 140, Poet. Naturansch. I.
S. 228.

Wie ferner aus dem Aegis-Fell ein vom Hephäst gearbei-
teter Schild wurde, so geht das Wolkengewand in einen Harnisch oder Panzer über.

μάρνατο δὲ Κρονίδης — heisst es bei Nonnus, Dion. II.
478 sqq. vom Zeus: κεκορυθμένος· ἐν δὲ κυδοιμῷ
βροντὴν μὲν σάκος εἶχε, νέφος δέ οἱ ἔπλετο θώρηξ,
καὶ στεροπὴν δόρυ πάλλεν·

oder X. 301 vom Ares in der Rede des Bacchus zum Zeus:
Ἄρης σῶν νεφέων ἐχέτω θώρηκα καλύπτρην. Dieselbe Vorstellung liegt auch offenbar dem χιτών des Zeus bei Homer
schon zu Grunde, wenn namentlich Athene sich in ihm zum
Kampf rüstet, z. B. Il. V. 734 sqq. (vergl. oben S. 6):

πέπλον μὲν κατέχευεν ἑανὸν πατρὸς ἐπ' οὔδει,
ποικίλον, ὃν ῥ' αὐτή ποιήσατο καὶ κάμε χερσίν·
ἡ δὲ χιτῶν' ἐνδῦσα Διὸς νεφεληγερέταο,
τεύχεσιν ἐς πόλεμον θωρήσσετο δακρυόεντα.
ἀμφὶ δ' ἄρ' ὤμοισιν βάλετ' αἰγίδα θυσσανόεσσαν κτλ.
cf. VIII. v. 387 sqq.

Auch Damm fasst es schon so, indem er im Lex. Hom.
unter Zeus sagt: χιτών Διός notat nubes, armatas tonitrubus
et procellis.

4. Wolke als hehlender Helm, Nebelkappe, Hut.

Zunächst erscheint sie als ein solcher Helm in der Edda,
wenn sie hialmr huliz genannt wird. Ebenso nennt noch heute
der Isländer jede, einen landschaftlichen Punkt unsichtbar
machende Wolke hulinhjalmr (Hüllhelm oder Tarnkappe).
Dazu stellt Rochholtz (Naturmythen S. 207), wenn die Nebelkappen der Zwerge im Harz nach Pröhle Verhehltniss-
kappen heissen, und verfolgt dies mythische Element noch
weiter. Auch in seinen Schweizersagen (I. S. 124 f.) bringt er
noch Verschiedenes bei: „So oft das Wetter abfallen will, erscheint beim Dorfe Wildhaus im Toggenburg das Hinterisi-
Mandli (ein bäurisch gefasster Gewitterdämon) schreiend im

Scharlachkittel und grossem Lampibut (mit hangender
Krempe)." „Der Schwedenkönig Eirikr führte den Beinamen
Vedhrhatter, Herr des Windhuts; wohin er seinen Hut kehrte,
daher wehte erwünschter Fahrwind." Aehnlich kommt es bekanntlich auch im Märchen vor. — Hierher gehört ferner, wenn
Grimm, Myth. I. S. 431 von den Hel- und Nebelkappen der
Elbe und Zwergen redend sagt: „Vor Allem erinnere ich an
Odins gekrempten Hut, an Mercurs Petasus, an den Hut
des Wunsches, der noch in unserm Märchen Wünschelhut
genannt wird, und an des Pluto oder Orcus (unsichtbarmachen-
den) Helm (Ἀΐδος κυνέη. Il. 5, 845)." Auch der schreckliche Oegishelm des Gewitterdrachen Fafnir gehört
hierher. (Vergl. auch Urspr. d. Myth. S. 18. 66. 247. 88. 98.
[126]), desgl. die huttragenden Patäken, Kabiren und Dioskuren,
sowie der römische Incubo mit seiner unsichtbar machenden
Kappe. cf. Grimm a. a. O. und S. 479.

Am längsten hat sich die Bezeichnung als Hut in gebir-
gigen Gegenden erhalten, wenn man sie auf die Wolke an-
wendet, welche den Gipfel eines Berges bedeckt. Vielerlei
Derartiges bringt Rochholtz in s. angeführten Schriften bei, sowie
Laistner, Nebelsagen. Stuttgart 1879. S. 244 f. z. B. Im Harz
heisst es noch geradezu, wie Letzterer anführt: „Es wird regnen,
denn der Brocken hat eine Nebelkappe."

An die Vorstellung des unsichtbar machenden Mantels
oder Huts reiht sich der Glaube überhaupt eines unsichtbar
in der Wolke steckenden Wesens.

Ὡς ἄρ' ἔφη καὶ ἄϊστος ὁμοῦ νεφέεσσιν ἐτύχθη
heisst es vom Apoll bei Quintus Smyrn. III. 60.

So heisst die dunkle Wolke im Hennebergischen nach
Reinwald 2, 78 pöpel; Grimm, der dies anführt, setzt hinzu:
„pöpel ist sonst was sich puppt, vermummt, einhüllt, —
es ist der Begriff von Larve und Tarnkappe." In der Mark
Brandenburg bezeichnet man eine grosse Gewitterwolke mit
dem in der Bedeutung ähnlichen Ausdruck Mummelack. „Da
kommt ein (gewaltiger) Mummelack herauf" heisst es.

Hierher gehört der griechische Hades (der Unsichtbare),
der mit den Donnerrossen (daher κλυτόπωλος genannt) am
Himmel heraufkommt und die Sonnenjungfrau Persephone

entführt, als sie eben die aufblühende Gewitterblume auf
der himmlischen Wiese brechen will, den gewaltigen Narkissos mit hundert Dolden, welcher Himmel und Erde
wie das weite Meer mit seinem betäubenden Dufte erfüllte.
Urspr. d. Myth. S. 171.

In der indischen Mythologie erscheint das betreffende
Wesen als das Alles verhüllende, Dunkelheit und Nacht
bringende[1]). Es ist dies sowohl Vritra, den Indras Donnerkeil
trifft, als Varunas, dessen Beziehung zu den himmlischen
Wassern noch auf die ursprüngliche Beziehung zur Regenwolke hinweist. Zwar sagt auch Hesiod noch in persönlicher
Auffassung des analogen Οὐρανός „ἦλθε δὲ νύκτ' ἐπάγων μέγας
Οὐρανός," bei den Griechen aber hat sich das betr. Wesen
mehr zum Nachthimmel entwickelt, weshalb ἀστερόεις als
sein stehendes Beiwort erscheint. Urspr. d. Myth. S. 50. 132.

5. Wolke als Berg. cf. Kuhn in Mannh. Zeitschrift f. d.
Myth. III. 368 ff. „Bei den Indern der älteren Zeit bedeuten alle
Ausdrücke für „Feld" oder „Berg" zugleich „Wolke" u. s. w.
Auch altn. heisst klakkr Felsen, dann gleich Felsen gethürmte,
geschichtete „Wolken", wie ags. clûd „Felsen", engl. cloud
„Wolke". vergl. Grimm. Gramm. I¹. 398. 424. Die Vorstellung
ist auch uns noch lebendig u. s. w." — Beispiele die Fülle bietet
der Ursprung der Mythologie in den im Index unter „Wolke"
= „Berg" citirten Stellen.

„Oft thürmen sich schwere Gewitterwolken am Horizonte.
Es wird so schwül, so ahnungsvoll, so still, kein Lüftchen
regt sich. Immer höher, gleich fernen Gebirgen, steigen die
dunklen, drohenden Wolken auf." s. Schröders Naturschilde-
rung der vier Sommermonate. — „Die Sonne verbirgt sich
hinter den schwarzen Wolkengebirgen; die Nacht überwältigt den Tag." Hirschfeld, das Landleben (Oltrogge, deutsches
Lesebuch. Hannover 1861. S. 225). — „Plötzlich aber wälzte
sich," heisst es in einer Gewitterschilderung, welche nachher
unter „Wolkenjagd" mitgetheilt wird, das Wolkengebirge
näher, auf den Flügeln des Windes sauste es heran u. s. w.
s. auch S. 14 unt. Lucrez VI. 188 sqq. sagt dem entsprechend:

---

[1]) Vergl. weiter unten unter No. 7 die Stelle aus Pyrker, und
Wolke = Dampf, Rauch.

Contemplator enim, quum m o n t i b u s assimilata
Nubila portabunt venti transversa per auras,
Aut ubi per m a g n o s m o n t e s c u m u l a t a videbis
Insuper esse aliis alia cet.

cf. IV. 138, wo er die Wolken gleichfalls als m a g n i m o n t e s
bezeichnet [1]).

Dies ist eines der reichsten mythischen Elemente, insofern
die Wolkenberge der Aufenthalt oder Tummelplatz der verschiedensten himmlischen Wesen werden, sowohl der Sonne als des
Mondes, der Sterne (der himmlischen Zwerge) und der Winde
u. s. w. Die Winde ruhen u. A. im Wolkenberg gefesselt, bis
sie losgelassen werden. (S. meinen Aufs. über die Naturanschauungen des Quintus Smyrnaeus in Fleckeisen und Masius Jahrb. v. J.
1875. S. 367 ff.). Daneben thürmen die Winde nach anderem
Bilde die W o l k e n b e r g e aufeinander, um den Himmel zu stürmen
(s. „Wolken thürmen sich auf", „Gewitter-Erstürmung des Himmels"); die Wolkenberge öffnen sich im Blitz (s. „Gewitter blüht
auf") u. s. w. — Auch selbstständige Gestaltungen schimmern
noch in den Mythen hindurch, die πλαγχτὰ νεφέλα des Eurip.
Suppl. 961 und der Ausdruck nubes c o l l i d u n t u r inter se des
Seneca, hist. nat. II. 55 mahnen an die P l a n k t e n und S y m -
p l e g a d e n (cf. Wolkeninseln). Auch Chr. Ew. v. Kleist S. 126 f.
sagt im Anklang an die letzteren:

Schaut, der Mittag wird verfinstert; es erwacht ein Schwarm
von Eulen.
Schrecken überfällt die Lüfte; hört ihr ängstlich hohles Heulen!
Schaut, wie dort der Sturm die Klippen als zerbrechlich Glas
zerschmeisst,
Ganze Wälder wirbelnd drehet und wie Fäden sie zerreisst.
Finstre Wolken, B e r g e n ähnlich, s t o s s e n u n g e s t ü m z u -
s a m m e n;
Schaut! aus ihren schwarzen Klüften brechen Meere w i l d e r
F l a m m e n.

---

[1]) Im schlesischen Gebirge hörte ich einmal eine höchst lebendige
Schilderung eines G e w i t t e r s, die folgendermassen begann: „D a
k a m s o e i n B e r g a n, der setzte sich d a o b e n fest und plötzlich
fuhr ein S t u r m heraus." s. Kulturhistor. Studien in Flinsberg. Ausland
1878. S. 184.

Hierher gehören auch die indischen sagenreichen, prächtig wie die Gewitterbauten, von denen nachher die Rede sein wird, ausgestatteten himmlischen Berge, wie u. A. der Merus, der griechische (den Himmel tragende) Atlas, der zuletzt in Africa localisirt ward. Auch die bei Grönländern wie Israeliten sich findende Vorstellung von einem hohen spitzigen Berge im Norden (dem Berge des Stifts), auf dem die Erde ruhe, dürfte sich hier anreiben. (Ursp. d. M. S. 280 über die Grönländische Vorstellung cf. Klemm, Culturgesch. II. 313.)

6. **Wolke als Stall** (s. Wolke als Grotte oder Höhle), Tonne, Brunnen, häufig im Sanskrit; s. Kuhn, Herabkunft u. s. w. S. 213. 156, das. auch über die betr. mythische Verwendung.

7. **Wolken thürmen sich auf; Wolke als Thurm (Burg), Grotte.**

„Wenn die Wolken gethürmt den Himmel schwärzen."
Schiller bei Grimm, Wörterbuch II. S. 1238.

Plötzlich thürmte Gewittergewölk am bläulichen Himmel
Furchtbar sich auf und goss ein mitternächtliches Dunkel
Ueber das Waffenfeld.
Pyrker, Tunisias. Stuttgart 1855. S. 290.

„Eine schwarze, am Horizont aufsteigende Gewitterwolke nennt man in Westfalen einen Grommeltorn." Kuhn Westf. Sagen II. S. 89. Kuhn vergleicht damit die Bezeichnung für Wetterbaum witte tôrn, welche wir in Moorhausmoor hörten, s. Nordd. Sagen. 1848. S. 458 und sagt dann „Grommeln" ist donnern; vergl. noch Grimm, Namen des Donners. S. 14. — Grommeltorn ist also ein bäurischer Ausdruck für Donnerburg. „So heisst auch bei den Inselschweden, wo ein Dämon Bisa an Thors Stelle getreten ist, die dicke Gewitterwolke geradezu Bisaborg, Gewitterburg." Mannhardt, Germ. Myth. S. 186. Einen solchen Thurm baut sich die serbische Vila:

> Thürmt 'nen Thurm die weisse Vila
> Nicht im Himmel, nicht auf Erden,
> Auf dem Berge, in den Wolken.

Zuschauen will sie von dort, wie der Blitz spielt mit dem Donner. Talvj bei Mannhardt, Myth. S. 570.

Dieser himmlische Bau (aus welcher Zeit stammt die

Redeweise von den Luftschlössern?) schien sich in glänzender Weise zu entfalten. So wird das Innere einer Gewitter- wolke als eine glänzende Halle aufgefasst bei Atkinson, Schilderungen centralasiatischer See- und Gebirgslandschaften in Neumann, Zeitschr. f. allgem. Erdkunde. Berlin 1860. VIII. S. 285. „Dieses Ungewitter bestand nicht aus einer breiten, am Himmel in meilenweiter Ausdehnung lagernden Wolkenmasse, sondern es war aus unzähligen, elektrischen Wolken- säulen zusammengesetzt, welche sich eine hinter der anderen erhoben und bis in die endlose Ferne verloren, einige derselben erglänzten gleich glühendem Eisen, wenn der Blitz hervor- brach, während andere in tieferem Schatten verharrten oder schwarz wie die Kohlen herabhingen." (vergl. auch unter „Wolkenjagd".)

Diese Wolkenthürme, Burgen und Städte spielen in den indogermanischen Mythen gleichfalls eine nicht unbedeu- tende Rolle. Ich hebe Einiges aus dem im Urspr. der Myth. und in den Poet. Naturansch. I. Beigebrachten hervor. Die indische Mythologie kennt so u. A. noch ausdrücklich eine in der Luft schwebende Goldstadt Paulomêh, welche Weber (Indische Studien. 1850) schon auf elektrische Erscheinungen bezog. Sie ist eine ächte Zauberstadt, wenn sie nicht bloss als unter- irdisch bezeichnet wird, sondern es heisst, sie könne beliebig ihren Platz wechseln. Daran reihen sich die sogen. unterge- gangenen Städte in Griechenland, Italien und Deutschland (Bei- spiele I. 262 f.). Weisen die ersteren noch ausdrücklich auf das Gewitter hin, indem es heisst, man habe in denselben Donner und Blitz nachgeahmt, und zur Strafe dafür sei die Stadt untergegangen, so lassen die deutschen Sagen, wie daneben auch die italische, die Beziehung zu den Regenwassern deut- lich hervortreten, wenn die Stadt im Wasser (in einen See) untergegangen sein sollte. Und wie der Donnerkeil nach bestimmter Zeit wieder in die Höhe kommt, so kommen, heisst es weiter, diese Burgen oder Städte (z. B. Wineta) auch wieder im Frühling (d. h. in den Frühlingswettern) herauf und dergl. mehr.

Das ist ferner u. A. die Burg, welche ein Bergriese den Asen bauen wollte, wenn er Freyja erhielte und dazu Sonne und Mond, ebenso wie die griechischen Sagen von den einäugigen Himmelsriesen als Baumeistern oder den Erzählungen, dass Apoll die Mauern von Troja, Amphion mit seiner Leier Spiel die von Theben aufgeführt habe, dieselben Anschauungen zu Grunde liegen. Vergl. auch Ursp. d. röm. Stammsage S. 32.

Auch die Serbischen Märchen wissen noch von einem solchen Luftschloss zu erzählen, höchst charakteristisch gehört es dem Drachen, welcher die Prinzessin geraubt. „Es war weder im Himmel, noch auf der Erde, sondern in der Luft erbaut." Karadschitsch, Volksmärchen d. Serben. Berlin 1854. S. 13.

Im Mittelalter wurde dann der Teufel, wie er überhaupt im Gewitter handelnd auftrat, der betr. Baumeister und viele Sagen wissen in charakteristischen Zügen davon zu berichten[1]).

An die Wolkenburg schliesst sich als Bezeichnung für eine sich lang hinziehende Wolke der Ausdruck Wolkenwall.

> Es blitzt das rothe Feuer
> Aus Wolkenwall mit Macht u. s. w.
>
> Rückert, Weltkrieg.

Hierauf habe ich Urspr. 80 und 270 sowohl das τεῖχος ἀμφίχυτον Ἡρακλῆος θείοιο ὑψηλόν der Ilias, welches ihn im Drachenkampf um die Hesione schützt, als die feurige Waberlohe, welche Brunhild umgiebt, gedeutet.

8. Wolke als Höhle oder Grotte. Diese Vorstellung ist eigentlich schon mit der des Wolkenbergs gegeben, denn für die darin weilende Gottheit (s. oben z. B. unter „Wolke als Mantel") wird er von selbst zur Höhle oder Grotte. Wir haben aber noch ein paar ausdrückliche Beschreibungen der Wolke von diesem Standpunkt aus. Die erste ist die bekannte Scene aus Homer Il. XIV., wo Zeus und Here in schöner goldener Wolke lagern, die so dicht ist, dass Zeus sagt οὐδ᾽ ἄν νῶϊ διαδράκοι Ἠέλιός περ, οὔτε καὶ ὀξύτατον πέλεται φάος εἰςοράασθαι. Dass sie daneben zu einem Blumenbett (immer

---

[1]) Die Begründungen und Ausführungen des Obigen finden sich Urspr. d. Myth. 16. 80. 170—71. 184. 262. cf. 211. Poet. Naturansch. I. S. 262. Hierher gehört auch und schliesst sich nahe der oben gegebenen Schilderung eines Unwetters mit den „elektrischen Wolkensäulen" an, wenn es von des Styx Palast bei Hesiod heisst: ἀμφὶ δὲ πάντῃ κίοσιν ἀργυρέοισι πρὸς οὐρανὸν ἐστήρικται cf. Urspr. S. 71.

in der Höhe gedacht, welches (ὑάκινϑος) ἀπὸ χϑονὸς ὑψόσ᾽ ἔεργεν) wird, berührt sich mit einer anderen Anschauung der Wolke als Blume (s. das. und „das Gewitter blüht auf"). Aehnlich heisst es in entsprechender Scenerie bei Nonnus 32, 76 sqq., nur dass er es in seiner Weise voller ausschmückt:

> ὡς εἰπὼν χρυσέας νεφέλας πυργηδὸν ἑλίξας
> δινωτὴν ἐπίκυρτον ἐνεσφαίρωσε καλύπτρην
> καὶ ϑαλάμου ποιητὸς ἔην τύπος, ὃν τότε κύκλῳ
> Ἴριδος αἰϑερίης ἑτερόχροος ἔστεφε μορφῇ
> πορφυρέη, καὶ Ζηνὶ καὶ ἀγλαοπήχεῖ νύμφῃ
> αὐτόματον σκέπας ἦεν ὀρεσσαύλων ὑμεναίων·

Nach des Homer Vorbild lässt der Dichter dann auch hier ein Blumenbett entstehen, dass Sonne und Mond nicht hindurchsehen kann

> πυκνοῖς γὰρ νεφέεσσιν ἐμιτρώϑη σκέπας εὐνῆς κτλ.

Mit Recht verweist schon der Schol. zu der obigen Stelle aus der Ilias auf Od. 11, 243, nur dass dort beim Poseidon aus der Wolkengrotte natürlich eine Wogengrotte wird: πορφύρεον δ᾽ ἄρα κῦμα περιστάϑη, οὔρεϊ ἴσον, κυρτωϑέν.

9. Wolke = schwimmende Insel.

„Bleiche Geisterinseln schwimmen."
Seeger b. Grube S. 54.

Entsprechend ist das Beiwort der Wolke im Griechischen als πλωάς oder πλωϊάς = πλώουσα „die schwimmende", wie Plut. quaest. graec. 7 erkl. τὰς ὑπόμβρους μάλιστα καὶ περιφερομένας. Hierher gehört die der Sage nach früher schwimmende Apollo-Insel Delos, die Aeolos-Insel, die Ares-Insel, die Insel der Sonnentochter Kirke, die der Kalypso, der Phäaken und dergl., namentlich beziehen sich hierauf die Inseln der Seligen. s. Urspr. d. Myth. die betr. Stellen des Index.

10. Wolke als Schiff.

Die Wolke erscheint als Schiff, welches am Himmel dahinsegelt.

„Eilende Wolken, Segler der Lüfte."
Schiller.

„Am blauen Himmel oben schifften die weissen Wolken."
Heine, Reisebilder. Hamb. 1826. Thl. 1. 137.

So sagt Chr. Ew. v. Kleist. Werke. Berlin 1766. S. 40.
„Jedoch schon schiffen von Neuem beladene Wolken vom Abend
Sie schütten Regen herab."

Eine dicke, tief gehende Regenwolke erscheint speciell
als ein schwer geladenes Schiff. „Der Hamburger Pöbel,"
sagt Mannhardt, Germ. Myth. p. 366 Anm., „nennt eine dicke
Regenwolke: ên schipp vull sûre appeln. Ganz entsprechend
bezeichnet das rheinische Landvolk im Gebirge einen heftigen Platzregen mit den Worten: Das Schiff schwabbelt
(schwankt)[1]) oder das Schiff ist nicht dicht, nicht geharzt.
Von alten wetterkundigen Leuten wird in allen Gegenden des
Niederrheins noch ein schiffgestaltetes Wolkengebilde[2]),
das bei sonst heiterem Wetter Abends sichtbar wird, eifrig
beobachtet und aus seiner Richtung von Süden nach Norden
oder von Westen nach Osten auf die Witterung der folgenden
Tage geschlossen. Erscheint es nach anhaltender Dürre, so
begrüsst man es mit froher Regenhoffnung. Das Volk nennt
dieses Wolkengebilde das „Regenschiff" oder „Mutter-
gottesschiff." So Mannhardt nach Montanus, Die deutschen
Volksfeste u. s. w. S. 37. 38. — Auch in letzterer Hinsicht
klingt die oben citirte Stelle von Kleist an, wenn er die heran-
schiffenden Wolken „Regen herabschütten" lässt.

Besonders erstreckte sich dann die Vergleichung auf tief
gehende, gleichsam schwer beladene Hagelwolken. „Es
lag nahe," sagt J. Grimm Myth. I. S. 605 „ziehende Hagelwolken einem über den Himmel fahrenden Schiff zu vergleichen; unsere Götter sind ja mit Wagen und Schiffen ausgestattet, und S. 308 sahen wir, dass schon die Edda der
Wolke den Namen vindflôt beilegt. Wenn aber die Wetter-

---

[1]) Insofern dadurch der Regenguss entsteht, dass das Wasser
vom Schwanken des Schiffs überwogt, erinnert es an die himmlischen
Seen der Eskimos, von denen der Regen kommt, wenn sie über-
laufen, desgl. an die Schweizerseen, die ein goldener Ring, d. h.
der Regenbogen verhindert, dass sie austreten und Alles überschwem-
men. Die Sache selbst klingt noch nach in unserer Ausdrucksweise, wenn
es heisst „die Schleusen des Himmels öffnen sich" s. unter „Regen".
[2]) Offenbar eine langhingestreckte, langsam hinziehende Wolke,
wie man sie so häufig sieht.

2*

macher durch ihre Beschwörung das Luftschiff herbeiriefen
(davon handelt Grimm a. a. O.), sind sie mehr Diener und Ge-
hilfen, als Urheber des Sturms (ursprünglich?).“
Zu jenen Wolkenschiffen der Götter, auf die Grimm
auch schon hindeutet, wenn gleich er der Sache weiter nicht
nach seinem ganzen Standpunkt consequent nachgeht, stellt
sich das Schiff im Cult der Isis wie der Athene, — sein Umzug entsprach ursprünglich dem der Göttin, s. „Gewitter zieht
herum“, — wie ein solches auch in vielen deutschen Gebräuchen
bis tief in das Mittelalter hinein als Mittelpunkt festlicher Umzüge auftritt. Hierher gehört in der Sage das tief gehende Schiff
der Zwerge wie der Frau Harke (s. Nordd. Sagen); desselben
Ursprungs ist das Schiff, auf dem Baldurs Leiche mit dem
Leichenbrande hinausgestossen werden soll ins Meer. Geht
das Feuer schon dabei auf die Gewitterscenerie, — ich erinnere an den sich selbst dem Feuertode preisgebenden Herakles —, so werden wir noch durch andere Einzelheiten des
Mythos daran erinnert. Das Schiff, heisst es z. B., ging nicht
von der Stelle. Da ward gen Jötunheim nach dem Riesenweibe
gesendet, die Hyrrockin hiess, und als sie kam, ritt sie einen
Wolf, der mit einer Schlange gezäumt war (bekannte auf
den Sturmeswolf und das Blitzseil gehende Gewitterbilder).
Und wie sie das Schiff anstiess, so fuhr Feuer aus den Walzen
und alle Lande zitterten u. s. w. s. Simrock, Deutsch. Myth.
1853. S. 86 f. Hierher gehört das Wunderschiff der Argo-
nauten, der Phäaken sowie das des Herakles und schliesslich
entsprechend den Wolken als Geisterinseln, die Wolkenschiffe, in denen die Todten übergesetzt werden, mag dies
Charon oder Odhin thun. Urspr. d. Myth., namentlich S. 19.
273. Bedeutsam ist, dass auch die Neuseeländer die Seelen
der Gestorbenen in Kähnen in das Jenseits übergesetzt
werden lassen. „Wenn es stürmt, blitzt und regnet, bereiten
die Götter ihre Kähne zur Todtenfahrt.“ Schirren, die Wandersagen der Neuseeländer. Riga 1856. S. 110.

11. Wolke als Wagen.

Sein (Gottes) Wagen sind die donnernden Gewölk'
Und Blitze sein Gespann.

Chr. v. Kleist „Hymne“ zu Anfang.

Hieran reiht sich die Vorstellung des Sonnen- und Donnerwagens, indem der erstere an das Sonnenrad, der letztere sich an das Rollen des Donners anschliesst (s. das. und Urspr. d. Myth. und Poet. Naturansch. I. unter „Rad" und „Donnerwagen"; in Betreff des Uebergangs des einen in den anderen s. meinen Aufsatz: Ueber dichterische und volksthümliche Form der alten Mythen in Fleckeisen und Masius. 1876. S. 376.) Natürlich verallgemeinerten sich die betr. Vorstellungen. Die Wolke erschien als das Gefährt aller Himmlischen; neben den Donnerrossen treten dann die Wolken- und Windrosse (s. „Wolke als Thier" und über Windrosse „der Wind schnaubt").

12. Wolke als Kopf. In Lorup hörte Kuhn und ich, wenn sich dicke Wolken am Himmel bilden, sage man: då stât en grummelkopp, auf Norderney: en gewitterkopp (Nordd. S. Gebr. 428). Auch im Plural hörte ich später einmal, als sich einzelne hohe weisse Wolken am Himmel bildeten „da stehen ein Paar Gewitterköpfe", den Ort vermag ich aber nicht genau anzugeben. — Zu diesem Ausdruck habe ich schon in meinem Aufsatz über die Naturanschauungen bei Quintus Smyrnaeus und Lucrez (Fleckeisen und Masius 1874. S. 366) die am Himmel erscheinenden ora gigantum des letzteren gestellt, wenn er IV. 170 f. sagt:

> nam saepe gigantum
> ora volare videntur et umbram ducere late,

worauf sich auch wahrscheinlich noch eine andere Stelle beziehen dürfte, wenn es ebendas. I. 62 ff. heisst:

> humana ante oculos foede cum vita jaceret
> in terris oppressa gravi sub religione,
> quae caput a coeli regionibus ostendebat
> horribili super aspectu mortalibus instans.

Dieser Gewitterkopf ist des Donnerers Haupt, aus dem die Sonnentochter Athene, zunächst mit der Blitzlanze hervorspringend, geboren wird, dann, von den Blitzschlangen umkränzt, das Gorgonenhaupt am Panzer der Athene u. s. w. Urspr. d. Myth. 36. 87 ff. 123. 244 ff.

In deutschen Mythen habe ich u. A. darauf den zottigen und behaarten Wechselbalg, den „Dickkopf", bezogen, den man mit den Ruthen peitschen muss, worauf ihn bei seinem grässlichen Schreien die Nixe oder Zwerge wieder fortholen d. h. er verschwindet. Urspr. d. Myth. S. 252 ff. s. auch unter Wind „blasende Häupter."

13. Wolke als Blume (s. das „Gewitter blüht auf").

„In der Sieggegend beobachten die Leute bei sonst heiterem Wetter ein leichtes Wolkengebilde, das sie Himmelsblume, Himmelsrose oder Hildenrose nennen, es verspricht ihnen nach anhaltender Dürre Regen." Montanus b. Mannh. Germ. Mythen. S. 470. — Allgemeiner werden die Morgenwölkchen als Rosen gefasst, woran sich verschiedene mythische Bilder reihen, denn hierher gehören die rosenlachenden Glückskinder, die rosenstreuende Eos u. s. w. Poetische Naturan. I. 207 ff.

Hierher dürfte auch der schöne „Rosengarten" des Zwergkönigs Laurîn gehören, wie andrerseits der himmlische Lichtbaum mit Sonne, Mond und Sternen sich bei den Griechen zu dem Apfelbaum der Himmelskönigin Here mit goldenen Aepfeln erweiterte. S. meinen Aufsatz „Culturhistorische Studien in Flinsberg." Ausland 1878. S. 185 und die Citate das.

14. Wolke = Wetterbaum = Windwurzel.

„Der Wetterbaum, eine dicke Wolke, welche sich oberwärts in helle Streifen, wie ein Palmbaum ausbreitet und aus deren Wurzel oder unterem Theil der Landmann gut Wetter oder Regen vorhersagt. Da gemeiniglich der Wind bald darauf aus derjenigen Gegend kommt, wo der Wetterbaum steht, so wird er auch die Windwurzel genannt." Adelung, Wörterbuch. Wien 1808 unter „Wetterbaum". — In der Uckermark sagt man „der Abrahamsbaum blüht, es wird regnen," an anderen Orten: der „Adamsbaum". Nordd. Sagen. Gebr. 412.

Jene Anschauung hängt mit einem uralten mythischen Element zusammen, dem „Sonnenbaum", wie Rückert ihn nennt. Wie nämlich im Talmud noch die Morgenröthe umschrieben wird mit dem Ausdruck „die Säule der Morgenröthe" und diese aufsteigende „Lichtsäule" verglichen wird einem sich im Gewölk verästenden Lichtbaum (einer Palme), so weist auf dieselbe Wurzel die Vorstellung der Indogermanen von einem, mannig-

fach dann sich entwickelnden Himmelsbaum zurück. Ich
habe diesen Glauben zuerst entwickelt in dem Aufsatz der
(rothe) Sonnenphallus (Berl. Zeitschr. f. Ethnologie v. J. 1874.
S. 167 ff. cf. 409), weiter verfolgt in der Schrift „der Ursprung
der Stamm - und Gründungssage Roms unter dem Reflex indogerm. Mythen" (Jena 1878. S. 15. 21. 31. 49), indem die de-
lische Palme wie der römische ficus, an denen die Geburt der
himmlischen Lichtkinder stattzufinden schien, — mochten
diese Apoll und Artemis oder in heroischer Form die römischen
Zwillinge sein, — sich als irdisches Gegenbild jenes Himmels-
baums ergab. — Vorher hatte ich schon im Urspr. der Myth.
mit jenem Wolkenwetterbaum die verschiedensten mythischen
Bäume in Verbindung gebracht, die nun durch jene Ausführung
noch einen volleren Hintergrund erhalten. Der Index stellt
im Urspr. d. Myth. unter Wolkenbaum die betr. zusammen: den
Apfelbaum der Hesperiden (s. vorher unter No. 10), die Ares-
buche in Colchis mit dem Drachen, die heiligen Eichen, Eschen,
Linden, Lorbeer, Palme, Pohutukawabaum, Mimameidr, wie
Yggdrasil und in den Schlussbemerkungen (den alttestamenta-
rischen Parallelen) den Apfelbaum des Paradieses mit der
Schlange.

Mag nun jener Wetterbaum der letzte Rest des alten
Mythus sein, der an der betr. Wolkenerscheinung haften geblieben ist, oder die Vorstellung an ihr sich reproducirt haben,
die Wolken waren auch schon bei jenem Lichtbaum als die
Blätter in den Kreis der Anschauung hineingezogen worden,
gerade wie die Himmelskörper Sonne, Mond und Sterne als
die Früchte, wie schon vorher erwähnt. Darauf deutet auch
schon die Vorstellung der Neuseeländer vom Pohutukawabaum,
vor Allem aber die indogermanischen mythischen Bäume zum
Theil selbst.

Es tritt nämlich bei denselben ein charakteristisches Element für eine bestimmte Wolkenart stellenweise hervor. Bekanntlich giebt es eine feine Art sich bildender Wolken, die
man noch jetzt Federwolken (Cirrus) nennt. „Sie bestehen
aus sehr zarten Fasern und aus ihnen entwickeln sich die
erwähnten sogen. Windbäume." Nun hat Kuhn in seinem
Buche „die Herabkunft des Feuers u. s. w." eine Anzahl von

Bäumen und Pflanzen in ihrer mythischen Beziehung, namentlich zum Blitzfeuer behandelt und kommt S. 218 dann auf die Springwurzel. Dabei citirt er eine Nachricht Pröbles aus seinen Oberharzsagen, nach welcher „die Spring- oder Johanniswurzel nur in der Johannisnacht unter dem Farnkraut blühte, von gelber Farbe war und in der Nacht wie ein Licht leuchtete; sie stand nie still, sondern hüpfte beständig, zeigte dem, welcher sie brach, alle Schätze der Welt, und alle Schlösser sprangen vor ihr auf.“ Weiter heisst es dann: „Dies Farnkraut hat wie das Adlerfarnkraut (pteris aquilina) grosse gefiederte Blätter, wodurch es sich an die gefiederten Ebereschen und Mimosen, die, wie wir sahen, unserm Mythenkreis eigenthümlich waren, anreiht.“ So Kuhn a. a. O., ich glaube nun, da die Springwurzel entschieden auf den Blitz geht[1]) (der auch sonst als Faden oder dem ähnlich gedacht wird), so haben wir in dem gefiederten Kraut und Baum noch ein Merkmal charakteristischer Art, welches uns die ganze Scenerie weiter enthüllt. In der Johannisnacht d. h. im Hochsommer, der Gewitterzeit in Deutschland, in der Nacht, d. h. in der Gewitternacht, schien die Springwurzel dort oben, wo man die gefiederten Blätter vorher hatte sich entwickeln sehen, aufzuleuchten, d. h. wie die Springwurzel auf den Blitz, so gehen, meine ich, die gefiederten Blätter des Farnkrauts wie der Ebereschen u. s. w. auf die Federwolken, an die sich dann die Windbäume und weiteren Wolkenbildungen bis zur Entwicklung des Gewitters d. h. der Blitzwurzel zu schliessen schienen.

15. Wolke = Dampf, Rauch (Dunkelheit bringend), s. auch „Gewitternacht“ und „Weltuntergang“ unter Gewitter.

Die leichte Wolkenbildung, wie sie namentlich in Gebirgsgegenden beobachtet wird, die an den Waldabhängen hängt, aus denselben aufsteigt u. s. w., heisst Dampf oder wird als Rauch gefasst. Ueber die erstere Bezeichnung s. Schönwerth „Aus der Oberpfalz“. Augsburg 1858. II. S. 133 ff., die letztere tritt allgemeiner, aber in den verschiedensten Gegenden unter den

---

[1]) Kuhn, s. Index unter Springwurzel, namentlich S. 223, wo er den Namen „Irrwurzel“ beibringt und von der lähmenden Kraft derselben handelt. — Urspr. d. Myth. 181. Poet. Nat. 77 ff. desgl. Schwartz. Der Ursprung d. Gründungs- und Stammsage Roms. 1878. S. 18.

mannigfachsten Ausdrucksweisen auf. „Wenn einzelne Wolken am Weissner in Hessen ziehen, „so hat", nach Lyncker, „Frau Holle ihre Feuer im Berge"; „am Feldberg spinnen die Hexen"; „sie backen Wähen (Pfannenkuchen)", sagt man in Baden, gleich wie man dafür am Harz sagt: „die Bergmutter braut oder kocht." Zu Gasingen im Frickthal schiebt man es auf die Zwerge: „die Erdmännchen backen im Eisengraben." In Böhmen heisst es: „der heilige Petrus backt Brod und die weissen Wölkchen sind der Rauch aus seinem Backofen", sonst heisst es oft, „der Hase backt." Modern wiedergeboren ist die alte Anschauung, wenn man im Aarthal sagt: „der Pfarrer tubakelt (raucht), oder den Lochlunjäger, einen wilden Jäger im Walde zu Staffelbach, sein blaues Räuchlein über den Berg wirbeln oder anderweitig die Geister ihren Kaffee kochen lässt. — Kuhn, Herabk. d. Feuers. S. 164. Rochholtz, Naturmythen. S. 186. 258. Kuhn, Westf. Sagen. I. S. 131 f. II. Gebr. No. 275.

Was hier im Kleinen, gleichsam en miniature, noch hervortritt, war einst auf mythologischem Gebiet von der umfassendsten Bedeutung und reflectirte in die verschiedensten Anschauungskreise besonders unter Hineinziehung des Gewitterfeuers. Wie nach Stelter (Beschreibung von Kamtschatka. Frankf. 1774) die Kamtschadalen den Blitz sich dahin deuteten, dass man dort oben aus den himmlischen Jurten Feuerbrände herauswerfe, so schien man überhaupt im Gewitterfeuer und den qualmenden Wolken dort oben je nach Umständen zu backen und brauen, zu braten und sieden, ja auch schliesslich zu schmieden. So schmausen und zechen die Winde (cf. das κνισσῆεν δῶμα des Aeolos), die Sagen wissen vom Schlachten und Braten der Sonnenrinder zu erzählen, wo „Graunzeichen aller Art" in der betr. Partie der Odyssee gemeldet werden, die noch besonders auf die Gewitterscenerie hindeuten, dass nämlich die Felle der geschlachteten Thiere (die Wolken) sich noch bewegten und das Fleisch an den Spiessen noch das Rindergebrüll ertönen liess (s. Donnergebrüll).

εἷρπον μὲν ῥινοὶ, κρέα δ' ἀμφ' ὀβελοῖς ἐμεμύκει
ὀπταλέα τε καὶ ὠμά· βοῶν δ' ὡς γίνετο φωνή.
Od. XII. 395 sqq. (cf. Urspr. d. M. 185.)

Hierher gehört ferner u. A., wenn Thor seine Böcke schlachtet und wiederbelebt[1]), oder im Kampf des Unwetters mit dem Riesen Hymir um den Braukessel kämpft, welchem Streit sich des Apollo Ringen mit Herakles um den himmlischen τρίπους vergleicht (Ursp. 201. 224 ff. 255). Eine Fülle von deutschen Localsagen knüpfen an dies mythische Element an. Namentlich backen und brauen (im Gewitter) die Zwerge (die kleinen Sternwesen) dort oben, ersteres thun auch die (Himmels-) Riesen u. s. w. Besonders gehört dann hierher, wenn die Hexen (die Windwesen) „ein Unwetter brauen". Vergl. Urspr. d. M. unter „Braupfanne" und „Kessel". — Heutigen Volksgl. II. Aufl. S. 104. 114. 122. desgl. Kuhn, Westf. Sagen. I. S. 131 sowie unten unter Gewitter „G. gebraut", und endlich „Gewitter" = „Ofen", „Schmiede".

In gewaltigeren Dimensionen erscheinen die dampfenden, in Feuer stehenden Wolken in den Mythen gefasst, wenn der ganze qualmende Himmel davon ergriffen galt. Hierher gehört z. B. die Sage von dem Sonnensohn Phaethon, der im Gewitter die Leitung des Sonnenwagens verloren zu haben schien, dass Alles in Brand geräth und wie Ovid (M. II. 209) sagt, ambustaque nubila fumant (cf. meine oben unter No. 11 citirte Abhandl. in Fleckeisens Zeitschr.). Galt in der griechischen Mythe die Gefahr als in der Vergangenheit liegend und abgethan, so fasste die nordische im Weltbrand der Ragnarök dieselbe als doch noch einmal bevorstehend (s. „Gewitternacht" und „Gewitter" = „Weltuntergang". (Weshalb übrigens Surtur dabei aus Süden kommt, darüber s. unter Gewitter „der Himmel öffnet sich").

Die qualmenden, Alles in Dunkelheit einhüllenden Wolken erschienen nämlich dem Naturmenschen als das Furchtbarste. Nur zwei Wesen schienen ihnen gewachsen, der „Wind" und die „Sonne". Das bezeugt noch deutlich das altnordische Räthsel, welches Mannhardt, Germ. Myth. S. 219 anführt:

Gestiblindr: Wer ist der Dunkele,
Der über die Erde fährt,
Verschlingt Wasser und Wälder?

[1]) Aehnliches wird in den Schweizersagen von der wilden Jagd erzählt. Rochholtz, Schweizersagen. Aarau 1856. S. 385.

Vor dem Wind er sich fürchtet,
Nicht vor den Menschen,
Und ruft die Sonne zum Kampfe.
König Heidrek
Merk auf das Räthsel.

Heidrek: Leicht ist dein Räthsel,
Blinder Gest,
Auszudeuten.
Nebel (myrkvi, eigentlich Finsterniss) erhebt sich
Aus Gymirs Wohnung (dem Meer. Gymir-Oegir),
Hindert des Himmels Anschaun u. s. w.

Hauptsächlich vollzog sich jener Kampf des Windes oder
der Sonne in der plötzlich mit besonderen Schrecknissen hereinbrechenden Gewitternacht. So sagt u. A. auch James, der
Waidmann. Stuttgart 1852. S. 293: „Wolken rollen über den
Himmel, grosse Regentropfen fallen nieder; Blitze zucken und
der Donner rollt in der Höhe; Stürme und Finsterniss bekämpfen sich oben, während Verödung und Untergang unten
zu herrschen schienen." Demgemäss ziehen auch die betr. Mythen
den heulenden Sturm, Blitz, Donner und schliesslich den
Regenbogen in der verschiedensten Weise in die Darstellung
hinein. Immerhin konnte aber auch der tägliche Wechsel von
Tag und Nacht in eine Art von Beziehung dazu gebracht werden.
Denn auch der Tag „bricht an", „verdrängt die Nacht" u. dergl.
mehr, was an einen analogen Kampf beider anklingt. Wie das
Erstere aber das Lebendigere, Gestaltgebendere war, so
beruhte auf ihm auch besonders die mythische Production.
Nichts desto weniger gebe ich eine Darstellung des Tagesan-
bruchs im letzteren Sinne nach Gerstäcker (Flusspiraten 1862.
III. S. 93), da sie, wenngleich ins Minutiöse gehend und deshalb schon nicht volksthümlich, immerhin das Anklingen der
betr. Vorstellung im Hintergrunde klar hindurchblicken lässt, mit
einer gewissen Poesie in ihrer Weise das Bild ausführt und uns
so immerhin eine plastische Darstellung des Kampfes des Lichts
mit dem Nebelreich bietet: „Der Tag dämmerte, — die
Dunkelheit der Nacht wich unbestimmten, grauen Schatten,
die Grabesschleiern gleich, das ganze düstere, noch immer von
dichtem schwadigem Nebel erfüllte Land wie den leise

gurgelnden Strom überhingen. Die Massen aber, die bis dahin mit der Nacht verschmolzen gewesen, schienen sich jetzt erst wieder zu einem festern, compactern Ganzen auszuscheiden. Es sah fast so aus, als ob sie den Feind ahnten, der sich im Osten gegen sie rüste, denn inniger drängten sie in einander und bildeten bald einen förmlichen Schutz und Wall gegen den gefürchteten Gegner. Wolke thürmte sich über Wolke, und links und rechts klammerte sich der wilde Nebelkreis mit den milchweissen Armen kräftig ein in Busch und Baum des waldigen Ufers; links und rechts stemmte er sich gegen die Landspitze, ja gegen jeden, in den Strom hinausragenden Baum, als ob er selbst durch die kleinste Hülfe und Stütze auch neue Kraft und Festigkeit gewinnen könnte. So matt und entkräftet aber auch gestern die Sonne, als sie der Uebermacht weichen musste, in ihr stilles Lager gestiegen war, so kampfesmuthig und frisch erstand sie heute Morgen wieder, und schon der kühle Luftzug, den sie voraussandte, trieb die Plänkler des Feindes zu Paaren und warf sie auf die Hauptmacht zurück. Das waren aber auch eben nur Plänkler, kleine, naseweise Wölkchen, die in tollem Muthwillen hoch oben in freier Luft spielten und die ersten sein wollten, die dem Vater Nebel das Nahen des Feindes verkündeten. Schon sein Anblick jagte sie wie Spreu vor sich her, und hoch erröthend, von seinem rosigen Licht übergossen, flüchteten sie schnell in die Arme des Vaters, der sie rasch in den Busen schob und nun dem anrückenden Kämpfer die Stirn bot.

Von Westen aus hatte gestern der Sonnengott umsonst gesucht, mit seinen Pfeilen den Schuppenpanzer des Alten zu durchbohren, heute griff er die Sache vom andern Ende an. Der scharfe Nord lieh ihm dazu die Hülfstruppen — bausbäckige Gesellen, die sich rücksichtslos auf den Feind warfen; rohes Volk freilich, aber zu solchem Kampf ganz geeignet. Die griffen denn auch ohne Zögern von allen Seiten zugleich an, und als sich der Kern der Bestürmten mehr und mehr in sich selbst zusammenzog, da demaskirte plötzlich Gott Phöbus seine gewaltigen Batterien. — Hellleuchtende Strahlen schoss er mitten hinein in die scheu zurückweichenden, — wie glühende Keile trieb er die Licht- und Sonnenboten selbst

in das Herz der nach allen Himmelsgegenden hin geformten
Carrés, von oben herab kamen seine Streiche, das Haupt trafen
sie, trotz Schild und Wehr, und zurückgeworfen von der fürch-
terlichen, unwiderstehlichen Gewalt wichen die Massen und
geriethen in Schwanken.

Das aber hatten die leichten Bataillone der derben Nordwinde kaum bemerkt, als sie sich, mit erneuter Kraft, auf den
einmal in Unordnung gebrachten Feind stürzten. Hier und da
sonderten sie einzelne schwache Schwärme von dem Hauptcorps
ab und trieben sie rasch hinaus in alle Weite, — mehr und
mehr drangen sie nach dem Centrum vor, wo noch der trotzige
Alte in voller Stärke die weisse wehende Fahne schwang,
immer näher rückten sie dem Panier, immer näher und näher
und jetzt, — jetzt hatten sie es erreicht, jetzt trieben sie die
um dieses geschaarten Kerntruppen erst langsam und schwer-
fällig, dann immer rascher vor sich hin, und nun, — einmal
zum Weichen gebracht, zeigte das ganze Gefilde bald nichts
als flüchtige Massen, die sich links und rechts in wilder, un-
ordentlicher Eile durch die wehenden Wipfel des Urwaldes
jagten. Hinter drein aber, dass die alten Bäume gar bedenklich dazu mit den wehenden Zweigen schüttelten, die jungen,
schlanken Weiden aber den Flüchtigen sehnend die Arme nach-
breiteten, stürmten die kecken Nordbrisen immer toller,
immer muthwilliger und drangen durch den rauschenden
Hain und sprangen über die leichtgekräuselte Fluth. Droben
am Himmel indess, in all ihrer siegreichen Herrlichkeit, stieg
die glühende funkelnde Sonnenscheibe empor, zu stolz,
den Feind zu verfolgen, den sie geschlagen, zu rein aber auch,
um sich ihr helles Himmelslicht durch seinen giftigen Hauch
verhüllen zu lassen."

Diese Nebelwelt entfaltete sich aber, wie gesagt, im
Gewitter weit reicher und gleichsam drastischer. Aber nicht
bloss indem es, wie schon oben erwähnt, in die betr. Kämpfe
den heulenden Sturm, den züngelnden Blitz und brüllenden
Donner auf die mannigfachste Weise hineinzog, sondern indem
sich überhaupt die Vorstellung eines Nebelreichs daran knüpfte,
was dann ev. in der Gewitter- wie in der gewöhnlichen
Nacht am Himmel heraufzog. Kamen durch die letztere Be-

ziehung in der deutschen Mythologie u. A. die Zwerge wie die
Elbe hinein, so fasste man jenes Nebelreich in verschiedener,
namentlich zwiefacher Weise, bald als ein mehr oder minder
unheimliches Zauberland, bald als Todtenreich. Hing das
erstere damit zusammen, dass man im Treiben des Wirbelwinds
und der Wolken allerhand Hexerei wahrzunehmen glaubte[1]), so
schloss sich die letztere Vorstellung an die Ansicht, dass, wie
wir auch noch bei einem Unwetter wohl die Aeusserung hören
„es ist, als ob die ganze Hölle losgelassen“, so die Heiden
meinten, im Gewitter käme die ganze Todtenwelt am Horizont herauf, eine Auffassung, nach der ich schon im Urspr. d.
Myth. den Charakter auch der sogen. chthonischen Gottheiten
bei den Griechen aus dem Gewitter abgeleitet habe. Ebenso
localisirte man jenes Reich auch doppelt bald in Mitternacht,
bald, und zwar besonders bei den Griechen, im Westen (πρὸς
ζόφον).

Wie Horaz singt:

> Pone me pigris ubi nulla campis
> Arbor aestiva recreatur aura,
> Quod latus mundi nebulae malusque
>
> Juppiter urget,

so versetzte deutscher wie finnischer Aberglaube in die mitter-
nächtliche Gegend ein solches böses Nebelreich.

Wie nämlich auch dies finnische Nebelreich Pohjola weiter
dann localisirt werden mag, ob es mit dem nördlichen Theil
Finnlands oder Lapplands identificirt wird, das ist gleichgültig,
es ist einfach das dämonische nördliche Hexenland, mit
dessen Wirthin und Volk die lichten Kalevala-Helden stets zu
kämpfen und Abenteuer zu bestehen haben, namentlich wenn
sie von dort die schöne Sonnenjungfrau wieder erwerben
wollen, s. Castrèn, Finn. Myth. Petersburg 1853. 244—278 und
Urspr. d. Myth. Index unter Pohjola.

Ebenso lag das deutsch-heidnische Todtenreich der Hel
tief unten nach Norden hin (Grimm, Myth. I. 762), ebendaselbst
auch Niflheim, was dann aber wieder durch seine Beziehungen

---

[1]) s. unten unter „Wirbelwind“ und Urspr. d. Myth. namentlich
S. 221—225.

zu den Nibelungen (Simrock, Myth. 1853) an das zauberhafte
Nebelreich des Gewitters mit dem Schatz, dem Drachen
u. s. w. gemahnt (s. Urspr. d. Myth. unter Siegfried und S.
65, sowie Fischer, die Forschungen über das Nibelungenlied seit
Karl Lachmann. Leipzig 1874. S. 131 ff.).
Bei den Griechen treffen wir das Todtenreich, wenn es
nicht unterirdisch gedacht, im Westen. Ebendas. das sagenhafte Reich der Kimmerier, welches Hom. Od. XI. 14 ff. als ein
ächtes Nebelreich in unserm Sinne beschreibt, wenn er sagt:

ἔνϑα δὲ Κιμμερίων ἀνδρῶν δῆμός τε πόλις τε,
ἠέρι καὶ νεφέλῃ κακαλυμμένοι· οὐ δέ ποτ' αὐτούς
Ἥλιος φαέϑων καταδέρκεται ἀκτίνεσσιν,
οὔϑ' ὁπότ' ἂν στείχῃσι πρὸς οὐρανον ἀστερόεντα,
οὔϑ' ὅτ' ἂν ἂψ ἐπὶ γαῖαν ἀπ' οὐρανόϑεν προτράπηται.
ἀλλ' ἐπὶ νὺξ ὀλοὴ τέταται δειλοῖσι βροτοῖσιν.

16. Die Wolke als Unthier (Thier überhaupt).

Einzelne gewaltige Wolken bekommen den kleinen „Lämmerwolken" gegenüber den Charakter eines Unthiers (belua).
Fit et caligo beluae similis sagt Plinius hist. nat. II. 49 (cf.
Lucrez IV. 140) und dass Gellius für gewisse „dampfende
Wolkenmassen" und „furchterweckende Wolkengebilde" den
Namen Typhonen beibringt, habe ich schon Urspr. d. M. S. 30
erwähnt. Hierher gehören alle die furchtbaren, Feuer
und Dampf speienden Wesen, welche Götter oder Heroen bekämpfen, mögen sie im Anschluss an den Blitz zu schlangen-
artigen Ungeheuern oder, an den Donner und den Regenbogen sich knüpfend, zu feuerschnaubenden Stieren und
dergl. werden. Ueber die ersteren habe ich im Urspr. d. M. im
Cap. I. „von den Schlangen- und Drachengottheiten" S. 26 bis
159 gehandelt[1]), über die letzteren ebendas. Cap. III. S. 181
bis 190. cf. Anhang I. des „Heutigen Volksglaubens" u. s. w.
II. Aufl. „Die rothe Kuh im Regenbogen und Iris mit dem
Stierkopf, so wie die stierhäuptigen Wassergötter der
Griechen." Auch schon vorher unter den Rubriken „Wolke"

---

[1]) Bei den Walachen tritt auch der Drache noch geradezu unter
dem Namen Nebeldrache auf. Schott, Walachische Märchen. Stuttgart
1845. S. 85.

als „Fell" und „Wolke" als „Rauch" ist auf die Vorstellung von „Wolkenrinder" mit hingewiesen worden, welche dann in den ziehenden Wolken getrieben werden (cf. Wolken „ziehen", „Wind treibt die Wolken" und „Donnergebrüll"). Eine bei Dichtern sehr cultivirte Auffassung ist die der Wolken als dahineilender Rosse. So lässt der Graf v. Würtemberg Stuttgart 1871. S. 302 in seinem Gedicht „Sirokko" diesen Wind sagen:

> In buntgemischtem, dichtem Trosse
> Trieb ich dahin in schwerem Flug
> Die abgehetzten Wolkenrosse
> Noch müde von dem Wüstenzug.

Das Bild geht dann leicht über in das von Donner-rossen, z. B. bei demselben S. 92:

> Doch haben ihm die Wolkenrosse
> Vom Himmel zürnend zugeschaut,
> Sie nahen schnell in schwarzem Trosse,
> Vor Grimm und Mitleid donnernd laut.

Dasselbe tritt bei Lenau in dem Gedicht „Haideschenke" hervor s. unter „Wind treibt die Wolken." Wind, Donner und Blitz spielen überhaupt bei diesem Bilde vielfach hinein. Der Donnergalopp (s. das.) möchte der Ausgangspunkt sein. cf. aber auch „Wind schnaubt." — Zu den Wolkenrossen stellen sich die (griechischen) Windrosse, mit denen der Gott über das Meer, als wäre es Land, dahinfährt. Daneben erscheint der Wind wieder als der Reiter des Wolkenrosses, wohin u. A. Odhin sowohl als die Valkyrien gehören. s. „Wind als Reiter."

Gelegentlich erscheinen die Wolken auch als Wölfe oder vom Standpunkt der himmlischen Wasser als Robben aufgefasst, wie sie z. B. in der Proteussage am Himmel heraufziehen. Hat bei dem ersteren das Sturmesgeheul mitgewirkt, die Vorstellung zu zeitigen, so gehört auch hierher das (unter Umständen „brüllende") Grauthier der griechischen und römischen Sage, „der Esel", so wie der gespenstige „dreibeinige" Hase des deutschen Aberglaubens, und zu den „Robben" sich stellend des deutschen Fafnirs Bruder Otr, den Loki getödtet, als er in Ottergestalt „blinzelnd" dasass beim (himmlischen) Wasserfall, und dessen Balg dann die Götter mit Golde füllen

und von aussen ebenso hüllen sollten. (Die Ausführungen von
alledem im Urspr. d. M. an den betreffenden Stellen, welche der
Index nachweist.) Daran reihen sich Bezeichnungen der Wolke als „Bull-
kater", Kuhn, Westf. Sagen. II. 89. „Wetterkatze", „Murr-
kater", „Schwarze Katze" u. s. w. Mannhardt, Antike
Wald- und Feldkulte. Berlin 1877. S. 172 Anm.; Laistner,
Nebelsagen. Stuttg. 1879. S. 223. Dass bei der Auffassung der
Wolke als Katze das feurige Blitzauge (in der Gewitternacht) eine Rolle spielt, darauf habe ich schon Urspr. d. Myth.
S. 230 f. (cf. 266) hingewiesen, so wie auch, dass Freyja auf
einem mit Katzen bespannten Wagen fährt, Hexen sich in
Katzen wandeln und dergl. mehr. Als secundäres Element
dürfte dann hinzugekommen sein, dass man den Blitz andrerseits auch als eine himmlische Kralle, sein Reissen in den
Wolken (s. auch Wind reisst in den Wolken) als Kratzen
fasste, indem man das trisulcum fulmen so dem betr. Thier
anpasste. Bei den meisten Wolkenungeheuern werden Krallen
zumal als charakteristisch hervorgehoben, nicht bloss bei den
stymphalischen Vögeln, den Sirenen, sondern auch beim Gewitterdrachen u. s. w.; wie sie auch schliesslich noch beim
mittelalterlichen (Gewitter-) Teufel wiederkehren.

Nach Rochholtz, Naturm. S. 100, glauben die Bauern im
Berner Kanderthale, so oft ein weisses Sturmgewölk am
Himmel heraufzieht und eine Wetterveränderung ankündigt,
darin eine Moore (Schwein) mit ihren sieben Jungen zu erblicken. Auch sonst spielt die einäugige Sau am Himmel,
wühlt in den Wolkenblitzen u. s. w., wie sich dann auch
daraus das Bild des goldborstigen Sonnenebers entwickelt hat,
dieser Sonnen- oder Gewittereber auch in griechischer wie in-
discher Mythologie eine grosse Rolle spielt. Hängt jener Berner
Glaube mit dieser weitverzweigten Vorstellung zusammen?
s. Nordd. Sagen, Index die Stellen unter „Schwein". Schwartz,
Heutiger Volksglaube. S. 26 und 74. Urspr. d. M. unter „Eber und
Hauer". Kuhn, Herabk. d. F. S. 202. cf. auch meinen Aufs. in
Fleckeisen und Masius über die Naturanschauungen im Quintus
Smyrn. v. J. 1875, so wie einen in der Berliner Zeitschr. „Bär"
v. 1. April 1878. Auch Mannhardt, Germ. Mythen. S. 64 Anm.

führt aus dem Rigveda folgende Stelle an: „O Indra, lass den himmlischen Eber (Varâha) uns geben hundert fruchtbare Ströme und Ueberfluss nahrreicher Milch" und sagt dazu: „Varâha (Eber) bedeutet geradezu die Wolke. Kuhn, Zeitschr. f. vergl. Sprachf. V. 146."

17. Wolken fliegen (werden zu Vögeln) z. B. sublime volantes nubes bei Lucrez, VI. 96.

Dies ist sicherlich eine der ältesten Anschauungen der alten wie neuen Welt, wie sie auch dann weit in die entwickeltsten Mythen hineinragt. Auch erweitert sich das Bild in den Gewittererscheinungen. Der Wind ist das Fächeln der Flügel des Wolkenvogels, der Blitz sein leuchtendes Auge, oder in dem Zickzack der Blitze erscheint er mit Knochen umgeben und wird zum Leichenschwelg; im Schwefelgeruch des Blitzes besudelt er u. s. w. (der nordische Hraesvelgr am Nordrand der Erde, von dem aller Wind kommt; die Sirenen, Stymphalischen Vögel u. s. w.). S. meine Abh. „die Sirenen und der nordische Hraesvelgr in der Berl. Zeitschr. f. Gymnasialwesen v. J. 1863. S. 465 ff. Ursprung d. Myth. Index unter den betr. Namen.

Im speciellen ist der Adler mehr der Vogel der dunklen Nacht, der Sturmes- und Wetterwolke (Träger des Donners und Blitzes); zuweilen in einem gewissen Gegensatze zum Vogel der Morgenröthe, des Sonnenscheins, des lichten Tages. cf. Ursprung der Stamm- und Gründungssage Roms. 1878, namentlich S. 9 ff.

Als wie ein schwarzer Aar, dess Flügel Feuer fingen;
So schlägt die schwarze Nacht die feuervollen Schwingen.
Lenau.

Das Mittelalter kam bei Beobachtungen der Wandlungen und sogen. Wahrzeichen am Himmel noch öfter auf solche Anschauungen zurück. So heisst es z. B. in Angelus Brandenb. Chronik:

„Im J. 1580 den 10. des Herbstmonats. — Ueber dem Haupt ein wenig gegen Mittagwarts stundt auch eine rothe feurige Wolke, eines ziemlich grossen Tisches breit, fast einem Adler mit kuglichten ausgestrackten Flügeln gleich, dessen von einander gethane schwarze Füsse und breiten Schwantz, auch beide ausgestrackte Flügel, man fast bescheidentlich kennen kondte. Dieser Adler (als sichs liess ansehen) streckte den Schwantz und Beine gegen Mittage, die Flügel aber gegen die Mitternacht. Dies Wunderzeichen wurde beschrieben (!) vom Probst zu Berlin Colerus. Folgte schreckliche Krankheit." Wie zu den Landthieren, die man in den Wolken fand, sich in Bezug auf die Wasser „dort oben" Wasserthiere stellten, so finden wir auch hier Wasservögel. Den weissen Schäfchen entsprechen von diesem Standpunkt aus die himmlischen Schwäne u. s. w. s. Urspr. d. Myth. und Poet. Naturansch. I. im Index unter „Schwan".

18. Wolke hängt, ein oft vorkommender Ausdruck, z. B. „Sechs Stunden brachten sie in diesem Orte zu, während eine dicke, von den Bergen kommende Wolke über ihrem Haupte hing." Barth, Ostafrika. Leipzig 1876. S. 231. vergl. Schillers Schlussverse der Kassandra:

> Und des Donners Wolken hangen
> Schwer herab auf Ilion.

cf. J. Grimm, Wörterb. „donnerschwer", adj. donnerschwere Wolken ziehen am Himmel daher. Bildlich:

> Wohl mir, auch diese donnerschwere Wolke,
> Die über mir schwarzdrohend niederhing,
> Sie führte mir ein Engel still vorüber.
>
> Schiller.

vergl. auch unter „donnerschwanger".

Hieran schliesst sich der bei Deutschen wie bei Slaven herrschende Aberglaube, dass, wenn es stürmt, sich vorher Jemand aufgehängt habe. Ich ziehe auch her die bekannte Stelle aus Homer, Ilias XV. 18 ff., wo Zeus zur Hera sagt:

> Οὐ μαν οἶδ᾽, εἰ αὖτε κακορραφίης ἀλεγεινῆς
> πρώτη ἐπαύρηαι, καί σε πληγῇσιν ἱμάσσω.
> ἦ οὐ μέμνη, ὅτε τ᾽ ἐκρέμω ὑψόθεν, ἐκ δὲ ποδοῖιν
> ἄκμονας ἧκα δύω, περὶ χερσὶ δὲ δεσμὸν ἴηλα
> χρύσεον, ἄρρηκτον; σὺ δ᾽ ἐν αἰθέρι καὶ νεφέλῃσιν
> ἐκρέμω· ἠλάστεον δὲ θεοὶ κατα μακρὸν Ὄλυμπον,
> λῦσαι δ᾽ οὐκ ἐδύναντο παρασταδόν· ὃν δὲ λάβοιμι,
> ῥίπτασκον τεταγὼν ἀπὸ βηλοῦ, ὄφρ᾽ ἂν ἵκηται
> γῆν ὀλιγηπελέων;

Es thut mir nämlich leid, wieder den Unwillen der Herrn Kammer und Gleichgesinnter erregen zu müssen, indem ich hier eine „tiefsinnige" Deutung zurückweisend, diese Stelle mit ähnlichen in Verbindung bringe (z. B. mit II. I. 588 wo Hephäst sagt, die Mutter solle nachgeben, μή σε, φίλην περ ἐοῦσαν, ἐν ὀφθαλμοῖσιν ἴδωμαι θεινομένην, denn schon einmal, als er ihr hätte helfen wollen, ῥῖψε (πατὴρ) ποδὸς τεταγὼν ἀπὸ βηλοῦ θεσπεσίοιο) und in allem diesen eine derb volksthümliche Scene wie in so manchem Anderen erblicke. Das waren Traditionen einer Zeit, wo es in den Häusern auch noch gelegentlich so wild aufschäumte und man in gewissen Himmelserscheinungen Aehnliches wahrzunehmen glaubte und so Bilder schuf, die dann der Dichter noch möglichst massvoll verwerthete, so dass es mehr, ich möchte sagen, mit einem gewissen Humor derb gemüthlich, als ethisch widrig und unschön erscheint. Ich brauche nicht in das Nibelungenlied zurückzugreifen, wo Siegfried auch die Chrimhild züchtigt, ohne dass es ihrer Liebe Eintrag thut, ja Brunhild direct den Gunther „zu einem Nagel trägt und hoch an der Wand aufhängt." Die Zeiten sind nicht so fern, wo handgreifliche Familienscenen nicht bloss in den unteren Ständen vorkamen, sondern selbst in Fürstenhäusern bei aller Tüchtigkeit der Charaktere, ja eben gerade aus diesem Grunde zuweilen im Anschluss an die noch allgemein vorhandene Rauheit der Zeit derbe Explosionen stattfanden. Hörte ich doch selbst in Betreff der neuesten Zeiten, als ich einmal in Colberg mich um Traditionen dort bekümmerte, dass man von dem mit Recht von allen Preussen hochgehaltenen Nettelbeck erzählte, er habe einmal in einem Anfluge seemännischer Leidenschaftlichkeit bei einem Streit auch seine Frau (wie umgekehrt Brunhild den Gunther) aufgehängt und zwar im Schornsteine. Die Tradition hält derartiges also doch selbst noch jetzt für denkbar. Waren aber derartige Ausbrüche in den Urzeiten gewöhnlicher, so war es ganz natürlich, dass man meinte, wenn es da oben im Gewitter „wirthschaftete" und man dies als häuslichen Zwist auffasste, es ginge dabei ähnlich wie hier auf Erden zu. Dieselbe Anschauung scheint sich noch im Mittelalter geradezu bäurisch reproducirt zu haben, wenn man bei schnell wechselndem Regen und Sonnenschein nicht bloss meinte: „da oben

sei Kirmess" d. h. „tolle Wirthschaft" oder „de düvel habe hoch-
zît" (Nordd. S.), sondern auch sprüchwörtlich noch sagt: „Der
Teufel bleichet oder schlägt seine Grossmutter oder Mutter"
= nld. de duivel slaat zyn wyf = franz. le Diable bat sa
femme. J. Grimm, Myth. S. 960. Geht dies im Allgemeinen
auf das scheinbar unwirsche Treiben dort oben, wobei vielleicht der Regen als Thränen galt („weint doch auch die
Windin (Windsbraut) gern" nach Schönwerth II. 107), so
erscheint die Scenerie noch weiter ausgeführt, wenn es dabei
heisst: „der Teufel prügle sein Weib und seine Schwiegermutter lache dazu" (Schönwerth, aus der Oberpfalz. II. 128),
was wohl noch mehr in die Gewitterscenerie eingreift,
indem so auch der Donner noch als Lachen herangezogen
wird (s. Donner lacht). In den Moselgegenden wird auch
sichtlich noch die Wolke in das Bild mit hineingenommen
und es klingt ganz an das Homerische an, wenn statt der
obigen Redensarten es heisst: „der Teufel habe dann seine
Mutter erhenkt". Wolf, Zeitschr. I. 240.

Wie man bei leichtem Gewitter in Tirol z. B. sagt: „da
rücken sie oben die Tische", der Gewitteralte ferner ganz gewöhnlich als zankend gedacht wurde, Wind und Blitz als
ein Peitschen der Wolken erschien, so habe ich öfter an
der See solche mehr rumorenden als furchtbaren Gewitter
erlebt, wo es war, als fände wirklich nur eine Art Balgerei
dort oben statt, wozu dann der altmythische Standpunkt vortrefflich passte, nach welchem gelegentlich (im Blitz) etwas
geschlagen oder gepeitscht oder gar hinabgefahren d. h.
hinabgeworfen zu werden schien und dergl. mehr. Passt zu
solcher Scenerie das auch sonst vorkommende Fesseln eines
himmlischen Wesens, indem man wieder nach anderer Vorstellung
Blitze, die wie Fäden aussahen, als Schlingen und Fesseln
fasste, so werden wir auch bei der aufgehängten Wolken-
göttin einfach auf die am Himmel angeblich aufgehängte,
donnerschwere Wolke geführt. Die ἄκμονες, welche sie an
die Füsse dabei bekommt, passen ganz zu der Scenerie, indem
in alten Zeiten die Vorstellung des Donnerhammers den Griechen auch nicht fremd war, ganz angemessen Zeus also mit
jenen agirte, und die in dieser Ausstattung aufgehängte Here

speciell noch an die schwer herabhängenden Donner-
wolken in Schillers oben citirten Vers gemahnt.

Ein merkwürdiges Analogon bietet übrigens hier die deutsche
Mythe. Odhin, der nicht bloss der einäugige Sonnen- sondern auch der Sturmgott ist, führt den Beinamen Hangagod
d. h. der Hängegott. Wolfgang Menzel widmet demselben in seinem Odhin auch ein ganzes Capitel voll sogen. „tiefsinniger" Gedanken, namentlich in Betreff des Runenliedes, durch welches sich
Odhin von dem Baum, an dem er verwundet hing, löste und
gesund machte. Kann man aber wohl ernsthaft mit Menzel von
jener Urzeit glauben, dass der Hauptgedanke sei, „dass der freie
Geist aller Bande der Materie spottet" und ihm zustimmen, wenn
er fortfährt: „Es scheint sich allerdings hier um den Gegensatz zwischen Ewigkeit und Zeitlichkeit im Grossen zu handeln.
Odhin ist voll Schuld und ist sich dessen bewusst. — — Hier
verstümmelt er sich, dort erniedrigt er sich." Das sind christ-
lich-philosophische Anschauungen des XIX. Jahrh., aber nicht
Gedanken der Zeit, wo jene Mythen entstanden und galten.

Ich stimme auch nicht Mannhardt, Germ. Myth. S. 296 in
der Entwicklung der betreffenden Gedanken bei, wenn er sagt:
„Floh der Lebenshauch aus dem erstarrten Körper, so schwebte
er zur Luftregion empor und vereinigte sich entweder mit der
Wolke (?), dem ersten scheinbar festen Haltpunkt im Himmelsraum oder dem Sturmwind, behielt jedoch seine individuelle
Existenz (!), ohne ganz in das allgemeine Element verflüchtigt
zu werden (?). So bildete sich auf der einen Seite die Vorstellung aus, dass die Seelen mit dem Sturmgott Wuotan im
wüthenden Heer durch die Luft fahren" u. s. w. — Ebenso
wenig schliesse ich mich ihm an, wenn er nun in der Anm.
ähnlichen Aberglauben, wie den oben an die Spitze gestellten,
anführt und fortfährt: „In den angeführten deutschen Meinungen
ist der Glaube, dass der dem Körper entschwebende Luftbauch,
die Seele, mit dem ihm naturgemässen Element, dem Wind,
sich verbinde, bereits auf diejenigen eingeschränkt (?), die sich
erhängen. Diese Einschränkung fällt aber der späteren
Periode unseres Heidenthums zu (?), in welcher man den
Heldenseelen vorzugsweise oder nur den Aufenthalt im Gefolge
des Sturmesgottes Wôdan, nordisch Odhin, zuschrieb, dem die

Todesart des Erhängens heilig war." — Was aber Mannhardt
dann sachlich anführt, passt zu unserm Gedankengang. Er
sagt: „Odhin hing selbst 9 Tage am windigen Baum, sich
selber geweiht. Hâvamâl. 139. Nach der Gautreks- ok Hrôlfs-
saga muss sich König Vikar, der sich Odhin gelobt hatte, erhängen und nach der Hâlfssaga erhenkt Geirhilldr dem
Odhin zum Opfer ihr erstes Kind. Beinamen Odhins sind Hân-
gagoð, Hrafnag. Odhins 18. gâlga gramr; gâlga valdr.
Lex. Myth. 139 (Gott der Gehenkten, Galgenherr, Galgen-
fürst)"[1]).

Ich erblicke in dem hängenden Wind- und Wolken-
gott Odhin dasselbe Element wie in der aufgehängten Hera
im nächsten Zusammenhang mit der oben angezogenen Vorstellung, dass sich einer aufgehängt habe, wenn ein Sturm
losbreche. Spricht der rohe Aberglaube nur mythisch die That-
sache aus, dass wenn eine (Wind-) Wolke dort oben hänge,
ein Sturm losbreche oder umgekehrt, dass, wenn ein Sturm
losbreche, sich oben einer vorher aufgehängt habe, so
kann es bei allen anderen Analogien mythischer Entwicklung
nicht auffallen, dass dort die Göttin, hier der Gott in der
Sage selbst aufgehängt erscheint, dort es als Strafe des
Donnergotts, hier als eine Art Verhängniss erscheint, aus
dem der Betr. sich durch Zauber löst. Ebenso wenig kann
die erwähnte Beziehung des betr. Gottes zum Erhängen und
zu den Erhängten überhaupt dann auffallen; halb erschien es
wohl als Nachahmung des himmlischen Vorgangs, halb als
Glaube, dem Gott so wohlgefällig zu werden. Ich erinnere nur
in letzterer Hinsicht an die Selbstverstümmlung der Gallen
im Anschluss an die im Gewitter angeblich stattfindende ähnliche Verstümmlung des Sonnenwesens, die man im heiligen Fanatismus nachahmte. Vergl. meine Abhandlung über
den Sonnenphallus in der Berl. Zeitschr. f. Ethnol. VI. S. 173.

Wenn übrigens Kuhn, Herabk. d. Feuers S. 207 sagt: „der
Alraun soll bekanntlich aus dem Samen eines Erhängten
entstehen und führt deshalb den Namen Galgenmännlein;

---

[1]) Von der strafrechtlichen Beziehung des Hängens zu Odhin dann
handelt auch W. Müller, Altd. Religion. S. 194.

das könnte auf Odbin zurückgehen, der Hângatyr, gâlga farmr onus patibulorum, gâlga valdr dominus patibulorum heisst und neun Tage am windigen Baum, an der Weltesche hing", so vermittelte die von mir oben aufgestellte Behauptung auch diesen Zusammenhang. Der Alraun erscheint nämlich halb als Wurzel, halb personificirt. In ersterer Hinsicht stellt er sich zum Blitz als Springwurzel, und wenn J. Grimm, M. S. 1154 von der Alrune sagt: „Beim Ausgraben ächzt und schreit sie so entsetzlich, dass der Grabende davon sterben muss", so führt uns dies recht eigentlich auf die himmlische Gewitterscenerie, wo der Vorgang vor sich zu gehen schien. Wenn der Alraun aber dann als Galgenmännlein auf den Samen eines Gehängten zurückgeführt wurde, so erinnert uns dies an die aus der Wolke in den fallenden Blitzen angeblich entträufelnden Samentropfen des Uranos resp. Hephäst, aus denen auch Wesen hervorgehen, die nur in den betr. Mythen dann ganz andere Gestalt gewinnen (s. Urspr. d. Myth. C. 15 „von der Entmannung der Gewitterwesen" und Lucrez VI. 160. Fulgit item, nubes ignis cum semina multa excussere suo concursu. cf. ebend. 206. 213. 217). Der Alraun ist eben von jenem Standpunkt aus nur eine Art Gewitterkobold (zutragender Drâk) in rohester Urauffassung in Betreff seiner Entstehung[1]).

Dass aber dies Aufhängen der alten Wolken- (und Wind-) Götter, wie ich behaupte, auf einem alten rohen Volksglauben zurückzuführen sei, dafür möchte ich noch einige bedeutsame Momente anführen. Wie Odbin am windigen Baum, an der himmlischen Weltesche hängt und im Winde seine Zauberrunen singt (s. Wind singt), so hängt auch der phrygische Marsyas, der pfeifende (Wind-) Satyr, nachdem er sich (im Gewitter) mit Apoll in einen Wettkampf einge-

---

[1]) Wie in der mythischen Auffassung sich oftmals Anknüpfungen der grobsinnlichsten Art finden, und wir uns hier schon in solcher Scenerie bewegen, will ich doch in Betreff der Entwicklung der angedeuteten Vorstellung nicht unerwähnt lassen, dass bei Gehängten ein Samenerguss oder eine Erection stattfinden soll, was die Parallele der irdischen und der im Himmel angeblich vor sich gehenden ähnlichen Scene nur bestätigen würde.

lassen[1]), geschunden an der Fichte hervorragendem Ast[2])
(gerade wie in anderer Fassung das Wolkenwidderfell an
der colchischen Eiche). Wie bestätigend lässt noch die Sage
aus seinem Blute den gleichnamigen Fluss d. h. ursprünglich
den Regenstrom hervorgehen. Auch die Sage vom Chorikos,
der wegen seines Frevels an Hermes zerfleischt und in einen
Schlauch verwandelt sein sollte, habe ich schon unabhängig
von dem obigen Excurs im Urspr. d. Myth. S. 232, wo ich von
der Vorstellung des Windsacks, Windschlauchs redete, dahin
gedeutet: „dass wenn der Wolkenalte zerfleischt und in einen
Schlauch verwandelt sein sollte, dies ein deutlicher Hinweis
auf die einzelne Windwolke sei, die vom Treiben des Gewitters nach dem Zerreissen des Wolkenhimmels noch
übrig sei."

Schliesslich aber, und dies möchte ich noch besonders betonen, dürfte es kein Wunder sein, wenn die
mythische Urzeit sich allerhand solche Vorstellungen
von den hängenden Wolken dort oben schuf, wo noch
die Gelehrten des XVII. Jahrhunderts sich darüber
stritten, wer die Wolken dort oben „aufhänge". So heisst
es nämlich in P. Gaspar Schott's Physik v. J. 1697. Lib. XI.
4. 26 von der „Vis suspendens nubes in aëre": Fabulosum
ergo est quod dicit Antonius Berga et Scaliger nubes suspendi a Sole vi quadam magnetica, quia sic nocte, quando
nubes sunt supra, Sol infra horizontem, nec amplius illuminantur
a Sole, universae ruerent in terram. Falsum quoque quod Meu-
rerus ait apud Fromondum suspendi nimirum nubes a DEO;
quoniam DEUS naturales effectus non praestat sine causis se-
cundis." — Immerhin war es also noch eine Ansicht „Gott hänge
die Wolken auf!"

---

[1]) Wind und Sturm erscheint bald als Pfeifen, bald als das
Rauschen einer Harfe. In dem Liede „der Schiffer an den Sturm"
vom Grafen von Würtemberg „Singt der Sturmwind und stimmt mit
der Riesenhand höher seiner Harfe Saiten, während die
Windsbraut dazu pfeift" u. s. w. s. unter Wind.

[2]) ὁ Ἀπόλλων κρεμάσας τὸν Μαρσύαν ἔκ τινος ὑπερτενοῦς πίτυος ἐκ-
ταμὼν τὸ δέρμα οὕτως διέφθειρεν. Apollod. 1, 4, 2.

19. Wolken tanzen.

Zwei Zinken ragen ins Blaue der Luft,
Hoch über der Menschen Geschlechter,
Drauf tanzen, umschleiert von goldenem Duft,
Die Wolken, die himmlischen Töchter.
Sie halten da oben den einsamen Reihn,
Da stellt sich kein Zeuge, kein irdischer ein.

Schiller „Berglied".

An dieses Bild von Schiller knüpfen sich die verschiedensten mythischen Vorstellungen: Wolken und Winde (namentlich die „Windsbraut" s. das.) tanzen; halten besonders auf
den Höhen der Berge ihre Versammlungen. Das sind die
Hexenversammlungen sowohl der deutschen Hexen auf
dem Brocken und ähnlichen Bergen[1]), wie die der griechischen
Thyiaden, Mänaden u. s. w. angeblich auf den Spitzen des
Parnass, des Kithäron oder den Höhen am Strymon u. s. w.
Denn wenngleich man auch im Kultus in Griechenland derartige wilde Feste und Umzüge nachahmte, so gehören doch jene
überphantastisch ausgestatteten Sagen von dem Treiben auf den
(besonders zur winterlichen oder frühjahrlichen Festzeit) fast
unersteigbaren Bergesgipfeln ebenso wie die Pentheus- und
Lykurgos-Sagen und dergl. der Mythe an, welche die weitere
Entwicklung der Scenerie ursprünglich aus den Gewittererscheinungen schöpfte. (s. Wind pfeift und spielt auf zum Tanze,
ferner Gewitter = „Gekessel" und „zieht herum".) Dass es eben
mehr bloss Sage in dieser Form sei, das drängt sich u. A.
auch schon Welcker aus localen Gründen beinahe auf, wenn er
zu des Pausanias Notiz (X. 32, 5) ἀπὸ δὲ τοῦ Κωρυκίου χα-
λεπὸν ἤδη καὶ ἀνδρὶ εὐζώνῳ πρὸς τὰ ἄκρα ἀφικέσθαι
τοῦ Παρνασσοῦ· τὰ δὲ νεφῶν τέ ἐστιν ἀνωτέρω τὰ ἄκρα
καὶ αἱ Θυιάδες ἐπὶ τούτοις τῷ Διονύσῳ καὶ τῷ Ἀπόλ-
λωνι μαίνονται hinzufügt: „Allerdings ist schon die kory-
kische Höhle über der Bergebene und dem See pfadlos, steil,
über Klippen hinanzusteigen schwer, und wie die zacki-
gen, weissen, schichtenweise mit Fichten wie über-

---

[1]) Besonders charakteristisch ist wenn sie am Brocken „den Schnee
wegtanzen sollen" s. unter Winde „tanzen".

spritzten Felsenwände dahinter zu erklimmen seien, ist aus der Ferne nicht abzusehen!" Auch Preller (Griech. Myth. I. 541) fällt bei Besprechung der Sache schon unwillkürlich in eine zu unserer Auffassung passende Darstellung, wenn er daran anknüpfend, dass auf den höchsten Bergesgipfeln diese Hauptfeiern stattfinden sollten, sagt: „Daher das Gemüth der Umwohner mit gleich abergläubischer Furcht auf diesen Gipfel schaute, wo man von Zeit zu Zeit bacchische Gestalten zu sehen und einen wilden Lärm zu hören glaubte, wie die Anwohner unseres Harzes auf den Blocksberg; ja noch jetzt nennen die Hirten des Parnass jenen Gipfel des Teufels Tenne." — Einige Hauptgrundzüge der betr. mythischen Bilder sind Urspr. d. M. 222 angedeutet. Die Parallelen sind nämlich auch, trotz der verschiedenen Entwicklung, selbst schon innerhalb der angedeuteten Scenerien noch zahlreich. Zum Bocks-Pan, der mit den Nymphen sein Wesen treibt, stellt sich der „grosse Bock bei den Hexen," ebenso wie dem „stierfüssigen" Dionysos bei den Thyiaden und Bachantinnen der Hexenmeister mit dem „Pferdefuss" zur Seite tritt u. s. w.

Wenn übrigens Schiller sagt „da (bei jenen Versammlungen) stellt sich kein Zeuge, kein irdischer ein", so schien doch gleichsam eine himmlische Störung, um so zu sagen, oft dabei stattzufinden und die einzelnen Momente des losbrechenden Gewitters fasste man so. Ich habe in dieser Hinsicht schon auf einzelne rohe derartige Genrebilder bei Litthauern wie Deutschen hingewiesen, in denen der Donner und das Zerreissen der Wolken hineingezogen wurde. Ebenso reiht sich aber hier an, wenn die Sonnengöttin in den Wolkenmassen im Anschluss an die himmlischen Wasser sich baden zu wollen schien und dabei von einem Störer wie z. B. Aktäon überrascht wurde. Vergl. Poet. Natur. I. 250. 77. und Heutiger Volksgl. 49.

Wolken treiben s. Wind treibt die Wolken.

20. Wolken ziehen (s. Wind treibt die Wolken: Gewitter-Umzug).

Sonnenuntergang;
Schwarze Wolken ziehn.　　　Lenau 1857. I. S. 23.

Am Himmel eilt mit dumpfem Klange
Herauf der finstre Wolkenzug.

ebend. I. S. 135.

21. **Wolken steigen empor** (s. „Gewitter kommt herauf").
Schwere Wolken stiegen rasch aus Süden empor. James,
der Ueberwiesene. Stuttg. 1847. S. 609. vergl. vorher unter
„Wolken ziehen" die Stelle aus Lenau, I. S. 135.

22. **Wolkenheer, Wolkenkampf** (s. Winde; Kampf
ders.).

Dem oben citirten „finstren Wolkenzug" Lenaus entspricht
bei Lucrez VI. 99 der Ausdruck densum agmen nubium; auch
an Kampf denkt derselbe Dichter, wenn er kurz vorher sagt:

Principio, tonitru quatiuntur caerula coeli
Propterea quia concurrunt sublime volantes
Aetheriae nubes contra pugnantibu' ventis;

worauf er dann eben fortfährt:

Nec fit enim sonitus coeli de parte serena;
Verum ubicunque magis denso sunt agmine nubes,
Tum magis hinc magno fremitus fit murmure saepe.

v. 155 spricht er ebenso wieder von einem concursus nubium;
entsprechend Quint. Smyrn. II. 349 ἅδην νεφέων συνιόντων,
Θεσπεσίων. cf. auch Pind. Pyth. VI. 14 sqq.

τὸν οὔτε χει–
μέριος ὄμβρος ἐπακτὸς ἐλθὼν,
ἐριβρόμου νεφέλας
στρατὸς ἀμείλιχος, οὔτ'
ἄνεμος ἐς μυχοὺς
ἁλὸς ἄξοισι παμφόρῳ χεράδι
τυπτόμενον.

Sturm, Blitz und Donner verleihen der Scenerie das mannigfachste Colorit s. unter Sturm u. s. w.

23. **Wolkenjagd.**

Trübe wird's, die Wolken jagen.

Lenau I. S. 22.

Jetzt jagen sie sich (die Wolken) wild und kraus.

Reithard b. Grube S. 21.

Grossartig, wenn gleich etwas phantastisch entfaltet sich
das Bild in einer Gewitterschilderung in „Walther Lund" von

Ph. Galen. Leipzig 1855 — „und ein dumpfes Grollen in un-
absehbarer Ferne verkündete schon von weitem das nahende
Ungestüm. — Und rasch, wie im Wettrennen begriffen, jagten
die sich verfolgenden Wolkengebirge heran, als peitsche
eine unsichtbare dämonische Gewalt sie nach vorn.
Herrliche Farbenspiele und wunderbar gespenstische Gestaltungen kamen dabei in raschester Folge zum Vorschein. Glü-
hendes Roth, funkelndes Gold mischte sich mit abendlichem
Grau und blendendem Weiss, welche alle wieder zuletzt das
nächtliche Schwarz in seinen verhüllenden Mantel schloss.
Thiergestalten allerlei Art wechselten in buntester Folge
und Alles das taumelte und jagte so chaotisch durcheinander,
dass jeder Augenblick ein neues Schauspiel gebar. Plötzlich
aber wälzte sich das Wolkengebirge näher, auf den Flügeln des Windes sauste es heran, und aus einer düsteren
Nebelschicht zuckte ein wetterleuchtender Strahl mitten in
die angstvoll schweigende Landschaft herab. Dem Blitze
folgte auch hier der Donner mit so vollen und hinsterbenden Cadenzen, dass der letzte vernehmbare Widerhall
wie das Stöhnen eines abscheidenden Geistes erklang. Und
endlich, um das himmlische Concert vollständig zu machen,
brauste heulend der Sturm dazwischen, Bäume und Gebüsche
beugend, als wären es Halme, und nur zum Spiele des All-
mächtigen geschaffen!" s. Gewitterjagd.

24. Wolke, personificirt. (Wolken und Donner, der
Lüfte Bewohner.)

Und wir ziehen mit uns
Der Lüfte Bewohner,
Die Wolken und Donner.

Bodenstedt b. Grube. S. 33.

Die Wolken und der Donner treten in verschiedenen
Mythen, abgesehen von den andern Gewittererscheinungen,
neben einander wie in der obigen Strophe auf.

25. Wolke, schwanger.

„Die Blitze schlängeln sich nicht mehr durch schwangere
Wolken". Gessner bei Adelung unter „Blitz". Gewitter-
schwangere Wolken ist auch sonst eine ganz gewöhnliche
Bezeichnung. Ebenso stellt sich volksthümlich dazu der Aus-

druck „dicke Wolken", denn „dick" ist volksthümlich =
schwanger.

Dem entsprechend sagt Lucrez VI. v. 257 vom Unwetter:
atram fulminibus gravidam tempestas atque procellis. Ebenso
sagte auch in der schon oben unter „Wolkenmantel" citirten
Stelle Nonnus Dion. II. 484 sqq.:

καὶ νεφέλης ἔντοσθεν ἐελμένος αἴθοπι κόλπῳ
πνίγετο θερμαίνων νέφος ἔγκυον.

An die atra gravida nubes schliesst sich speciell auf dem
Boden griechischer Mythologie die herumirrende, schwangere
Leto, (welche mit den himmlischen Zwillingen, den Licht-
und Regenbogen-Gottheiten Apollo und Artemis, nicht nieder-
kommen kann), wenn sie charakteristisch den Beinamen κυανόπεπλος führt. Es ist die herumziehende, dunkle Gewitterwolke, die daneben entweder von den Sturmeswölfen
geleitet wird, oder selbst als Wölfin auftritt. S. Urspr. d. Myth.
u. A. S. 99. 215. Ursprung d. Stamm- und Gründungssage
Roms u. s. w. S. 49 f.

Ueber weitere Entwicklung der betr. Vorstellung „Blitz-
und Gewittergeburt" und die citirte Stelle von Tieck unter Wolkenhimmel = Meer.

26. Wolke entladet sich, namentlich beim „Drâk" s.
unter „Blitz" als „Schlange". vergl. neben Grimm, Myth. auch
Wörterbuch unter „Drache".

27. Wolkenhimmel = Meer.

> Wogendes, kreisendes Meer,
> Sich selbst gebärend,
> Alles ernährend u. s. w.
>
> Tieck, „die Luft".

„Vielleicht herab vom bunten Wolkenmeer".

Knapp, „das Geheimniss der Luft" b. Grube S. 35.

In Verknüpfung der weisslichen Wolke mit Milch wird
aus dem Wolkenmeer ein himmlisches Milchmeer (s. Gewitter, die Wolken quirlend). Daneben berührt sich die Vorstellung mit der von himmlischen Wassern, Seen und dergl.
s. unter dem Capitel „Regen".

Wind (Sturm)[1].

___

1. Wind erscheint geflügelt.

„Der Sturm lässt seine Flügel sinken."

Lenau „das Gewitter".

„Der Sturmwind kommt geflogen."

Wenzel b. Schenkel. S. 18.

„Draussen schlägt der Nachtgesell
Sturm sein brausendes Gefieder."

Lenau Ged. S. 109.

ἐννυχίαις πτερύγεσσι μέλος σύριζον ἀῆται.

Nonnus Dion. II. 181.

„Schüttelnd die triefenden Schwingen erhob nach unendlichem
Regen
Sich der Abendwind."

Pyrker, Rudolf v. Habsburg. Stuttgart 1855. S. 142.

„Eilig flattert der Morgenwind."

A. Schults bei Grube. S. 301.

Ebenso erscheinen der Morgen, der Tag, die Nacht und die Wolken in ihrem Auftreten geflügelt. Desgl. gelten die Gewitterschlangen als geflügelt und werden so zu Drachen, denn in dem Hinzutreten dieses Moments besteht ein charak-

___

[1] Ueber die mannigfachen Auffassungen des Windes citirt Angelo de Gubernatis „Die Thiere der indogerm. Mythologie" 1874. S. 521 eine interessante Stelle aus der Sömunds Edda, wo es von demselben heisst „er werde von den Menschen Wind", von den Göttern „Landstreicher", von den Riesen „Weiner", von den Elfen „Brüller" und in dem Höllenraum d. h. in den unterirdischen Gegenden „Pfeifer" genannt. Alle diese Anschauungen kehren im sprachlichen, resp. dichterischen Ausdruck wieder und werden im Folgenden an ihrer Stelle behandelt.

teristischer Unterschied der letztern Wesen von den Schlangen
überhaupt. Hierher gehören auch alle die himmlischen Wolken-
Vögel, an die andere Himmelserscheinungen, wie Blitz und
Donner, sich dann als Accidentien geheftet und so die mannigfachsten Gestaltungen hervorgerufen haben. Reich ist an
derartigen Vorstellungen Amerika, wie auch die griechische,
überhaupt die indogermanische Sage die mannigfachsten Bildungen in dieser Art zeigt. Der Glaube zeigt sich fast über
die ganze Welt verbreitet. Auch in Betreff Neuseelands sagt
Schirren (Wandersagen der Neuseeländer. Riga 1856. S. 61):
„die Vögel sind Windgeister." Vergl. die Ausführungen
über das Uebrige oben unter „Wolken fliegen" und die das.
citirten Stellen, desgl. Poet. Nat. I. Theil. S. 106 ff. Urspr. d.
Myth. C. IV, „Vogelgottheiten". — Auch an die anthropomor-
phische Auffassung der Winde heften sich die Flügel. So heisst
es Pind. Pyth. IV. 299 sqq. von den Boreaden:

καὶ γὰρ ἑκὼν θυμῷ γελανεῖ
  θᾶσσον ἔντυνεν βασιλεὺς ἀνέμων
Ζήταν Κάλαϊν τε πατὴρ Βορέας, ἄνδρας πτεροῖσιν
 νῶτα πεφρίκοντας ἄμφω πορφυρέοις.

cf. Urspr. d. Myth. 154, 168, 195.

desgl. unten Notus, von dem Ovid Met. I. 264 sagt, als der Jupiter ihn „zur Bereitung der Sündfluth abordnet": madidis
Notus evolat alis (das sind ganz die triefenden Schwingen
in der oben von Pyrker citirten Stelle). — Hierher gehören
natürlich auch die Flügelsohlen des Hermes „die über das
Meer hin und die unendliche Erde ihn trugen, mit Wehen
des Windes;[1]" *τὴν (ῥάβδον) μετὰ χερσὶν ἔχων πέτετο κρατὺς*

---

[1] Wenn bei Homer speciell die Winde sonst nicht geflügelt erscheinen, wie Voss in s. Mythol. Briefen ausführt, überhaupt die Vorstellung „geflügelter Wesen" fast ganz zurückzutreten scheint, so hängt
dies, abgesehen von dem, was Jacobi in s. myth. Wörterbuch zu der
obigen Stelle aus Homer S. 446. Anm. 2 anführt, mit der ganzen Dar-
stellungsart des Dichters zusammen, der seiner Zeit und seinem Pu-
blikum gegenüber, wie Aristoteles sagt, bemüht war „das Wunderbare
und selbst das Unwahrscheinliche so darzustellen, dass es Glauben fand
und den Zuhörer fesselte" oder wie Bergk dazu bemerkt: „Wenn Homer
die Wunder der poetischen Welt schildert, sucht er den Forderungen

Ἀργειφόντης. Hom. Il. XXIV. 345 (vergl. 347, wo es, als er nach Troja gelangt, heisst: βῆ δ᾽ ἰέναι). Apollonius legt in s. Argon. I. 219 den Boreaden ähnliche Fussbekleidung bei, nur malt er sie noch etwas phantastischer aus, wenn es heisst:

τὼ μὲν ἐπ᾽ ἀκροτάτοισι ποδῶν ἑκάτερθεν ἐρεμνὰς
σεῖον ἀειρομένω πτέρυγας, μέγα θ᾽ ᾽μβος ἰδέσθαι
χρυσείας φολίδεσσι διαυγέας.

2. Wind erhebt sich, fährt auf, tobt, wüthet, rast, (gewöhnliche Ausdrucksweisen), nimmt sich ungeschlachtet (wie trunken).

Hom. Od. III. 176 ὦρτο δ᾽ ἐπὶ λιγὺς οὖρος ἀήμεναι.

Il. XXIII. 212 τοὶ δ᾽ ὀρέοντο (Boreas und Zephyros) νέφεα κλονέοντε πάροιθεν. Quint. Smyrn. XIV. 251 πᾶσαι δὲ θοῶς ἐνόρουσαν ἄελλαι εἰς πέλαγος.

Hom. Od. XII. 407 αἶψα γὰρ ἦλθεν
κεκληγὼς Ζέφυρος, μεγάλη σὺν λαίλαπι θύων.

Hes. Theogn. 872 sqq.
αἱ δ᾽ ἄλλαι μὰψ αὖραι ἐπιπνείουσι θάλασσαν.
αἱ δ᾽ ἤτοι πίπτουσαι ἐς ἠεροειδέα πόντον,
πῆμα μέγα θνητοῖσι, κακῆ θύουσιν ἀέλλῃ·

Hor. Od. III. 14 spricht ferner von einer rabies Noti, ähnlich III. 30, 4 vom Aquilo impotens i. e. vehementer saeviens. Quint. Smyrn. XIV. 249 μαινομένου ἀνέμοιο; cf. P. N. I. 355 λαίλαπι κυανέη ἐναλίγκιον, ἥτ᾽ ἐνὶ πόντῳ μαίνεθ᾽·

 Aus dem Westen toben Stürme
 Eh der Winter sich will zeigen u. s. w.
   Reinikk b. Wander, poet. Jugendwelt. S. 217.
 Die Nacht ist finster, schwül und bang,
 Der Wind im Walde tost.
        Lenau I. S. 14.

des Verstandes gerecht zu werden" (Lit. Gesch. I. 799). Daher stellt er die himmlischen Wesen möglichst anthropomorphisch nur mit einer Zauberkraft, die sie über die irdischen Verhältnisse erhebt, ausgestattet dar. Seine Winde bedürfen nicht der „Flügel", sie schwingen sich wie die Götter durch die Luft. Die späteren Dichter nehmen in dieser Hinsicht eine ganz andere Stellung ein. War gleich Homer im Allgemeinen ihre Norm, so liessen sie sich doch im Einzelnen gern ihrer Phantasie freies Spiel und kehrten locale Traditionen und Anschauungen als etwas Neues heraus.

Auch sonst wird der Winde „trotzig kühne Gewalt" hervorgehoben cf. „Winde reissen in den Wolken." Vergl. auch Wirbelwind als „Teufelswerk". Humoristisch mehr wird die Sache aufgefasst, wenn es heisst:

Ist das nicht Ungezogenheit?
Uneingeladen, ungescheut,
Kommt da von ungefähr
Ein Sausewind aus Norden her,
Bläht sich und bläst die Backen auf,
Fährt berghinab und berghinauf.

Hohnbaum bei Auras und Gnerlich (Deutsches Leseb.).
Breslau 1862. S. 348.

Wie „Wind" und „Wetter" sich nahe berühren, wie man auch sagt „es ist ein toller Wind", ein „tolles Wetter", so wird ein unwirsches Treiben am Himmel humoristisch auch von Lenau als von einem trunkenen Unband dort oben ausgehend gedacht I. 143.

Himmel! seit vierzehn Tagen unablässig
Bist du so gehässig und regennässig,
Bald ein Schütten in Strömen, bald Geträufel;
Himmel, o Himmel, es hole dich der Teufel.

Gurgelst wieder herab die schmutzigen Lieder,
Hängen vom Leibe dir die Fetzen nieder,
Taumelst gleich einem versoffnen, zitternden Lumpen
Hin von Berge zu Berge mit vollem Humpen.

Warfst den Bergen die Kinder aus ihren Betten,
Alle Bäche heraus, und plump zertreten
Hast du die reife Saat den armen Bauern;
Unband! wie lange noch soll dein Unfug dauern?

Wenn doch endlich tüchtige Winde brausten,
Und dich rasch von dannen peitschten und zausten!
Aber du wirst von Stunde zu Stunde noch frecher,
Lümmelst schon dich herein bis auf unsere Dächer.

Hast am harten Felsen den Kopf zerschlagen,
Und noch bist du nicht hin! seit vierzehn Tagen!
Blinder Unhold! es ist das Auge der Sonnen
Und das Auge des Mondes dir ausgeronnen.
Ungastfreundlicher Strolch, — —

In diesem Liede finden sich neben der erwähnten, noch andere bedeutsame mythologische Ansätze, auf die ich gleichfalls hindeuten will. Zu dem hintaumelnden, trunkenen Unband, der nichts als Unfug anrichtet, stimmt das ungeschlachtete, nichtsnutzige Wesen der Sturmesriesen (vergl. ihr Jauchzen und Zechen), das Treiben auch der Silene, Satyrn (vergl. Wind als „Buhle", „reitet auf den Wolken"). Hierher gehört die gelegentliche Trunkenheit selbst einzelner Götter, z. B. eines Silen wie Picus, der Kentauren und Lapithen und vor Allem die des ungeschlachteten Polyphem[1]). Spricht der Dichter von den doppelten Augen, welche dem Himmelsriesen ausgeronnen, so knüpft dies einmal an die von mir aufgestellte Deutung des Doppelgesichts des Janus[2]) an, wie das „Ausrinnen" an die behauptete Vorstellung, dass jenem ungeschlachteten, einäugigen Himmelsriesen das „Sonnenauge" im Gewitterfeuer ausgebrannt werde und dies der Urkern der bekannten Odysseussage sei[3]). Für diese Blendung des Himmelsauges kann ich noch zwei mehr oder minder anklingende dichterische Schilderungen beibringen. Lenau lässt II. S. 308 Ziska sagen:

> Huss! vom Brandschutt ihrer Burgen
> Soll die Erde schwarz sich färben;
> Wo ich einen Priester treffe,
> Soll er fallen, soll er sterben.

> Rothgebeizt von Raucheswolken,
> Soll des Himmels Aug' sich trüben;
> Weil sie durften solchen Frevel
> Ihm ins Angesicht verüben.

Anklingend an das Letztere ist eine Stelle bei Ew. Chr. v. Kleist. S. 41.

> Die Augenlider, die itzo
> Das Auge des Weltkreises decken, die Dünst' erheben
> sich plötzlich.

---

[1]) Drastisch ist besonders die Schilderung von Aschmedai im Talmud. S. Poet. N. I. S. 79 ff.

[2]) S. Poet. Nat. I. S. 196 ff. und 267.

[3]) Ursp. d. M. 15. 199 bes. Poet. N. I. S. 83. cf. Urspr. d. römischen Stammsage. S. 23.

4*

Dass das Sonnenauge verdeckt, rothgebeizt und ge-
trübt, ja schliesslich ausgebrannt erscheint wie beim „blinden
Unhold", dem Polyphem, ist nur eine Stufenleiter derselben Anschauung.

Ebenso wie die gelegentliche Trunkenheit verschiedener
mythischer Wesen auf das oben erwähnte Naturelement zu beziehen, ist es auch das Rasen. Ich erinnere z. B. an den „ra-
senden" Herakles. Als Berserkerwuth erscheint dasselbe,
wenn dabei die betr. Himmlischen als Kämpfer aufgefasst
wurden, wie dies dem Ares und Thor, wenn sie sich den
Stärkegürtel (den Regenbogen) umschnallen, zu Grunde liegt.
s. Urspr. d. M. S. 118. 203.

3. Der Wind ruht, schläft — erwacht.

Alle freien Winde ruh'n gebunden.

Wetzel bei Wander. S. 138.

Αὐτὰρ Ἀθηναίη — τῶν ἄλλων ἀνέμων κατέδησε κελεύθους,
παύσασθαι δ' ἐκέλευσε καὶ εὐνηθῆναι ἅπαντας.

Hom. Od. V. 382 sqq.

ὄφρ' εὕδησι μένος Βορέαο καὶ ἄλλων ἀνέμων.

Hom. Il. V. 524.

εὖτ' ἀνέμων εὕδησι μένος μέγα λάβρον ἀέντων.

Quint. Smyrn. I. 40.

Wenn in Wolken umschleiert,
In geheimer Halle schlummert des Sturmes Haupt.

L. v. Stolberg b. Grube. S. 263.

Sie erwachen (brechen los) zur Stunde des Unwetters.
cf. Quint. Smyrn. II. 218.

πάντοθεν ἐγρομένων ἀνέμων ὑπὸ χείματος ὥρη.

Wie es ein typischer Zug ist, dass der Held der Früh-
lingsstürme, welcher die Frühlingssonnenjungfrau erlöst
oder befreit, unerkannt (d. h. ursprünglich in Wolken verhüllt) auftritt, so ist es ein ähnliches, dass er schlummernd
im Wolkenkahn ankommt. Dieser Zug wiederholt sich gleichsam zweimal in der Odysseussage; Odysseus schläft, als die
Gefährten den Windschlauch öffnen, er schläft, als die Phäaken
ihn in ihrem Wolkenkahn in die Heimath bringen. s. Urspr.
d. M. 19. Ebenso kommt Sceáf auf einem Schiff ohne Ruder,
desgl. der Schwanritter in einem Schiffe, welches von einem

Schwan gezogen wird, schlafend an's Land. W. Müller, Altd. Religion. S. 300 ff. Vergl. Grimm. Myth. 343.

Auch Proteus schläft als richtiger Windgott unter seinen Wolkenrobben s. weiter unten unter „Wind treibt die Wolken."

4. Winde räuberisch; entführen Wesen.

Ein reich abgelagertes mythisches Element von den ältesten Zeiten an. Wie Stürme und Wirbelwinde unter Umständen Menschen in dieser Hinsicht gefährlich werden, — ganz gewöhnlich ist es z. B. in Steppengegenden[1]) — so schienen sie sich ebenso an allem Himmlischen, Wolkenthieren oder Wolkenwesen, wie an der Sonne und dem Monde zu vergreifen. Hierher gehört u. A. das namentlich aus dem Indischen bekannte Rauben (oder Wegtreiben) der Wolkenrinder, das Entführen der Sonne und dergl. mehr. Neben den himmlischen Hirten (s. vorher unter „Wolkentreiben") tritt so gleichsam der himmlische Räuber der Sage, wie schliesslich auch die „diebischen" Zwerge und Hermes in ähnlichem Charakter sich hier anreihen. Ueber den Räuber vergl. u. A. Ursprung d. röm. Stammsage. Anhang.

Besonders knüpft sich aber die Vorstellung an den Wirbelwind, die Windsbraut (s. das.). Das homerische ἁρπάζουσα ϑύελλα ist bekannt. Vergl. u. A. Urspr. d. Myth. 191, wo auf die homerische Identificirung der ϑύελλα und ἅρπυια in der Sage von der Entführung des Pandoreos' Töchter hingewiesen ist.

5. Winde gefrässig; jauchzen und zechen.

Vergl. „Feuers Gedanken" von Trinius bei Grube. S. 25.

> Dürft ich einmal dies Dach durchbrechen,
> Einmal hinaus in die ew'ge Welt,
>
> — — — — — — — —
>
> Einmal unter des Himmels Gezelt
> Mit den Stürmen jauchzen und zechen.

Dem entspricht der Charakter der griechischen Winde bei Homer. cf. Preller Griech. Myth. I. 369: „Bei Homer hat selbst Zephyros seine Höhle in Thracien, in welcher Iris ihn aufsucht, als Achill der Winde bei der Bestattung des Patroklos bedarf. Die übrigen Winde schmausen gerade bei ihm, denn das ist

---

[1]) Vgl. auch weiter unten unter „Windsbraut, Genossin des Sturms".

eine stehende Eigenthümlichkeit dieses Geschlechts, dass es immer wie in Saus und Braus lebt." Diese Natur tritt auch noch beim nordischen Thor wie beim griechischen Herakles und alle den Wind- und Wetterriesen, Kentauren und Lapithen u. s. w. charakteristisch hervor. Sie vibrirt auch noch bei des Hermes Rinderraub hindurch, ja selbst Zeus hiess bekanntlich *Λαφύστιος*, wozu Buttmann, Mythologus II. S. 230 bemerkt: „Das Wort *Λαφύσσειν*, wovon jener Beiname des Gottes kommt, heisst fressen, was an den kinderfressenden Kronos (und den mit diesem stets für einerlei gehaltenen Moloch) erinnert." Ich acceptire die Deutung des Namens und die Parallele mit dem übrigens seine Kinder fressenden Kronos, die weitere Beziehung aber, die Buttmann dann mit dem Moloch und Menschenopfern hineinbringt, lehne ich ab, mir gelegentlich die weitere Ausführung speciell dieses Mythenkreises vorbehaltend. In Verbindung mit jenem gefrässigen und zechenden Wesen erscheint weiter die Unbändigkeit und Raserei der Stürme dann oft als Trunkenheit (über das Letztere s. „Wind erhebt sich" und besonders das das. citirte Gedicht von Hohnbaum und das von Lenau). Vergl. Einzelnes hierüber in den Poet. Naturansch. I. 45 ff. 78 ff. Stamm- und Gründungssage Roms. S. 23. — Ueber den gefrässigen Charakter der Winde im Allgemeinen s. noch Grimm, M. 602 und Schwartz, Heutiger Volksgl. 27.

6. **Wind (Sturm) gefesselt, eingeschlossen (— bricht los).**

Schon oben citirten wir aus Hom. Od. V. 382: ᾿Αθηναίη τῶν ἄλλων ἀνέμων κατέδησε κελεύθους ebenso wie Aeolos die heftig brausenden in einen Schlauch einschliesst und fesselt (βυκτάων ἀνέμων κατέδησε κέλευθα — μέρμιθι φαεινῇ). Ich habe in einem Aufsatz „über die Naturanschauungen des Quintus Smyrn. und Lucrez vom mythologischen Standpunkt aus" schon des Ausführlicheren entwickelt, wie bei Griechen und Römern die Höhlen, in denen die Winde eingeschlossen, ursprünglich auf die Wolkenberge (und deren Höhlen) gehen und die Fessel auf eine entsprechende Auffassung des Blitzes. Das oben unter Wolke = Berg neu Beigebrachte dürfte dies nur bestätigen.

In primitiv roher Form finden wir diese Vorstellung selbst in Neuseeland: „Nach dem Glauben derselben," sagt Klemm (Kulturgesch. IV. 356) „hat Mave alle Winde, ausgenommen den Westwind, in seiner Hand; er steckt sie in Höhlen, wenn sie nicht blasen sollen. Den Westwind konnte er nie fangen und in die Höhle einsperren, indem er einen Stein davor rollt; daher hat er keine Gewalt über denselben."

In specieller Auffassung erscheint der im Wolkenberge eingeschlossene Wind als ein eingeschlossenes Thier, welches sich hören lässt. So sagt Lucrez VI. 194 ff., nachdem er von den grossen Bergen gesprochen, welche die Wolken aufthürmen:

Tum poteris magnas moles cognoscere eorum
Speluncasque velut saxis pendentibu' structas
Cernere, quas venti cum tempestate coorta
Complerunt, magno indignantur murmure clausi
Nubibus, in caveisque ferarum more minantur,
Nunc hinc nunc illinc fremitus per nubila mittunt,
Quaerentesque viam circumversantur et cet.

cf. VI. 124. u. Sen. hist. nat. V. 12.

Das ist noch unmittelbare Naturanschauung, wie Paul Heyse auch sagt: „In der Schlucht am See heulte der Wind wie ein gefangenes Thier", aber auch bei Quintus Smyrn. wie Vergil weisen die betr. Bilder, wenngleich unter anthropomorphischer Fassung immer noch auf denselben Hintergrund zurück, und auch die homerische Aeolos-Insel mit ihren Eigenthümlichkeiten stimmt dazu (s. den oben citirten Aufs.).

So heisst es Quint. Smyrn. XIV. 474 ff., wo Iris zum Aeolos kommt:

Ἵκετο δ' Αἰολίην, ἀνέμων ὅθι λάβρον ἀέντων
ἄντρα πέλει στυφελῇσιν ἀρηράμεν' ἀμφὶ πέτρῃσι,
κοῖλα καὶ ἠχήεντα· und weiter dann vom Aeolos:
χερσὶν ὑπ' ἀκαμάτῃσιν ὄρος μέγα τύψε τριαίνῃ, (dem Blitz)
ἔνθ' ἄνεμοι κελαδεινὰ δυσηχέες ηὐλίζοντο
ἐν κενεῷ κευθμῶνι· περίαχε δ' αἰὲν ἰωὴ
βρυχομένη ἀλεγεινά· βίη δ' ἔρρηξεν κολώνην·
οἱ δ' ἄφαρ ἐξεχέοντο.

cf. Vergl. Aen. I. 52 sqq. Hic vasto rex Aeolus antro
Luctantes ventos tempestatesque sonoras
Imperio premit ac vinclis et carcere frenat.

Das Schlagen des Sturmesthiers oder göttlichen
Sturmeswesens in die Fesseln des Blitzes kommt verschiedentlich in deutschen wie griechischen Mythen vor. Auf das
Erstere habe ich im Urspr. der Myth. das Fesseln des Fenriswolfs in wunderbare Banden bezogen, auf das Letztere die betr.
Sagen von Lycurgos, Prometheus, Ares, der Hera wie des Zeus
selbst. Urspr. d. Myth. S. 122. 151 f. Poet. Naturansch. I. S. 16.

7. Wind treibt die Wolken.

Je nachdem die Wolken als wilde oder herdenweis hinziehende Thiere gedacht werden, erscheint der Wind, der sie
scheucht, als Jäger oder als Hirt.

Von dem Ersteren haben wir oben schon ein annäherndes
Bild erhalten unter Wolkenjagd und werden darauf noch
unter Gewitterjagd zurückkommen, auf das Letztere soll hier
etwas näher eingegangen werden. Zunächst in Betreff der allgemeinen Vorstellung folgende Stellen.

Wie es im Deutschen eine gewöhnliche Ausdrucksweise ist
„der Wind treibt die Wolken vor sich her,“ so sagt Homer Il.
XXIII. 213 f. τοὶ δ' (Boreas und Zephyros) ὀρέοντο ἠχῇ θεσπε-
σίη, νέφεα κλονέοντε πάροιθεν. Aehnlich Hes. op. et d. 551 f.:

(ἀήρ) ὑψοῦ ὑπὲρ γαίης ἀρθεὶς ἀνέμοιο θυέλλῃ,
ἄλλοτε μὲν θ' ὕει ποτὶ ἕσπερον, ἄλλοτ' ἄησι
πυκνὰ Θρηικίου Βορέου νέφεα κλονέοντος.

Quint. Smyrn. VIII. 46 sqq.:

οἷον δὲ νέφος εἶσι δι' ἠέρος ἀπλήτοιο,
πνοιῇσιν μεγάλῃσιν ἐλαυνόμενον Βορέαο

cf. Theocr. Idyll. XXV. 88 sqq.:

αὐτὰρ ἔπειτα βόες μάλα μυρίαι ἄλλαι ἐπ' ἄλλαις,
ἐρχόμεναι φαίνονθ', ὡσεὶ νέφη ὑδατόεντα,
ἄσσατ' ἐν οὐρανῷ εἶσιν ἐλαυνόμενα προτέρωσε
ἠὲ νότοιο βίῃ, ἠὲ Θρηκὸς Βορέαο.

Dazu passt Bürger:

Der Thauwind kam vom Mittagsmeer,
Und schnob durch Welschland, trüb und feucht.

Die Wolken flogen vor ihm her,
Wie wenn der Wolf die Herde scheucht.

Lenau, von der Gewitterscenerie ausgehend, und im Donner
den Hufschlag von Rossen dort oben vernehmend, sagt, das
Bild weiter ausführend, in der „Haideschenke:"

Die Wolken schienen Rosse mir
Die eilend sich vermengten,
Des Himmels hallendes Revier
Im Donnerlauf durchsprengten;

Der Sturm, ein wackrer Rosseknecht,
Sein munt'res Liedel singend,
Dass sich die Herde tummle recht,
Des Blitzes Geissel schwingend.

Schon oben (unter Wolke als Haut u. s. w.) wurde bei
Vergleichung kleiner, weisser Wolken mit einer Schafherde die
Redensart erwähnt: hüt hütt de schäper sîne schâpe, gleich-
wie noch öfter Schilderungen sich finden wie: „Es regnete
nicht mehr, das Wetter klärte sich auf. Weisse Wölkchen
wurden von einem sanften Westwind über den Himmel getrieben." („Post" v. 18. Oct. 1876 im Feuilleton.)

Wir haben hier eine Menge von mythischen Ansätzen.
Ich habe darauf u. A. zunächst Urspr. d. M. S. 119 die nordeuro-
päische Sage von dem Zug von Wehrwölfen bezogen, die
ein hinkender Knabe zusammenruft und dann ein langer Kerl
mit einer Geissel aus eisernen Riemen vorwärts treibt. Erscheinen hier die Wolken als Wölfe in einer Gewitterscenerie
wie bei Lenau, und der Blitz als die himmlische Geissel oder
Peitsche dabei, mit welcher eine „dämonische Macht"
Wolkenthiere vorwärts treibt, wie es in der oben citirten
die Schilderung von der Wolkenjagd hiess, so stellt sich von
dem schon oben berührten Standpunkt aus, dass die Wolken in
Bezug auf die Regenwasser auch als Wasserthiere galten,
dem zur Seite, wenn Proteus Seerobben dort oben zu weiden
schien. Wenn das Gewitter dort oben brütet, kommt er am
Himmel herauf πνοιῇ ὑπο Ζεφύροιο, μελαίνῃ φρικὶ καλυ-
φϑείς und lagert sich und schläft als richtiger Windgott

ὑπὸ σπίσσι γλαφυροῖσι, bis das Wetter losbricht, d. h.
bis zu dem Augenblick, wo man ihn (in den Fäden des Blitz)
fesseln und zur Wahrsagung zwingen will. Dies sind ebenso
bekannte, an den Sturm sich schliessende Vorstellungen, wie
es zu den Wandlungen der Gewitterscenerie gehört, dass
Proteus sich gleich Metis und Thetis in ähnlicher Situation in
Wasser, Feuer und allerhand Thiere (Löwe, Drache u. s. w.)
zu wandeln scheint. (Urspr. d. M. S. 123 f., wozu ich noch
Apoll. III. 13, 5 und Quint. Smyrn. III. 619 sqq. nachtrage.)

Besonders aber galten bei den Indogermanen, wie schon
oben angedeutet, kleinere und grössere Wolken als eine
Schaf- oder Rinderherde, welche am Himmel heraufkam
resp. heraufgetrieben wurde. Am nacktesten spricht dies
Letztere noch der norwegische Aberglaube aus, nach dem bei
rauhem Wetter Frau Hulda ganze Herden schwarzgrauer
Kühe einhertreiben sollte (Urspr. d. M. S. 182), ebenso wie
Loki bei mehr feurigen Lufterscheinungen (s. Blitzzickzack)
seine Geissen austreiben sollte (Urspr. 219 s. weiter unten unter
Wind „springt um" und Blitz als „Ziege"). Wenn Mannhardt
zu dem früher von ihm in den Germ. Mythen Beigebrachten
in den Antiken Wald-Feldkulten S. 203 Anm. hinzufügt: „In
Derenburg (Kr. Halberstadt) heisst ein leichtes, flockiges Gewölk
Lämmergewölk; haben die Wolkentheile grössere Ausdehnung,
so spricht man von Himmelskühen (wie?). Um Kremsmünster
(Oestreich) hört man statt Lämmchen Kuh „die Küh' stehen
als still" d. h. die Wolken bewegen sich nicht. Regenwolken
= Ochsen (Rakow. Kr. Grimmen. Rgbr. Stralsund). Leichte
Wolken Schafe, dunklere Kühe (Görslow Amt Schwerin);" —
so muss ich offen gestehen, dass ich das Letztere nur so weit
annehmen möchte, als Mannhardt es selbst aus dem Volks-
munde gehört. Es ist nämlich zwischen den Beziehungen der
Wolken auf Schafe und auf Kühe ein wesentlicher Unterschied.
Erstere reproducirt sich leicht und ist so unbedenklich; die
letztere erscheint mehr als ein directer altmythischer Anklang,
der sich wohl nur in einer bestimmten typischen Form erhalten, wie ihn allein die Kremsmünster Notiz ausspricht. Damit soll gegen die Sache selbst kein Zweifel angeregt, sondern
nur für die Nothwendigkeit wörtlicher Fixirung gleichsam eine

Art Wahrzeichen aufgestellt werden, zumal Laistner in s. „Nebelsagen" S. 24 darauf gestützt es noch fast verallgemeinert.
Wie übrigens Hulda ihre Herden am Himmel einhertreiben sollte, so finden wir auch im Griechischen, dass nicht
bloss von Rinderherden des Sonnengottes und seines Sohnes
Augias die Rede ist, sondern auch u. A. im mythischen Troja
Apollo verurtheilt erscheint, zeitweise die Rinderherden zu
weiden. In der deutschen Sage wird der himmlische Hirt
geradezu zu einer typischen Person, der so die Gewitter-
wunderblume bricht, welche ihm im Blitz den Wolkenberg
öffnet u. s. w.

8. Wind flüstert, pfeift, spielt auf zum Tanze (die
Harfe).

Vom leisen Summen des Windes sagt Gerstäcker, Acht-
zehn Monate in Südamerika. Leipzig 1863. II. S. 97 „der Wind
flüstert". — Wie es ferner eine gewöhnliche Ausdrucksweise
ist „der Wind pfeift", so sagt auch Nonn. Dion. II. 181:

> ἐννυχίαις πτερύγεσσι μέλος σύριζον ἀῆται, und
> ὁ ἄνεμος συρίζει

ist im Neugriechischen noch eine allgemein übliche Redensart
(daneben auch βοᾷ, μουγκρίζει).

> Der Sturm spielt auf zum Tanze
> Er pfeift und saust und brüllt.
>> „Das Meer" v. H. Heine.

> Singe Sturmwind Lieder mir,
> Trotziger Geselle.
> Thürm in deinem Jagdrevier
> Brausend Well' auf Welle.

> Stimme mit der Riesenhand
> Höher deine Saiten,
> Dass wir bald zum Heimathstrand
> Durch die Wogen gleiten.

> Rufe deiner wilden Braut,
> Dass sie helfe pfeifen,
> Lass sie mit dir überlaut
> In die Harfe greifen.
>> Graf v. Würtemberg. S. 285

Rückert legt dem Nachtwind aus Norden speciell die Harfe bei:

> Doch ist es Nacht geworden,
> Greift in die Aeolsharf'
> Ein scharfer Hauch aus Norden
> Der jetzo spielen darf.
>
> R. Ged. 1847. S. 499. Vergl. unten „Donnerharfe".
>
> Nein, der Orkane wildes Blasen
>
> Chr. Ew. v. Kleist, I. 20.
>
> Des Sturmes Trompete hörest du.
>
> „Die Flagge der vereinigten Staaten" (v. Drake).
> bei Wolfg. Menzel, die Gesänge der Völker. Leipzig
> 1851. S. 69. vergl. Donner = Drommete.

Der Charakter des Windes als eines himmlischen Musikers entwickelt sich am zauberhaftesten in dem finnischen Wäinämöinen mit seiner Harfe. In der deutschen Mythologie geht er über auf die (himmlischen) Wassergeister (s. Grimm, die Sagen v. Neck. M. p. 463 ff.), in der griechischen auf Pan und Athene mit der Pfeife oder Trompete (Ath. Σάλπιγξ), so wie auf Apollo, Orpheus und Amphion mit der Lyra. (Urspr. d. Myth. S. 16 im Index das. unter „Wind als himmlischer Sänger und Spielmann"). Hierher gehört auch Marsyas, der Wettstreit der „Musen" und „Sirenen" s. das. S. 232 f. u. 167; auch oben unter „Wolke hängt".

Auch Mannhardt weist in s. Germ. Myth. in derselben Weise auf die Musik des wüthenden Heeres, der Zwerge und Elbe hin, sagt z. B. S. 174 „die Pfeife ist wiederum Symbol (?) des Sturmliedes der Maruts, welches alles tanzen macht" und bezieht sich dabei auf Kuhn, Zeitschr. f. vergl. Sprachf. IV. 155 ff., wo nach dem Rigveda die das Sturmlied blasenden Maruts als Flötenspieler dargestellt werden.

Wolken (s. Wolken tanzen) und Windsbraut (s. das. weiter unten), sind dabei die himmlischen Tänzerinnen; vergl. Urspr. d. M. 166. 247. Indem die Vorstellung der „schmausenden und zechenden" Winde hinzukommt sowie das „Buhlen des Windes" und dergl., entwickeln sich hieran die Hexenversammlungen; indem der „Kampf der Winde" und das „Herumziehen des Gewitters" und „Gekessel" in demselben —

die „kriegerischen Waffentänze" (s. auch Urspr. d. röm. Stammsage S. 42); indem das „Rasen der Stürme" die bacchantischen Umzüge u. s. w. — Dilthey kommt in seinen Untersuchungen über den Tod des Pentheus (Berl. Archäol. Zeitg. v. J. 1873) der obigen Anschauung schon sehr nahe, wenn er z. B. S. 90 sagt: „die Mänaden umgeben Zagreus, den Erzjäger, ganz, wie die Erinyen das Jagdgefolge des Hades, der Artemis, der Persephone sind; es ist das Bild der wilden Jagd, das hier überall zu Grunde liegt, und diese uralte Vorstellung hat lange Erinys und Bacchantin nicht geschieden, sie wusste nur vom „tobenden Schwarm der Nymphen der Artemis." Vergl. ebendas. weiter „das gottbegeisterte Rasen priesterlicher Frauen am Dionysosfest ist mimetische Darstellung des schwärmenden Todtenzuges," wo ich nur zunächst „Wolkenzuges" dafür setzen würde (cf. auch neben den betr. Stellen des Urspr. d. Myth. Heutigen Volksgl. S. 19 und 93).

Wenn es oben hiess „singe Sturmwind Lieder mir" (vgl. Poet. Naturansch. I. XI.), so möchte vielleicht noch ein anderes mythisches Moment damit, wie ich glaube, angezeigt sein. Wenn nämlich die Vorstellung zauberhafter Verwandlungen und damit die des Zauberns überhaupt (s. Blitz als Zauberruthe) sich hauptsächlich an das Gewitter anschloss, so scheint das oben erwähnte Flüstern oder Summen des Windes, gleichsam als ein stiller Gesang, dabei auch eine Rolle gespielt und das Prototyp des Besprechens abgegeben zu haben, zunächst im helfenden Sinne im Beschwichtigen alles Aufruhrs in der Natur, wie es z. B. noch in dem Horazischen Quo non arbiter Hadriae major, tollere seu ponere vult freta, obwohl in etwas energischer Form, nachklingt, und J. Grimm M. S. 1179 von den Zauberliedern sagt „sie wandten Unwetter und Hagel ab, wie sie sie auch heranlockten." Vergl. über den Ursprung und die Form des Besprechens Wuttke, der Deutsche Volksaberglaube. Berlin 1869. namentlich u. A. S. 156 ff.: „Die Zauberformeln werden selten laut und deutlich gesprochen, sondern meist nur leise „gepischpert", was zu dem „Summen" des Windes stimmt. Odhin wäre so auch nach dieser Seite hin der rechte Zauberer, z. B. schon, wenn er am „windigen" Baum „hing" und sich selbst löste, dann als der

eigentliche Wunschgott. s. auch Simrocks Anm. z. Hawamal
über die Zauberlieder.

9. Wind jagt.

Nun brausen über Schnee und Eis
Die Winde fort mit tollem Jagen.

Lenau I. 25.

Der Sturm jagt den Wolken resp. der Windsbraut
(dann auch der Sonne) nach. Hierin wurzelt die Vorstellung
vom wilden Jäger (mag er Wodan oder Apollo Ἀγρεύς oder
Dionysos Ζαγρεύς sein), wie ich sie im Programm v. J. 1850
(Heutiger Volksgl. u. s. w.) zuerst in einem kleineren Mythen-
kreise entwickelt, dann in der II. Aufl. 1860 weiter ausgeführt
habe. s. auch „Wolkenjagd", „Wind treibt die Wolken" und
weiter unten „Gewitterjagd". Gilt dieses Nachjagen den Wol-
kenfrauen (resp. der Sonne), so wurde daraus bei den phallischen Vorstellungen, welchen die Urzeit nachging, ein
Buhlen mit denselben. Hierher gehören vor Allem alle die
betr. Sagen vom Hermes, den Sirenen und Satyrn oder, indem
der „räuberische" Charakter des Sturms betont wurde, das
Entführen des weiblichen Wesens, mochte es, wie es
im Märchen so oft heisst, von einem Drachen geschehen sein
oder von einem Windgott wie Boreas und dergl. mehr, vergl.
auch Wind „räuberisch".

10. Winde kämpfen (unter einander oder mit den Wolken, auch mit dem Meer).

Wenn sie nicht in Saus und Braus leben oder sich ruhen,
so „kämpfen" sie, die „trotzigen Gesellen".

σκιρτᾷ δ' ἀνέμων
πνεύματα πάντων εἰς ἄλληλα
Στάσιν ἀντίπνουν ἀποδεικνύμενα.

Aesch. Prom. 1085 ff.

Permitte divis cetera, qui simul
Stravere ventos aequore fervido
Deproeliantes (qui in turbido mari acerrime inter se luctantur)

Hor. Od. I. 9, 9 sqq.

— nec timuit praecipitem Africum
Decertantem Aquilonibus (I. 3, 12 f.).
Luctantem Icariis fluctibus Africum (I. 1, 15)

— concurrunt sublime volantes
Aetheriae nubes contra pugnantibu' ventis.

Lucrez VI. 96 f.

Desierant imbres; victoque Aquilonibus Austro et cet.

Ovid M. 5, 285.

Der Nordwind erscheint besonders als ein solcher Kämpfer.

Cum gravis armatur Boreas, (et) bella cupit cet.

Claudian. de raptu Helenae 70. s. weiter unten unter Boreas.

Wir kommen auf diesen Kampf der Winde, der sich voller im Gewitter entfaltet, weiter unten noch zurück[1]); hier mögen nur ein paar Stellen Platz finden, die beweisen, dass die betr. Vorstellung auch in Amerika wie in Asien und Australien wiederkehrt.

Die Chilesen, sagt Meiners im Götting. histor. Magazin. Hannover 1787. I. S. 123, erblicken im Rauschen des Windes zusammenstossende Reiterei, im Krachen des Ungewitters den Lärm von Trommeln und dergl. — Karl Ritter berichtet in seiner Geogr. III. 379 f. „Das Hochland (der Wüste Gobi) scheint dabei ein Tummelplatz gewaltiger Stürme (namentlich Nordwinde) zu sein und zumal die Gegend der Scha-mo ist deswegen berüchtigt. Da — (wahrscheinlich das Geisterthal, in welchem ein Tempel steht, wo die Karawanen nach der Landesart opfern müssen, damit der Wind sich lege), hausen die Geister (der Erde) in sausenden Stürmen, die mit Trommeln und Waffengeklirr ertönen und dem Menschen zurufen, ihn in die Irre führen, wie Kobolde; den Karawanen die Wege und Pfade zuweben, den Räuberhorden die Beute und Schätze, die sie gesammelt haben, nehmen und begraben. Solche Stürme entscheiden öfter in den Schlachten zwischen Chinesen und Hunnen den Sieg, indem sie die Erdoberfläche dem einen Heere entgegentrieben. — Derselbe Glaube an den Schabernack der Bergkobolde scheint weit auf der Hochterrasse hin zu herrschen, wenigstens allgemein auch in Hochtibet, am Himalaya, in Kaschmir u. s. w.[2]).“ —

---

[1]) Vergl. „Winde zerreissen die Wolken" und „Gewitterkampf".

[2]) In der asiatischen Steppe wirft man sich beim Nahen des alles vor sich niederwerfenden Sturmes flach auf den Boden und lässt ihn vorübergehen, gerade wie es deutscher Aberglaube noch anräth,

In gleicher Weise weiss die neuseeländische Sage vom Kampf „der Winde". So wird z. B. der „West- vom „Ostwind" verfolgt (s. weiter unten „Westwind), namentlich aber erweitert sich auch hier schon das Bild zum vollständigen Gewitterkampf mit Donner und Blitzen. Schirren, die Wandermythen der Neuseeländer. Riga 1856. S. 85. 62 f.

11. Winde reissen in den Wolken.

Und sausend und brausend durch riesige Eichen
Ergrimmte Stürme stöhnen und keuchen,

— — — — — — — — — — — — — —

Sie heulen und eilen durch Flur und Wald,
Zerreissen mit trotzig kühner Gewalt
Den schwarz verhangenen Wolkenhimmel.

Seldt bei Wander. S. 213.

Entsprechend Lucrez VI. 136 sqq.:

— ut interdum validi vis incita venti
Perscindat nubem perfringens impetu recto.

Hierher gehören wohl zunächst die vielarmigen Sturm- und Gewitterriesen Kottos, Briareos und Gyes, welche neben die Kyklopen Brontes, Steropes, Arges treten; sämmtlich Kinder des Uranos und der Ge, wie sie von der Erde (vom Horizont) am Himmel heraufzukommen schienen. Sie waren gefesselt, werden aber losgelassen im Kampf mit den Titanen, πέτρας ἠλιβάτους σιβαρῆς ἐν χερσὶν ἔχοντες. Hes. Th. 148 ff. 671 ff. Ueberhaupt dürfte auf dieses Naturbild die Vielarmigkeit verschiedener Götter auch in anderen Mythologien zu beziehen sein, wie dem gegenüber dann der Donnergott speciell mit einer starken Rechten ausgestattet erscheint und so sogar einarmig wird (s. unter Donner).

Dem Zerreissen des schwarz verhangenen Wolkenhimmels substituirt sich mythologisch das Zerreissen des Wolkengewandes der Himmelsgöttin und so reihen sich diesem Bilde unter Hineinziehung des phallischen Standpunkts Mythen an, wie die vom Porphyrion, welcher der Hera Ge-

wenn die wilde Jagd „ankommt"; der andere Rath „Midden in den Weg" ist die Modification gegenüber dem wilden Jäger als Gewittergott, bei dessen Nahen der Mensch den Wald, die Bäume meiden muss, soll ihn nicht des Gottes Wurf treffen.

walt anthun wollte und ihr das Gewand zerriss. (*Ζεὺς δὲ αὐτῷ πόθον Ἥρας ἐνέβαλεν, ἥτις καὶ καταρρηγνύντος αὐτοῦ τοὺς πέπλους καὶ βιάζεσθαι θέλοντος βοηθοὺς ἐπεκαλεῖτο*· Apollod. I. 6. 2). Parallel steht die Sage vom Ixion, dem noch ausdrücklich eine Nephele statt der Hera untergeschoben wird, desgl. die vom Tityos (resp. Python) und der Latona (der *κυανόπεπλος*) cf. Urspr. d. M. 82. 151. 160. Analog, nur das Gewitter noch mehr in die Scenerie hineinziehend, ist die Mythe von Demeter und Poseidon (s. Urspr. d. M. in dem Capitel „Pferdegottheiten" (und hier weiter unten unter „Wind schnaubt") sowie die von der Athene und Hephäst und dergl. mehr.

Auch in der nordischen Mythologie verlangt den himmlischen Riesen nach Freyja (und dazu noch, indem der betr. Version des Mythos die Bedeutung der Göttin schon entschwunden, nach Sonne und Mond) s. Urspr. 170. Es ist immer dasselbe Urelement, nur dass die nordische Mythologie das phallische Element in den betr. Mythen in seiner rohen Form im Allgemeinen schon mehr in den Hintergrund hat treten lassen, die Sachen mehr ethischer modelt.

Dass das Zerreissen des Wolkengewandes auch in ganz anderem Zusammenhange im Mythos gefasst wird, haben wir schon oben unter Wolke = Mantel in den Herakles- und Medea-Sagen gesehen, desgl. unter Wolke als „Unthier", wo es von den Krallen eines solchen ausging z. B. des Werwolfs.

Schliesslich sei noch bemerkt, dass dem Zerreissen der Wolken das Drücken zur Seite tritt, woran sich dann das Krachen des Donners schliesst, denn die Wolken dachte man sich als feste Körper.

So heisst es Ovid Metam. I. 268 f. vom Notus:

Utque manu late pendentia nubila pressit
Fit fragor (Voss z. Verg. Georg. III. 261).

Das verknüpft sich wieder mit dem oben erwähnten quatere und concutere der Aegis, das „Drücken" geht in ein Schütteln über.

12. Wind als Buhle.

Wind ist der Welle
Lieblicher Buhle.
Goethe.

5

13. Winde fegen.

Lucrez VI. 623 f.

Tum porro venti magnam quoque tollere partem
Humoris possunt verrentes aequora ponti.

In Parallele hierzu nennt Scheffel in seinem „Trompeter
von Säckingen" den Sturm des „Frühlings Strassenkehrer", ein
Bild, welches ich schon zur Deutung der Sage, dass Herakles
den Rinderstall des Sonnensohnes Augias gereinigt haben
soll, herangezogen habe. (S. meinen Aufsatz über die Naturansch. des Quintus Smyrnaeus u. s. w. in Jahn und Fleckeisen
Jahrb. v. J. 1874. S. 363.) Hieran reiht sich der Glaube, dass
deutsche wie indische Hexen Besen führen. An den Gebrauch
der Besen erinnert eine andere Form der mythischen Auffassung
derselben Windgottheiten, wenn man von ihnen am Brocken
erzählt, sie müssten zu Walpurgis den Schnee wegtanzen.
(Nordd. Sagen. 9. 31 und Kuhn's Anm. dazu.) Petersen hat in
einer Abhandlung (v. J. 1862 in den Jahrb. für die Landeskunde
der Herzogthümer Schleswig u. s. w.), betitelt der „Donnerbesen",
über diesen mythischen Besen ausführlich gehandelt und will
den Urspr. desselben mehr in dem Regen suchen. Ich glaube
dies nicht. Wenn nicht die obigen Bilder allein die betr. Vorstellung gezeitigt, so dürfte eher noch auf etwas Anderes mit zurückzugreifen sein, nämlich auf die Sonnenstrahlen als Besen.
Ich habe nämlich inzwischen folgende plastische Stelle gefunden:
„Um aber die Prophezeiung nichtig zu machen (dass es am
Abend regnen werde), kam die fröhliche Sommersonne, wie
eine reinliche Hausmagd, gegen 8 Uhr, und kehrte mit ihrem
Strahlenbesen alle schmutzigen Wolken vom Flur des Himmels" (James, Darnley. Stuttg. 1870. VII. 39). Die Hexen mit
dem Besen wären dann im himmlischen Haushalt ursprünglich
gleichsam ein Gegenstück der den Sonnenschild tragenden Valkyrien, beide Sonnentöchter, aber jene mehr vom
wirthschaftlichen, diese vom kriegerischen Standpunkt
aus gefasst. In ihrer bös zauberhaften Natur würden sie sich
dann mit den griechischen Sonnentöchtern Kirke und Medea
berühren, wie die Valkyrien sich zu den Amazonen und Athene
stellen. Vergl. über die Valkyrien u. A. Ursprung d. röm. Stammsage u. s. w. S. 42.

14. Wind springt um (s. Blitz springende Geiss).

— σκιρτᾷ δ' ἀνέμων
πνεύματα πάντων·   Aesch. Prom. 1066.

15. Wind wühlt (s. Blitz als „Wetzen eines weissen
Zahnes" und Gewitter „wolkenquirlend", auch schon das Citat
unter Blitz = Schwert).

16. Wind heult (Wolf, Hund).
Schon oben unter „Wind gefesselt" trat er als ein heu-
lendes Thier auf. Zu den das. als Beispiele aufgeführten
Stellen von Lucrez und P. Heyse füge ich noch zwei hinzu:
„Passarge, Aus baltischen Landen", Glogau 1878. S. 376,
„Der Sturm umheulte die Glaskuppe (des Leuchtthurms) wie
ein Raubthier" und Lothar Bucher, Berlin 1862. S. 219: „In
der dicken Finsterniss, in dem thierischen Heulen des
Sturms."
Im „Heutigen Volksglauben" u. s. w. hatte ich die Hunde
der Wilden Jagd wie die Wölfe des Odhin auf die heulenden
Sturmes-Hunde und Wölfe bezogen. Mannhardt hatte, sich
dem anschliessend, in seiner Germ. Myth. S. 217 und 331 ein
norwegisches Räthsel als Bestätigung beigebracht, welches
heisst: „Da steht ein Hund auf dem Glasberg und bellt ins
Meer hinaus[1])." Auflösung ist: der Wind. — Laistner in seinen
„Nebelsagen" will den Wolf mehr als „Nebelthier" fassen.
Ich läugne nicht, dass die grauen Wetterwolken auch ihre
Stelle in dem Bilde gefunden haben, aber der Ausgangspunkt
ist das Heulen. Das zeigt die Reproduction in den angezo-
genen Bildern, ferner solcher Aberglaube, wie der im „Heutigen
Volksgl." S. 34. Anm. 2 aus Esthland angeführte, „dass Gott
den Wölfen Klumpen aus den Wolken herabwerfe, wenn sie
heulten; sie riefen ihn dann nämlich um Nahrung an" (die
Klumpen stellen sich nämlich zu der im Blitz geworfenen
Keule u. s. w.). Vor Allem beweisen es ferner die Sagen vom
Werwolf, der die Wolken zerreisst, nachdem er sich mit
dem Regenbogengürtel gegürtet u. s. w. (s. Ursprung unter
„Werwolf"), dann der Fenriswolf, der Wolf in den Apollo- und

---

[1]) Das Meer, in welches der Hund (der Wind) hinausbellt, ist das
Wolkengewässer, der Glasberg der Himmel. M. a. a. O.

5 *

römischen Gründungssagen (s. Urspr. d. Mythol. und Urspr. der
Stamm- und Gründungssagen). — Zu Laistner's Gegengründen
kann ich eine Bemerkung nicht unterdrücken. Er sagt S. 8˙in
Betreff der bekannten (und ganz wörtlich zu verstehenden) Wetter-
regel: „Zu Lichtmess sieht der Bauer lieber den Wolf in den Stall
kommen als die Sonne" Folgendes: „Anders fällt die Erklärung
aus, wenn man die zunächst betheiligten Schäfer selbst fragt."
So bringt Mannhardt aus Gornsdorf bei Chemnitz in Sachsen die
Mittheilung: „Das Volk (?) versteht unter dem Wolfe den Nebel,
die rauhen Lüfte" und aus Breslau „mit dem Wolfe ist der
kalte Nebel gemeint und der eisige Luftzug oder Wind, der
begierig in den Stall eindringt, wenn man im Winter die Thür
öffnet." Dazu, heisst es weiter, vergleiche man aus dem Voigtlande
(Köhler, Volksb. 339): „Der Schäfer sieht zu Lichtmess lieber den
Wolf (d. h. den Hauch bei der Kälte) in den Stall kommen als
die liebe Sonne." — Wenn Alles dies nicht, namentlich das Letztere, gelehrte Deutung ist, so dürfte, wo es auch herstammt, nach
einer von mir während eines zehnjährigen Sagensammelns auf
Wanderungen durch das Land gemachten Erfahrung die Bemerkung darauf passen, welche ich in Betreff des Verkehrs mit dem
Volke im Globus v. J. 1878 No. 9 gemacht, dass es bei solchen
Sachen immer darauf ankomme, durch richtige Fragestellung „indirect" die Leute zum Sprechen zu nöthigen, so dass sie das
betr. Factum selbst aussprächen, sonst riskire man mehr hinein
als heraus zu examiniren. Ich kann nämlich unmöglich das Angeführte (s. auch den Ausdruck im Einzelnen) für selbstständige bäurische Aeusserung halten, wenigstens habe ich nie einen
Bauer mit solchen mythologischen Abstractionen getroffen.

17. Der Wind schnaubt (Ross).

> Der Sturmwind schnaubt dazwischen.
> Rückert, Weltkrieg.

> Der Thauwind kam vom Mittagsmeer
> Und schnob durch Welschland.
> Bürger.

> Das Sturmross schnaubt im Zorne.
> Strachwitz, Ged., Leipzig 1877. S. 13.

Und bis des Sturmes schwarzer Hengst die Wolkenzügel reisst,
So ruht des Alls' Titanenleib im Göttertraume stumm.
> ebendas. S. 68.

Der Sturm, der oben auf Wolken ritt,
Keucht' ächzend hinterdrein.   S. 38.

Eine zwiefache Vorstellung tritt uns hier entgegen 1) der
Sturm als „schnaubendes" Ross und 2) der Sturm als
Reiter des Wolkenrosses. Zu beiden passt die Schnelligkeit der Bewegung, die auch bei dem Bilde mitgespielt. In
den Mythen selbst finden mannigfache Uebergänge der betr.
Vorstellungen statt. So reitet Zephyr und Eurus bei Griechen
resp. Römern: (Zeph.) *ἱππεύει ἐν οὐρανῷ* (Eur. Phoen. 211);
Eurus per Siculas equitavit undas. Hor. Od. IV. 4, 44, dann
wandelt sich Boreas selbst in ein Ross und zeugt mit den
Stuten des Erichthonios 12 Füllen (Hom. Il. 20, 225), wie Zephyros als Vater der Rosse des Achill galt (ebendas. 16, 150)
s. Donnergalopp.

18. Wind schnarcht.

Da schnarcht der grobe Grönlandsfahrer
Mit Ungestüm mein Bäumchen an.

Hohnbaum b. Auras und Gnerlich. (Deutsch. Leseb.). Breslau 1862.

Dies erinnert sowohl an den Riesen Skrymir, der nach
der Edda so laut schnarcht, dass der Wald wiederhallt, als an
den Bläser in dem Märchen bei Grimm „Sechse kommen durch
die ganze Welt," welcher sich das eine Nasenloch zuhielt
und aus dem andern so bliess, dass er die Flügel von sieben
Windmühlen, welche zwei Meilen ab waren, sich heftig bewegen
machte, „während doch sonst rechts und links kein Wind ging."

19. Wind (anthropomorphisch); bald als Riese, bald als
Zwerg.

Da kam ein grosser Wirbelwind
Mit einem argen Wetter.

Rückert: „Vom Bäumlein, das andere Blätter gewollt."

Die Redensart „de grote Windkerl is verreist, nu het de
Lütje den Sack flegen laten" ist schon oben erwähnt. Hier
stehen beide Vorstellungen neben einander. Dem entspricht es,
wenn Grimm M. S. 597 sagt: „Gustr, Zephyr, Blaser, Bläster,
Wind und Wetter sind Eigennamen von Zwergen, Elben und
Riesen. — Die Winde der vier Hauptseiten treten (in der
nordischen Mythologie) als vier Zwerge auf; nach griechischer
Darstellung als Riesen und Brüder."

Im Märchen „Von dem Mädchen, das seine Brüder sucht"
erscheinen Wind, Sonne und Mond als drei menschenfres-
sende Riesen. s. Märk. Sagen. Berlin 1843. S. 282ff. Zephyros
nennt Homer μέγας, Aesch. geradezu Gigas, s. weiter unten
unter Westwind.

20. Winde als blasende Häupter.

„Holzschnitte und Bilder (des Sachsenspiegels) pflegen
halbsymbolisch die Winde als blasende Gesichter und
Häupter aufzufassen, wahrscheinlich von sehr früher Zeit an."
Grimm, Myth. S. 597. Ich erinnere an die Wolkenbildung,
welche als Grummelkopf bezeichnet oder als Häupter der
Giganten erschien. s. oben unter „Wolke als Kopf." Das
weissagende Haupt des Orpheus sowie Mimirs, mit dem
Odhin Rath pflegt, dürfte wohl auch hierher gehören. s. Donnerruf in Donner als Stimme.

21. Wind — hat eine Stimme.

Und vom Geschrei der Stürmenden erklang
Des Himmels Bühne weit, wie sie erklingt
Vom tausendstimmigen Sturmwind.

Chr. Ew. v. Kleist. S. 56. s. auch „Wind stöhnt" und „Donnerruf."

22. Wind stöhnt.

„Der Lärm bei den Typhonen auf den chinesischen Meeren
gleicht zahllosen Stimmen, die sich bis zur äussersten Höhe
eines Angstgeschreis steigern. — Der Wind steigt und fällt
(zu Barbados) mit kläglichem Stöhnen ähnlich dem, welches
in Winternächten in alten Häusern gehört wird, es ist dem
„Rufen der See" verwandt, einem melancholischen Getöse,
welches bei einer tiefen Windstille an einigen Stellen der englischen Küste einen Sturm ankündigt." Sommerville. Physic.
Geogr. II. S. 43. s. „Windsbraut wimmert".

23. Wind als himmlisches Kind.

„In Märchen und von morgenländischen Dichtern wird der
Wind redend und handelnd eingeführt: der Wind, das himmlische Kind". Grimm, Myth. S. 598.

24. Wind als Wanderer (fährt einher) zu Ross, zu Wagen
(Schiff). „Landstreicher in der Edda" s. oben S. 46 Anm.

Woher die Winde kommen,
Wohin die Winde gehen,
Hat Niemand wahrgenommen,
Hat Niemand eingesehen.

Rückert. Ged. 1847. S. 498.

Der Gesang der Winde (v. Fr. Bodenstedt):

> Wir sind die Wanderer des Raumes,
> Wandern auf und ab,
>
> — — — — — — — — —
>
> Ziehen rastlos umher,
> Ueber Land und Meer u. s. w.

Fern, an des Ostens Thor erhob sich der dämmernde Morgen
Glühendroth; Verkündiger so des unendlichen Regens,
Oder des erdumbrausenden Winds.

Pyrker III. S. 219.

Hierher gehört von griechischen Heroen der „vagus" Hercules und ursprünglich auch Odysseus, wenngleich aus seinen Wanderungen „Seefahrten" geworden. In der nordischen Mythologie ist Odhin besonders der „Wanderer" (Gangradr, Gangleri) s. Simrock, Myth. 1853. S. 252 „Odhin als Wanderer". So fasst es auch Kuhn, Westf. Sagen II. 33, wenn er vom ewigen Juden redend sagt: „Die Verknüpfung des ewigen Juden mit dem ewigen Jäger findet Simrock mit Recht in Odhin's Wanderungen, und diese erklären sich am einfachsten aus seiner ursprünglichen Natur als Sturm- und Windgott; in den epischen Gedichten der Inder heisst Wâta der Wind (das auch wurzelhaft zu Wuotan, Odhin stimmt, welche nur ein neues Suffix angesetzt haben) häufig Satatagas, Sadâgatis, der immer Wandelnde."

Wie Wodan dann als „wilder Jäger" einherfährt, erscheint ebenso die Windsbraut als „fahrende" Mutter. Wie und wozu sie „einherfährt", bleibt dabei zunächst unbestimmt. Daran reiht sich der „Umzug" der Götter (s. Gewitter zieht herum). Die Scene spielt am Himmel wie auf Erden und erscheint nach dem betr. Mythos dann modificirt (Demeter, Bacchus). Die Vorstellung erweiterte sich um so mehr, als auch Sonne, Mond und Sterne wandern, einherfahren in und auf den Wolken u. s. w. — Die Wandersagen der Götter haben oft einen localen, euhemeri-

stischen Charakter erhalten; namentlich findet dies im neusee-
ländischen Mythos statt. Indem Schirren in seinen Wandersagen
der Neuseeländer dies verkennt und in jenem Charakter den
„Ursprung" der „Sage" sucht, verschiebt er vielfach die Bedeutung der betr. Mythen.

25. Wind — Diener der Sonne s. Rückert, Ged. 1847.
S. 498 „Die Winde im Dienst der Sonne."

Hierher dürfte gehören die Dienstbarkeit des Apoll, Herakles, Siegfried, namentlich aber der mittelalterliche Teufel, wenn
er, in einer Art zeitweisen Dienstbarkeit, (im Regenbogen)
wunderbare Brücken bauen muss und dergl. mehr. Speciell
erscheint dann der Wind (cf. Hermes) als himmlischer Bote.

26. Wirbelwind, meist weiblich gefasst als Windsbraut
(ἀνέμοιο ϑύελλα). Er geht dem Sturm, dem Wetter voran:
„Jetzt verräth das Rauschen den aufspringenden charakteristischen Gewitterwind, der vor dem Wetter herweht (Schütt,
d. Gewitter in Masius „Der Jugend Lust und Lehre." Glogau.
VI. Jahrg. S. 464). — Weiter heisst es dann: „Der Wirbelwind
wühlt in den Wolken" (s. Wind wühlt), „fegt auf der Erde
zerstörend einher" u. s. w. Kurz es gilt Alles von ihm, was
in dieser Hinsicht oben vom Sturm ausgesagt worden oder in
Folgendem von der Windsbraut berichtet wird.

Speciell gilt die Windsbraut als die Genossin des Sturms:
„Um das Mass des Schreckens voll zu machen, gesellte sich
dem Gewittersturm eine Windsbraut, wie wir dergleichen
nie erlebt; drei Knaben sollte sie in die Weser geworfen haben."
Kreuzztg. v. 26. Juni 1867. Sie wird vom Sturm verfolgt,
tanzt ihm voran. Heutiger Volksgl. 25. Urspr. d. M. 8.

27. Windsbraut tanzt.

„Kreist der Wirbelwind und fegt den Flugsand, so tanzt
der böse Geist" (poln.) Woycicki bei Grimm M. 599. „Den
Wirbelwind nennt man im Innthal „Hexentanz"; man sagt,
in ihm tanzten die Hexen." Zingerle, Sitten und Gebr. des
Tiroler Volks. Innsbruck 1857.

Der Wirbelwind ist ein fahrendes Weib (Kilian 693
b. Grimm M. S. 599). „Wenn Wirbelwinde auf Erden wüthen
und Alles mit sich fortreissen, so ist das nichts Anderes, als
die fahrende Mutter, welche ihre Umzüge hält, gerade wie

auch sonst Hexen in demselben fahren oder nach schwedischem Volksglauben sich die Waldfrau durch einen Wirbelwind ankündigt." Heutiger Volksgl. S. 25. s. Urspr. d. Myth. 215. 251.

28. Windsbraut wimmert, klagt, weint. (Alvina, Melusine.)

„Wenn der Wind so recht heult und pfeift, dann sagt man in Westflandern: „Hör', Alvina weint." Alvina war nämlich eine schöne Königstochter, welche wegen einer Heirat von ihren Eltern verwünscht wurde, ewig umzufahren" u. s. w. Wolf, Niederl. Sagen. Leipzig 1849. S. 669.

„In Böhmen sagt man, das sei die Melusine, welche mit ihren Kindern durch die Lüfte fliege und jammere, oder es seien Melusinens Klagen um ihre Kinder. Dann werfen die Leute Mehl und Salz in den Ofen und sagen: „Pro Melusina!" — Zur Beruhigung der Melusine legt man auch Mehl auf einen Pflaumenbaum und lässt es vom Winde zerstreuen. — Die Windsbraut oder Melusina wohnt im Wirbelwind. Wenn Jemand während eines Sturmes ausgeht, so fährt die Melusine in ihn, er wird schwer krank." cf. Grohmann, Abergl. und Gebr. aus Böhmen und Mähren. Leipzig 1864. S. 2. Letzterer erwähnt dabei eine merkwürdige Sage, welche ihm aber nur in einer Version mitgetheilt ist. Nach ihr sind im Jungbunzlauer Kreise unter dem Volk die Melusine und der Urzt am meisten gefürchtet. Der Urzt hat einen blutrothen Mantel und hält eine Schlinge in der Hand, womit er die Menschen, die dazu verurtheilt sind, erdrosselt. Die Melusine trägt einen schwarzen Mantel und hält in der Hand ein Sieb, aus welchem Schlossen und Hagel herausfliegen. Die Ankunft des ersteren wird durch schwarze, die der letzteren durch graue Wolken wahrgenommen. Wenn ein starker Wind weht, so sagt man, der Urzt habe einen erhascht. Er soll nur nach denen haschen, die kein sicheres Obdach haben. Manches Jahr ist der Urzt gut, manches Jahr böse." Bestätigt sich diese Sage, so wäre Melusine mit dem Sieb (s. Regen — gesiebt) neben der Windsbraut hier eine Regengöttin, der Urzt mit seinem blutrothen Mantel der Gewittergott mit dem feurigen Mantel, welcher mit der Blitzesschlinge seine Opfer als eine Art Todesgott erdrosselt.

29. Windsbraut = böser Geist. Hexe und Teufel,
(Seine Zerstörungen Teufelswerk).

Wenn man einen Wirbelwind sieht, sagt man, wie schon oben unter „Wirbelwind" erwähnt, in ihm tanzten die Hexen oder ein böser Geist, der Teufel. Grimm, der dies M. S. 599 bespricht, fügt noch hinzu: „Den Slaven ist polednice ein weiblicher Dämon, der im Staub des Wirbelwindes auffliegt." Entsprechend sind die Beiwörter, welche die ϑύελλα oder ἄελλα empfängt καχὴ ἀνέμοιο ϑύελλα, ὀλοὴ ἀ.-ἀργάλεαι ϑ.-δεινὴ ϑ. — tempestas saeva. Lucr. VI. 457.

Die Zerstörungen, welche das „fegende Ungethüm" (s. Windsbraut entführt das Sonnenlicht) anrichtet, galten dem entsprechend im Mittelalter noch bis in die Neuzeit hinein als „ein Teufelswerk". So heisst es in Angelus Märk. Chronik v. J. 1579: „Mitten im Sommer hat sich's begeben, dass am hellen, lichten Tage auf den Nachmittag ein Windwirbel bei der Hammermühl eine halbe Meile von Arnsswalde entstanden, der die Bäume aus der Erde gerissen, die Schneidemühl zerrissen, sich nachmals auch an die Wassermühl gemacht, das Dach mit den Sparren herunter über die Bäume im Garten geworfen und sich folgend in das Dorf Schönfeld begeben, da er alle Häuser, so an einer Seite gestanden, herumb geworfen, und alle Bäume, so an derselben Seite gestanden. Ist darnach durch einen Backofen gewischet und hat ein Stück vom Kirchdache herunter gerissen. Welches wahrlich nirgend anders für, denn für ein Teufelswerk zu halten ist, der also umhergefahren und solch' Ungewitter angerichtet hat." — Ueberhaupt galt noch lange jeder übernatürliche Wind als vom Teufel ausgehend, so heisst es bei dem eben erwähnten Schriftsteller v. J. 1598 (unter dem 25. Febr.): „Bald auf diese Sonnenfinsterniss folgte ein grosser und übernatürlicher Sturmwind, der fast die ganze Woche hernach grausamlich tobte, sonderlich aber auf den Mittwoch oder am ersten Tage des Märzmonats, da er in der Mittelmark des Kurfürstentbum Brandenburg merklichen Schaden that mit Umstürzung Häuser und Scheunen und unzählig viel grosser Bäume in den Wäldern hin und wider, deren etliche er mitten entzwei gebrochen, dass man sich darüber verwundern müssen, und mit Entdeckung der Kirchen, Häuser und anderer

Gebäude. Und will ich wohl glauben, dass der Teufel, der rechte hellische Schadenfroh, da er sich, als ein angebundener Kettenhund, an uns Menschen und an unserm Viehe, so wir zu unserer Nothdurft und Nahrung gebrauchen, nicht hat machen dürfen, uns also in Schaden zu bringen, dass er sich dennoch an den Gebäuden etlichermassen und auch an den Bäumen habe machen und sein teuflisches Müthlein daran kühlen wollen. Doch auch nicht mehr und ferner, als ihm Gott der allmächtige verhänget und nachgegeben hat." S. Gewitterverheerungen.

Bei solchem Hintergrund erklärt es sich, wenn das griechische ἄνεμος dann geradezu im Mittelalter Bezeichnung für „Teufel" wurde. — Farbenreicher und voller wird übrigens das Bild, wenn Gewittererscheinungen damit verbunden waren. So heisst es z. B. in einer englischen Chronik vom J. 1165: „In the same month was a great tempest in Yorkshire; and the devil was seen by many to go in the front of that tempest in the shape of a great black horse, making constantly for the sea, and followed by thunder and lightning, with dreadful crashes and terrible hail! The markes of the horse's progress were observable afterwards in several places, particulary on the cliff near Scarborough, whence he leaped into the sea, where for a full year after might be seen a great black hole." Wright, Essays of the litterature, popular superstitions and history of England in the middle ages. London 1846. S. 304. — Von jeher schwankte die Welt, ob beim wüsten Toben der Winde eine Art Teufelei dahinter stecke oder es eine Strafe sei. So meinte schon der neuseeländische Mythos „wenn Nord-, Süd- und Ostwind blasen, so haben entweder Mawe's (eine Art Aeolos) Feinde die Steine von den Höhlen der Winde weggerollt und sie befreit, oder er hat es gethan, um die Welt zu bestrafen." Klemm, Kulturgesch. IV. S. 356 (s. oben „Wind gefesselt, eingeschlossen)."

30. Windsbraut entführt das Sonnenlicht (das himmlische „Feuer") (s. Wind entführt).

> Und schneller und schneller noch rast es heran,
> Als gült' es die flüchtige Zeit zu erjagen.

Wie wenn er die Leuchte des Himmels geraubt,
Kommt er in Wirbeln der Windsbraut geflogen.

Amphiaraos v. Körner.

Sieht zu der Windsbraut Ungestüm
Die Föhren niederreisst im Grimm,
Das Licht des Tages stört,
Wenn sie, ein fegend Ungethüm,
Heulend vorüberfährt.

„Der Ansiedler im Westen" übers. v. Freiligrath bei
Menzel, die Gesänge der Völker. 1851. S. 72.

Vergl. meine Abhandlung über Prometheus „den Wirbelwind
als „Feuerräuber" in Kuhn's Zeitschr. f. vergl. Sprachf. XX. Bd.

31. Windsbraut als Hebeamme.

Lenau (II. 307 f.) lässt Ziska sagen:

Hier an dieser festen Eiche
Hat in einer Wetternacht,
Ueberrascht von scharfen Wehen,
Mutter mich zur Welt gebracht.

Nur der Wald vernahm ihr Kreisen,
Windsbraut war die Hebeamme,
Und sie goss dem Kinde segnend
Ueber's Haupt die Blitzesflamme.

Für Geschosse mich zu stärken
Und ein hartes Heldenlos,
Schlug der Hagel meiner Mutter
In den schmerzgesprengten Schoss.

Donner war mein erstes Hören,
Sturm mein erster Athemzug.
Als ein rauher Wettersäugling
Nehm' ich meinen Heldenflug.

Das mit der Geburt in einer Wetternacht aufgenommene
Bild erweitert sich in immer vollerer Trope durch Hineinziehung
der Windsbraut als Hebeamme und des Blitzes als einer
Feuertaufe fast gerade zu der Vorstellung eines himmlischen
Wettersäuglings. Die Windsbraut Artemis oder Eileithyia er-
scheint nämlich als Hebeamme bei der Entbindung der
schwarzwolkigen (κυανόπεπλος) Leto, herbeigeholt um den
Preis eines kolossalen goldenen Brustgeschmeides (des Re-

genbogens s. weiter unten Regenbogen-Gürtel). In deutscher
Sage gehören hierher die Frauen, welche zu den (himmlischen)
Wassernixen oder Zwergen zur Entbindung geholt werden.
Urspr. d. M. 115. 159. 250. — Die Feuertaufe mit dem Blitz
stellt sich zum blitzumflossenen Agni, Asklepios, Servius
u. s. w. s. Blitzgeburt.

32. Sturm schaukelt, wiegt etwas hin und her.
Ich habe im Urspr. d. Myth. sowie in dem Urspr. der römischen Stammsage einzelne Mythen zu der Vorstellung entwickelt, dass derselben gemäss im Sturm etwas am Himmel
hin und her geschaukelt, gewiegt werde. Nach finnischem
Glauben war es das leuchtende Gewitterfeuer, was so gewiegt wurde, nach indogermanischem Glauben eine goldne
Wiege, in der jenes dem neugeborenen Lichtkinde (vielleicht
auch noch unter des Windes Wiegengesang) zu Theil zu
werden schien. Ich kann auch hier jetzt noch nachträglich ein
sprachlich anklingendes Analogon beibringen, nämlich unter dem
so eben entwickelten Bilde von der Windsbraut als Hebeamme
des blitzumflossenen Wettersäuglings reflectirt passend eine
Stelle von A. Grün (bei Grimm, Wörterb. S. 1238), die da lautet:

> Blitz, nun flattere dein Wimpel,
> Donner, rühre deine Harfe,
> Sturm, nimm mich in die Arme
> Wieg' in Wonne dein Kind.

Einzelnes von einzelnen Winden.

33. Boreas, hat im Norden seine Heimath.
„Herr Nord, — der grobe Grönlandsfahrer — ein
Sausewind aus Norden." Hohnbaum bei Auras und Gnerlich.
(Deutsches Lesebuch.) Breslau 1862. — „Schneidender Ost-
orkan aus Sibirien saust am Doppelfenster." Joh. Heinr. Voss.
Lyrische Ged. Königsberg 1802. I. S. 6.
    Er ist der König der Winde. $\beta\alpha\sigma\iota\lambda\epsilon\grave{\upsilon}\varsigma$ $\grave{\alpha}\nu\acute{\epsilon}\mu\omega\nu$. Pindar.
Pyth. IV. 300. — Claudian de raptu Helenae sagt von ihm:
Cum gravis armatur Boreas, (et) bella cupit cet. Dieser
gewaltige Kämpfer aus Norden ist der griechische $\delta\epsilon\iota\nu\acute{o}\varsigma$

Ἄρης, und Thracien, irdisch localisirt (wie oben bei Voss „Sibirien"), seine Heimath. s. Urspr. d. Myth. S. 155.

34. Nord und West treten schon bei Homer vereinigt hervor, wie auch Pyrker, Rudolf v. Habsburg. Stuttgart 1855. S. 344 sagt:

— Staub flog empor, wie im Märzmond,
Wenn der eisige Nord-, dann wieder der brausende Westwind
Noch den entfliehenden Winter hemmt und am glänzenden Mittag
Rieselgewölk aufjagt.

An diese letztere Stelle schliesst sich, wenn der die Menglada (eine zweite Brunhild) erlösende Sturmesheld Windkaldr, sein Vater Warkaldr d. h. Frühlingskalt, sein Grossvater Fiölkaldr d. h. Vielkalt heisst. s. Urspr. d. M. S. 207. Diese Vereinigung von Nord- und West repräsentirt das, was wir Nordwestwind nennen. Die Friesen nennen ihn „Uald (der Alte) oder Pitje von Skotland." Mannh. Germ. M. S. 143. Die Bezeichnung „Old" bekommt der Wind noch jetzt häufig von Seeleuten, besonders wenn er seinen neckischen Charakter bekundet, oder die Schiffsleute ihn gemüthlich als „guten Genossen" (πομπαῖον οὖρον), der stärker „für die Fahrt aufspielen" soll, bezeichnen wollen. Charakteristisch wird auch beim „wilden Jäger" häufig erwähnt, dass er aus N.W. komme, worauf ich schon Ursp. d. M. 152—159. 165. 229 aufmerksam gemacht habe, wie ich auch das. schon in C. 16 bei der Behandlung des Sturms als Ueberwinder des Gewitterdrachen darauf aufmerksam gemacht habe, dass dies sich besonders auf den Nordwestwind concentrire (S. 153).

Höchst bedeutsam ist die Rolle, welche den Nordwest der amerikanische Glaube spielen lässt. Theils tritt er „in den Schöpfungssagen" auf, theils entwickelt sich an ihm geradezu eine Art von „epischem Cyclus", der „fast an die Arbeiten des Herakles oder Thor, Vischnu's" u. s. w. erinnert. Neben „gewaltigen Thaten" werden ihm aber auch allerhand „dumme Streiche" zugeschrieben u. s. w. J. G. Müller, „Gesch. d. amerikanischen Urreligionen." Basel 1855. S. 130 f. Wir finden in ihm diese beiden Seiten der Winde in derselben Weise vereint, wie sie auch schon von K. Ritter als Tradition gekennzeichnet wurde, die auf der hochasiatischen Steppe herrsche. (s. oben unter „Winde kämpfen".)

Ebenso tritt nun aber auch in Neu-Seeland der Westwind hervor. Erscheint dort nach den localen Verhältnissen
der Ostwind als der Meister der Winde, so entzieht sich
ihm doch der schnelle „West", auf den er deshalb „Jagd
macht". „Mani reitet den Ostwind auf der Jagd nach dem
Westwinde." Schirren, die Wandersagen der Neuseeländer.
Riga 1856[1]) und oben unter „Wind gefesselt".

Auch bei den Griechen knüpfen sich noch selbst an die
verblasste Gestalt des Zephyros allerhand mythische Ansätze
und Anklänge. Er ist $\lambda\iota\gamma\dot{v}$ $\pi\nu\epsilon\dot{\iota}\omega\nu$, Hom. Od. IV. 567, ein
$\lambda\alpha\beta\varrho\grave{o}\varsigma$ $\dot{\alpha}\dot{\eta}\tau\eta\varsigma$ Quint. Sm. III. 703, $\delta\nu\varsigma\alpha\dot{\eta}\varsigma$ Od. V. 596, $\nu\epsilon\varphi\epsilon$-
$\lambda\eta\gamma\epsilon\varrho\acute{\epsilon}\tau\eta\varsigma$. Quint. Sm. IV. 80; heisst $\zeta\acute{\epsilon}\varphi\nu\varrho o\varsigma$ $\mu\acute{\epsilon}\gamma\alpha\varsigma$ (Od. XIV.
458) oder wird geradezu $\gamma\acute{\iota}\gamma\alpha\varsigma$ genannt (Aesch. Agam. 677);
weiter heisst es dann von ihm $\ddot{\eta}\lambda\vartheta\epsilon$ $\varkappa\epsilon\varkappa\lambda\eta\gamma\grave{\omega}\varsigma$ — $\mu\epsilon\gamma\acute{\alpha}\lambda\eta$ $\sigma\grave{v}\nu$
$\lambda\alpha\acute{\iota}\lambda\alpha\pi\iota$ $\vartheta\acute{v}\omega\nu$ (Od. XII. 408)· und auch sonst giebt es noch
einzelne Mythen von ihm.

Wenn übrigens vorher mehr von der zerstörenden bösen
Natur der Stürme die Rede gewesen, gemäss deren sie meist
wild und oft teuflisch erschienen, so tritt daneben auch eine
Fülle guter Eigenschaften, die auch zum Theil schon angedeutet sind, und in denen sich ihre Gewalt segensreich be-
kundete. Sie vertreiben z. B. den Nebel, die Finsterniss,
bringen den Frühling (s. Ursp. d. Myth.), bekämpfen die
aufrührerischen Dämonen in der Natur, was noch in dem
Horazischen Ausspruch von Notus, „Quo non arbiter Hadriae
Major, tollere seu ponere vult freta" in Bezug auf das Meer
hindurchklingt. So unterscheidet auch Hesiod in der bekannten
Stelle in der Theogonie die Winde „göttlichen Ursprungs"
von den bösen, die ein $\pi\tilde{\eta}\mu\alpha$ $\mu\acute{\epsilon}\gamma\alpha$ $\vartheta\nu\eta\tau o\tilde{\iota}\sigma\iota\nu$ sind. Aber selbst

---

[1]) Schon verschiedentlich (z. B. unter Wolkenschiff, Wolke aufgehängt, Winde gefesselt) habe ich mich auf dieses Werk bezogen. Es
ist zu bedauern, dass man wegen Schirren's Deutungen vielfach kein
volles objectives Urtheil über das so höchst interessante Material erhält, welches in so vielen Grundzügen den Urvorstellungen anderer Mythologien gleicht, nur dass sie höchst einfach und neuseeländisch gewandt
sind. So ist z. B. die „Ranke" in den betr. Mythen das Substitut für
„Blitz", der in paralleler Anschauung in anderen Mythologien als „Faden"
„Fessel" und dergl. auftritt. Schirren deutet Alles zu einseitig euheme-
ristisch oder solarisch.

das Räuberische an ihnen wird unter Umständen den Menschen zum Heil. Aus dem Feuerräuber Prometheus wird ein Heros, der sich für die Menschen opfert. Und wenn einzelne Winde speciell dann noch besondere nachtheilige Einwirkungen anderer Art zu haben schienen, der Auster z. B. die Pest in Aegina gebracht haben sollte, so tritt seinem todbringenden Wehen (letifero) gleich wieder ein anderer Wind als Helfer der Menschen gegenüber. Namentlich werden wir unter Gewitter sehen, wie der Gewittersturm zum Reiniger der Luft, zum σωτήρ des All wurde (s. zunächst Ursp. d. M. 114). Das sind aber zum Theil Eigenschaften, die sich erst allmählich der Betrachtung unterstellten, der erste Eindruck für den Naturmenschen dürfte das Gewaltige im Sturm und dem verheerenden Wirbelwind gewesen sein, dem Alles sich beugen zu müssen schien, und dem gegenüber erst mit der Zeit selbst Blitz und Donner Stellung fanden und als von einem doch noch mächtigeren Wesen als jener auszugeben galten. Der Naturmensch verehrt aber zunächst nur, was ihm als Macht gegenübertritt, wie es ein wallachisches Märchen bei Schott naiv schildert, das deshalb hier seine Stelle finden möge. Es ist das Märchen von, Sonne, Mond und Wind. — „Ein zerlumpter Zigeuner, heisst es, begegnete einst auf seinen Wanderungen der Sonne, dem Mond und dem Wind. Als er an ihnen vorüber trollte, sprach er: „Gott grüsse von euch dreien eins!" Die Gegrüssten lachten über den lustigen schwarzbraunen Gesellen, wussten sich aber seinen sonderbaren Gruss nicht zu deuten. „Es ist klar," fing der sonst schweigsame Mond an, „dass der Zigeuner mich gemeint hat, mich, der ich sein steter Begleiter bin, wo er immer seine flatternde Behausung zur Nachtruhe aufschlägt." „Pah"! fiel hierauf die Sonne ein, „mich hat er gegrüsst, mich, die Königin des Tages; ich nehme seine nackten Kinder in meine warme Hut, unter meiner Sorge wachsen sie heiter und frisch heran." „St.! st.!" sauste der Wind, „wozu dieses unnütze Reden und Prahlen! Lasst uns schnell dem Gesellen nachgeben und ihn fragen, welchen von uns er mit seinem Grusse gemeint hat."

So sprechend fuhr er schnell dem Zigeuner nach, hinter ihm her in stolzem Gang die Sonne, neben welcher der lang-

same, ernste Mond einherschritt. Der rüstige Wind, der
zuerst bei dem Zigeuner ankam, rief diesem zu: „Halte, du
Erdensohn!" — Ueber diesen rauhen Worten erschrak der
Angerufene, denn beinahe hätte ihm jener den Rock vom
Leibe geblasen, an dem freilich ein paar metallene Knöpfe
und Haften mehr werth waren als alles übrige. — „Was ist's?
Was wollt ihr von mir, Wind?" fragte der Zigeuner, als er
sich von der Ueberraschung erholt hatte. „Du sollst uns
sagen," hob dieser wieder an, „wen von uns dreien du mit
deinem zweideutigen Grusse gemeint hast."

Der Gefragte blickte sich nun um, und sah alle die drei
himmlischen Mächte neben sich stehen. „Ei!" sagte er alsdann
lachend, „ich grüsse immer nur den, welchen ich fürchte!"
und nahm hierzu seine Schaaffellmütze vor dem Wind
ab. „He, du undankbarer Taugenichts!" rief jetzt der erzürnte
Mond, „weisst du nicht, dass ich dich sammt deinem Weib und
deinem schwarzbraunen Kindervolke vernichten kann, wenn ich
will! Wie ist dir denn, du abgedörrter Heidenhund, in einer
kalten Winternacht, wenn ich die Wolken am Himmel vertheile,
und mit der Nachtluft die kleinste Spur von der Wärme, die
der Sonnenschein zurückgelassen hat, aus dem Himmelsraum
wische? Wirst du dann an mich denken, wenn dir das Mark
in den Knochen gefriert, und dein Weib sammt ihren Kindern
zum Tod erstarrt!" „Oho! Herr Mond!" erwiderte hierauf der
Zigeuner, „ihr könnt mir in der That das bischen Leben recht
sauer machen, aber für das Erfrieren hab ich schon ein Mittel.
Wie ist's denn, wenn ich rechts und links Feuer aufmache,
mich mit Weib und Kind dazwischen setze, und dann vorn und
hinten ein paar Zeltstücke aufhänge? Dann hab ich euch durchaus nicht zu fürchten. Ist mir aber der Wind nicht gut,
so helfen mir auch meine Feuer und Zeltlappen nichts:
er bläst mir das Feuer zur Seite, den Rauch in's Gesicht und die Wärme durch die flatternden Zeltlappen
hinaus."

Aergerlich musste der Mond schweigen, da er nichts weiter
vorzubringen hatte, und im Vorgefühl ihres Sieges über die
beiden andern, begann hierauf die Sonne: „Nicht wahr, mein
guter Heidensohn, du weisst recht wohl, wen du zu fürchten

und zu lieben hast? du kennst meine belebenden Strahlen und ihre verzehrende Glut, ich dachte wohl, dass du mir den kalten, bleichsüchtigen Mond nicht vorziehen würdest." „Mag sein, mag sein!" erwiderte hierauf der Zigeuner, „ich kenne zwar euer freundliches Antlitz recht gut, habe mich auch schon oft daran erfreut, fürchte aber seinen Zorn nicht besonders, drum galt auch euch mein Gruss nicht." Ueber diese Geringschätzung nicht weniger aufgebracht, als kurz vorher der Mond, begann die Sonne den Zigeuner auszuschelten, indem sie sagte: „Mir das, Undankbarer! weisst du nicht, dass ich dich mit meiner Glut verderben könnte, wenn ich wollte? dass ich, wenn ich es der Mühe werth hielte, dich sammt deinen armseligen Würmern rösten könnte, wie es die Hölle selbst nicht vermöchte! Schau auf dein verbranntes Fell und du siehst, dass meine Glut schon Proben darauf abgelegt hat." „Ei! ei! Frau Sonne!" sagte spottend auf dieses der Zigeuner „was macht euch so hitzig? ist es denn nicht klar, dass der Wind viel mächtiger ist, und dass ich ihn deshalb mehr fürchten muss? Seht, Frau Sonne, wenn ihr auch noch so heiss brennt, so darf ich ja nur den Wind bitten, dass er mir ein wenig helfe, und er macht mir im Augenblick die Luft kühl, wie sehr ihr auch eure Kraft verschwendet. Es ist also wohl klar: wenn mir der Wind helfen will, so könnt ihr so wenig, als der Mond, mir etwas anhaben. Darum höret auf zu streiten: mächtig seid ihr alle; aber ich habe nur den Stärksten von euch gegrüsst, damit er mir beistehe und mich verschone, den Wind. Denn mit ihm ist keine Hitze furchtbar, und ohne ihn keine Kälte."

CAPITEL III.

Der Blitz[1]).

---

1. Blitz als Schlange, Drache (s. Gewitterdrache).

Unter allen Schlangen ist eine,
Auf Erden nicht gezeugt,
Mit der an Schnelle keine,
An Wuth sich keine vergleicht.

Schiller.

Wenn man ganz gewöhnlich von sich schlängelnden Blitzen spricht (die ἑλίκαι der Griechen, Aristot. mund. 4), so kehrt dieselbe Ausdrucksweise auch häufig im Liede wieder. Abgesehen von dem bekannten Schiller'schen Räthsel: „Unter allen Schlangen ist eine u. s. w." (welches zum Theil schon den Schlangenkönig, den Basilisk, in seiner ganzen Schrecklichkeit zeigt), z. B. bei Wander S. 164: „Dazwischen schlängeln sich falbe Blitze"; ebendas. S. 213: „Und Blitze und Blitze sich schlängelnd verschmelzen."

Wie der Blitz ferner geflügelt erscheint (s. unter Blitz, geflügelt), so auch diese himmlische Schlange, und findet das Feurige der Erscheinung noch seinen Ausdruck dabei, so ist das Bild eines Drachen, in einer gewissen Universalität, die übrigen Momente des Gewitters als Accidentia in sich aufnehmend, fertig. Der Wolkenqualm stellt sich zu seinem feurigen Athem, kleinere Blitze als sein Züngeln aus vielen Häuptern, das Reissen in den Wolken verleiht ihm Krallen

---

[1]) Vom treffenden Blitz heisst es schon bei Grimm, Wörterb. „Der Blitz fährt, fährt nieder, zuckt, schiesst, schlängelt, schlägt, schlägt ein, trifft, rührt", worin sich ein Ansatz zu den mannigfachsten Anschauungen befindet.

6*

(s. Wind reisst in den Wolken), Sturm und Donner endlich
erscheint als seine Stimme (sein Brüllen).

Zwischen jenem Bilde einer oder mehrerer. Schlangen
oder eines derartigen Drachen schwankt die mythische Vorstellung. Ein paar Darstellungen mögen zunächst das Bild noch
mehr ausführen.

1. „Die Nacht vom 14. auf den 15. (heisst es in einer
Beschreibung der Schlacht bei Tannenberg) war eine entsetzliche. Es war, als wollte der Himmel selbst den furchtbaren
Tag ankündigen. Dichte, undurchdringliche Finsterniss lag
über dem Lager, nur dann und wann erhellt von den grünlich
fahlen Blitzen, welche wie Feuerschlangen niederzüngel-
ten; ein wüthender Orkan brauste seine wilden Sturmes-
weisen — wolkenbruchähnlich strömte der Regen nieder.“
Der Eisenkönig von O. Horn. Leipzig 1879. S. 356.

2. „Mit jedem Schlage des Donners fahren die flammenden Blitze Strahl auf Strahl aus, durchkreuzen die schwer-
fälligen Lüfte, schlängeln sich an den Spitzen der Berge
hinab und werfen ihr Feuer in die tiefsten Abgründe[1]).“
Hirschfeldt, das Landleben. (Oltrogge, Deutsches Lesebuch.
Hannover 1861. S. 225).

3. „Ich sah des Blitzes Faden Sich schlängeln gleich
einem Feuerbache, Als wie ein ungeheurer Drache.“ (Ged.
im Kladderadatsch. 13. Jahrg. No. 17).

---

[1]) Da diese Darstellung ein Analogon zu den Alpen-Sagen vom
Bannen der Schlangen durch ein Bergmännlein oder einen Heiligen,
d. h. ursprünglich von dem geglaubten Beschwören der Gewitterschlangen giebt, so führe ich noch eine ähnliche Parallele dazu an,
welche ich der freundlichen Mittheilung des Herrn Oberl. Dr. Pröhle
verdanke. Sie findet sich in Gothofr. Herm. Burgharti iter Sabothicum.
Breslau und Leipzig 1736 (dessen Inhalt Reisen auf den Zobtenberg in
Schlesien bilden) S. 116, wo ein Gewitter auf dem Zobten nach der Mittheilung eines guten Freundes beschrieben wird. Dort heisst es, dass
man „die Donnerstrahlen, als feurige Schlangen, an den Stein-
felsen, neben und um sich anstreichen, und davon zurückprallen
siehet, da es denn nicht anders lässet, als ob das Feuer aus dem Berge
selbst gefahren komme, ja der ganze Berg scheint bei einem darauf
folgenden Donnerschlage zu beben“ u. s. w. Das schliesst sich z. B.
ganz der Ursp. d. M. S. 49 gegebenen Schilderung an, wie der heilige
Hugo die Schlangen gebannt haben soll.

Als einfaches Glaubensobject, welches aber die hauptsäch-
lichsten übrigen Erscheinungen des Gewitters mit umfasst, stellt
sich gleich dazu der Glaube der Kalmücken, nach Pallas
Reisen I. 343. „Sie halten den Blitz für das Feuerspeien
und den Donner für das Brüllen eines Drachen, der von
bösen Geistern geritten oder gepeitscht wird."

Ich bin, veranlasst durch ein Erlebniss auf einer Sagen-
reise, wo ein Bauer unter dem unmittelbaren Eindruck eines
sich weit über den Himmel hinschlängelnden Blitzes plötzlich
ausrief: „Was für eine schöne Schlange war dies!" zuerst in
einem Programm des Werderschen Gymn. zu Berlin v. J. 1858,
betitelt „die altgriechischen Schlangengottheiten," in dem ich
die betr. Scene in aller Prägnanz schilderte, diesem mythischen Schlangenelement weiter nachgegangen und habe
dann nachher dasselbe in den unendlich mannigfachen Verzwei-
gungen und Beziehungen in den ersten Partieen des Urspr. d.
Myth. von S. 1—159 eingehender verfolgt[1]).

Die Hauptgruppen, welche sich ergaben, waren: Cap. 1.
der schlangenhäuptige Typhon als Gewitterdrache und sein
ganzes Geschlecht; 2. die weitere Verzweigung des Schlangenelements in der griechischen Mythologie; 3. der Gewitterdrache
in seiner Furchtbarkeit; 4. der Gewitterdrache redet im Donner
und erscheint als prophetisches Wesen; 5. der Gewitterdrache
in seinem Verhältniss zu den himmlischen Wassern; 6. der
leuchtende Gewitterdrache als Schatzhüter; 7. der Gewitterdrache bringt Fruchtbarkeit; 8. der Gewitterdrache und die
himmlische Jungfrau (die Sonne); 9. Gorgo und Athene; 10. He-

---

[1]) Was für mich inmitten des Sammelns der volksthümlichen Traditionen gleichsam selbst blitzartig die geschilderte Perspective eröffnete,
so dass ich ihr nachging: das haben Mannhardt und Grohmann abgeschwächt,
wenn sie es verallgemeinerten und der erste (in seinen Göttern der
deutschen Völker 1860. S. 104) sagt: Noch heute spricht der Bauer, wenn
er einen Blitz herniederfahren sieht, „was für eine prächtige Schlange
ist dies" und Grohmann Cap. VII. seiner Sagen aus Böhmen 1863 mit
den Worten anfängt: „Wenn ein prächtiger Blitz über den Himmel hin-
züngelt, dann sagen wir wohl heute noch: „Was für eine prächtige
Schlange ist das!"

roische Drachenkämpfe um die Herrschaft; 11. der Drache
Typhon und der sicheltragende Zeus; 12. der Drache Python,
die Sturmeswölfin Leto und der Gott des himmlischen Bogens
Apollo u. s. w. bis zum 16. Cap., welches hiess „der Sturm als
Drachentödter."

Tritt auch das betr. mythische Element nicht überall in
so reicher Ausbildung wie bei den Indogermanen und auch bei
den Mongolen wie Chinesen und Japanesen hervor, so erscheint
es doch in einer oder der anderen Spielart fast über die alte
wie neue Welt verbreitet, und in der wunderbarsten Weise berühren sich oft die entferntesten Völker wie Aegypter, Celten
und Finnen. Selbst Afrika, welches bis jetzt als das dürftigste
Land in mythischen Productionen erscheint, stellt hier sein
Contingent. Man könnte, auf das Einzelne eingehend, an die
oben angedeuteten Beziehungen dieser Gewitterschlangen
und Drachen, in die sie zur Welt und zu den Menschen zu
treten scheinen, schon allerhand culturhistorische ethnologische
Betrachtungen knüpfen. So weit unsere Kenntniss bis jetzt
reicht, finden sich nämlich die primitivsten Vorstellungen in
Afrika und Amerika; sehr einfach sind auch die celtischen und
ägyptischen Mythen, indem fast nur die Beziehung zu den
himmlischen Wassern und der Sonne hervortritt; die mongolischen Völker, namentlich Chinesen und Japanesen haben da-
gegen den Gewitterdrachen besonders als Wettermacher und
dann als Himmelsregent mannigfach ausgebildet. Schon der
Glaube der Kalmücken zeigt uns den vollständig ausgestatteten
Gewitterdrachen in mannigfachen Beziehungen zu den übrigen
Gewittererscheinungen: „Sie halten," wie schon oben erwähnt,
„den Blitz für das Feuerspeien und den Donner für das
Brüllen eines Drachen, der von bösen Geistern geritten
oder gepeitscht werde." (Vergl. auch Blitz = Wetzen eines
weisszahnigen Thieres.) In Birman giebt es nach Bastian
(Berl. Zeitschrift f. allg. Erdkunde. XV. Berlin 1863), ferner
Traditionen im Volke von einer Heirath des Sonnenkönigs
(Nay-min) mit einer Prinzessin, von Dracheneiern und deren
Ausbrütung. Für einige Zeit war nach diesen Mythen ein Drache,
der Sari, die Tochter des Urahnen der Kua, geheirathet hatte,
König im Reiche, aber dann wurden die jungen Drachen auf

Flösse gebunden und in den Fluss geworfen und daraus wird
der Name Tagoung Tanyin erklärt. — Klingen diese Sachen
an Traditionen an, wie sie noch in weit verbreiteten Märchen
fortleben, so sind die Drachenfeste in China so bekannt, dass
eine Hinweisung darauf genügt. Daneben sind aber die Vorstellungen von dem himmlischen Drachen höchst charakteristisch.
Er regiert das Wetter, dann meint man u. A., dass er sich
im Frühjahr zum Himmel erhebe, im Herbst aber in die
tiefste der Tiefen versinke (gerade wie der Donnerkeil).
Ausl. 1877. No. 42.

Am reichsten aber haben, wie schon angedeutet, die Indogermanen und von ihnen wieder besonders die Griechen diesen
Vorstellungskreis in allen möglichen himmlischen und irdischen Beziehungen in Mythe, Sage und Aberglauben
entfaltet, wie er auch wunderbarer Weise noch jetzt, wenngleich in seinem letzten Absterben, so doch noch immer in
einem bestimmten Kreise, sich bis in die neusten Zeiten in dem
Glauben von dem ziehenden dråk erhalten hat (Urspr. d. M.
57 ff. 62 ff. 73 ff.).

Im Mittelalter war diese letztere Vorstellung aber vom
feurigen Drachen im Gewitter noch allgemein wenigstens
über Nord-Europa verbreitet und das Christenthum konnte sie
ruhig acceptiren, da im Hintergrund dabei der Teufel auch
wieder als die alte Schlange zu stehen schien. Ein paar Beispiele für viele. In den Historiae Anglicae Scriptoribus ex
veteribus mss. primum editis a Twysden. Londini 1652 wird
p. 2430 v. J. 1219 erzählt: In die Sancti Lucae Evangelistae
irruit ventus a septemtrione quatiens domos, pomaria, nemora,
turres ecclesiarum; visi suntque dracones ignei et maligni
spiritus in turbine volutare. — Ebendas. S. 1443 v. J. 1178:
Hoc anno vigilia sancti Andreae Apostoli hora necdum prima
apparuit in Cantia rubor quidam quasi flamma ardens et volans impulsu venti, qui veniebat. Quidam vero certissime affirma-
bant draconem flammeum crispo capite se manifeste eadem
hora vidisse. Dixerunt plurimi signum hoc sive draconis seu
flammae ardentis per totam Angliam apparuisse. cf. S. 796 hoc
anno post occasum solis signa in coelo rubea videbantur et hor-
ridi serpentes cum admiratione magna in Southsaxia visi sunt.

In Deutschland und Esthland hat der betr. Glaube sich
nur, wie schon oben angedeutet, bis jetzt im beschränkteren
Kreise, nämlich in dem des sogen. Wetterleuchtens oder ähnlicher phosphorescirender Erscheinung erhalten, aber was sich
daran knüpft, zeigt noch eine gewisse Continuität mit den
Gesammterscheinungen, welche sich an den Gewitter-
glauben knüpfen, und solche Beschränkung, im Verdrängt-
werden von einem volleren, auf einen engeren analogen Naturkreis im Laufe der Zeit nehmen wir oft in der Geschichte einzelner mythischer Vorstellungen wahr. Eins der interessantesten
Zeugnisse für den beschränkten Kreis ist das, welches Rochholz
in s. Naturmythen S. 214 beibringt, wenn er sagt: „Das phosphorescirende Gewitterphänomen nennt man die springende
Geiss (das ist das ἀλλόμενον πῦρ des Nonnus, wovon nachher). Etliches hupft auch als eyne Gayss, etliches vert als ein
langer Wyssbaum, und heissent es die Layen die Tracken
(Konrad von Megenberg, Buch der Natur. 1499. Bl. d. 4 f.).
Eine solche Erscheinung wurde 1629 in Zürich beobachtet,
Scheuchzer (Nat. Gesch. I. 288) hielt sie verwandt mit dem feurigen Drachen und verglich ihre Erscheinungsweise mit einem
verbrennenden Stück Papier, in welchem die Fünkchen
dem Rest der noch entzündlichen Papierstoffe nachhüpfen.“ So
Rochholz. Die Vergleichung mit einem wîsbom (der auf einem
Heuwagen befestigt wird), ist noch heut zu Tage, wie Kuhn und
ich gefunden, in Norddeutschland die üblichste; daneben wurde
der Drâk oft uns auch als feuriger Streifen, zuweilen auch mit
breitem Kopf geschildert. Die Bezeichnungen „glûschwanz“,
„langschwanz“ gaben ein ähnliches Bild. Dazu stellen sich die
esthnischen Bezeichnungen „Feuer- und Funkenschweif“
für dasselbe Glaubensobject. Erwägt man, dass viele Leute ihn
noch wollen des Abends oder in der Nacht gesehen haben, wie
er schwer tragend am Horizont so hingezogen und als
feuriger wîsbom dann erschienen sei, so muss es eine öfter
vorkommende Erscheinung sein, und dazu bietet sich fast nichts
anderes als eben das oft streifenartig auftretende Wetterleuchten einer tief ziehenden d. h. hier schwer tragenden
Gewitterwolke. Erweitert sich schon mit dem letzteren Moment das
Bild, dass die Gewitterwolke hineingezogen wird, die einem

z. B. das Getreide abholt und einem anderen zuträgt, so führen
die weiteren Züge, dass der ziehende Drâk, wenn man ihm
sein „Halb part" zurufe, aber nicht unter Dach und Fach sei,
den Rufer beschmutze, dass man es vor Gestank nicht aus-
halten könne, wie bei der wilden Jagd, auf den stinkenden
Schwefelgeruch des niederfahrenden Blitzes, ebenso wie
auch die Mittel, den Dråk zu zwingen, was er trage, fallen zu
lassen, das Abziehen z. B. eines Rades, an ähnliche Momente
in anderen, auf das Gewitter sich beziehenden Vorstellungen er-
innern. Kurz überall blickt noch der vollere Hintergrund in
dem betr. deutschen Volksglauben hindurch, wie im Esthnischen
dem betr. Drachen auch noch als böse Seite eine Art Lähmung
des Viehs zugeschrieben wird. Ich habe dies als Nachtrag zu
dem im Urspr. d. M. a. a. O. Beigebrachten noch hier angefügt.
(Ueber das Sachliche in letzterer Beziehung s. Nordd. Sagen und
Kreutzwald und Neuss Esthn. Lieder S. 79.)

2. Blitze züngeln = Zungen.

Der Blitz „züngelt" wird als übliche Redensart speciell
erwähnt von Schönwerth in der Ober-Pfalz (II. 124).

> „Die Blitze durchkreuzten mit rothen Zungen
> die ganze Gegend."
>
> Bremer, Familie H. Leipzig 1842. S. 174.

Dem entsprechend heisst es bei Maylath (Magyarische Sagen.
Brünn 1825) von der bösen Fee Fanferina: „Wie sie ihren
Mantel ausbreitete, verschwanden die Sterne, Wolken lagerten
sich auf Wolken. Sie streckte die Zunge heraus, und endlos
blitzte das Gewölk."

Diese Zungen gehören, wie schon oben angedeutet, zum
Bilde des Gewitterdrachen. Sie spielen eine charakteristische
Rolle, wenn der Gewitterheld, der den Drachen oder das
Gewitterunthier getödtet, sie ausschneidet, um sich damit
später als der wirkliche Sieger auszuweisen. Diesem in der
Peleus-Sage vorkommenden Zuge stellt Mannhardt (Antike
Wald- und Feldculte S. 49 ff.) eine Fülle ähnlicher in Märchen
und Sage anderer Völker zur Seite, wodurch das hohe Alter
desselben erhärtet wird.

3. Blitzschlange gleichsam im Kampf.

Ha sieh! der funkelrothe Blitz, er zuckt
Wie eine rothe Schlange, die der Adler
Entführt hat in die Luft und die sich jetzt
In seinem Schnabel krümmt im wilden Zickzack.

Hamerling, Ahasver in Rom. Hamburg 1873.

4. Blitz als Wetzen eines weissen Zahns resp. weiss-
zahnigen Thieres in den Wolken — $\dot{\alpha}\varrho\gamma\tilde{\eta}\tau\varepsilon\varsigma$ $\varkappa\varepsilon\varrho\alpha\nu\nu\nu\iota$ = $\dot{\alpha}\varrho$-
$\gamma\tilde{\eta}\tau\varepsilon\varsigma$ $\dot{o}\delta\acute{o}\nu\tau\varepsilon\varsigma$. — Gewitter-Eber (der Wirbelwind sein
Wühlen), wenn einäugig, die Sonne sein Auge. — Sonnen-
eber. — Dachs [lebt in den Wolkenbergen gleichfalls ein-
äugig], Maus (Nebenmoment Fadenblitz = dahin huschen-
dem Blitzthierchen s. Blitz blau).

Zuerst hatte ich darauf hingewiesen im „Heutigen Volksglauben" u. s. w. 1850. S. 26. Bestätigt wurde es für das Indische durch Kuhn, Herabkunft des Feuers u. s. w. S. 202, dann
in umfassender Weise ausgeführt von Grohmann, „Apollo Smintheus und die Bedeutung der Mäuse in der Mythologie der Indogermanen." Prag 1862. Nachträglich brachte ich noch zur
Fixirung überhaupt der Anschauung in dem Aufsatz über die
Naturanschauungen des Quintus Smyrnaeus zwei Stellen aus
diesem Dichter bei, wo allerdings nur zunächst in dem betr.
Sinne von den Wolken die Rede ist; was aber von diesen,
gilt auch vom Wolkenthier, das consequenter Weise dann
nicht mehr als Lamm oder dergl. (s. Wolke als Fell oder als
Unthier) gelten, sondern als ein, seinen weissen Zahn wetzen-
des Thier erscheinen musste. Die betr. Stellen lauten:

σὺν δ' ἔβαλον νεφέλῃσι ἐοικότες αἰψηρῇσιν,
αἵτ' ἀνέμων ῥιπῇσι ἐπ' ἀλλήλῃσι θοροῦσαι
ἀστεροπὴν προϊᾶσι, μέγας δ' ὀροθύνεται αἰθὴρ
θηγομένων νεφέων, βαρὺ δὲ κτυπέουσιν ἄελλαι·
ὡς τῶν ἀζαλέῃσι περικτυπέοντο γένεια
ῥινοῖς· — ferner:
ὡς δ' ὅτ' ἐρίγδουποι ποταμοὶ μεγάλα στενάχωσιν
εἰς ἅλα χενόμενοι, ὅτε λαβρότατος πέλει ὄμβρος
ἐκ Διός, εὖτ' ἀλλαστον ἐπὶ νέφεα κτυπέωσι
θηγόμεν' ἀλλήλοισι, πυρὸς δ' ἐξέσσυτ' ἀυτμή.

cf. u. A. der Vergleichung halber die Schilderung der Eber bei demselben Dichter auf dem Schilde des Achill:

— *σύες ἅμα τῇσι πέλοντο*
ὄβριμοι, ἀλγινέοντας ὑπὸ βλοσυρῇσι γένυσσι
θήγοντες καναχηδὸν ὑκτυπέοντας ὀδόντας

sowie die Stelle in Ov. Metam. 10, 550 Fulmen habent acres in aduncis dentibus apri.

Die oben entwickelten Vorstellungen sind übrigens uralt und weitverzweigt bei den Indogermanen (vergl. die Ausführungen in den oben angeführten Stellen), desgl. Rudra sowie Meleagers- und Hackelbergs-Jagd, den Eber des Fro und den sogen. Sonneneber.

Ueber den einäugigen Dachs und Eber s. Nachträgliches in dem Berliner „Bär" v. 1. April 1878 und über die Vorstellung von im Blitz dahin huschenden Mäusen die von mir in der Zeitschr. f. Ethnologie IX. 279 beigebrachte Parallele.

Kuhn hat a. a. O. in Betreff der erwähnten Blitzbauer das indische vajradanta = Donnerkeilszahn, Blitzzahn als Bezeichnung für Eber und Ratte beigebracht. Das sind die *ἀργῆτες ὀδόντες* und die *ἀργῆτες κεραυνοί* in einen Begriff geradezu vereinigt. Schon oben unter Blitz = Schlange lernten wir den mongolischen Gewitterdrachen kennen, dessen Brüllen u. A. der Donner war. Dazu passt nun genau, was Grohmann, wie ich glaube, zur Vervollständigung des betr. Gewitterungeheuers, wenn auch zunächst nur für China, anführt, sobald man nur die accidentielle Vorstellung, dass im Blitz etwas zur Erde aus den Wolken herunterfalle, hinzufügt (s. Urspr. d. Myth. unter „fallendem" Blitz).

Grohmann berichtet nämlich aus Thersander, Schauplatz vieler ungereimten Meinungen. Berlin 1736: „Die Sinesen nennen die Donnerkeile Donnerzähne und halten mit den Indianern (Indiern?) davor, dass der Donner ein lebendiges Thier sei, welches sich in den Wolken aufhalte und mit seinem Brüllen den Schall verursache, das Feuer aber ausspeie. Dieses Thier habe einen grossen Kopf und lasse zu Zeiten einige von seinen Zähnen ausfallen, welche hernach gefunden werden. Einige wollen gar dieses Thier in einer Donnerwolke, die sich geöffnet, gesehen haben."

Hieran schliessen sich die gesäten Drachenzähne zu
Colchis und Theben, der fabelhafte Zahn der Gräen; ferner
die Vorstellung, dass die Gewitterwesen goldzähnig oder mit goldenen Kinnbacken ausgerüstet[1]), dass überhaupt ein fabelhafter
Kinnbacken im Gewitter auftrete, als Waffe diene. S. Urspr.
d. Myth. 142 f. 193. Poet. Naturansch. I. S. 129 ff. vergl. auch
das daselbst über Indras Kampf mit den Asuren Beigebrachte,
wenn er sie mit den Knochen des Pferdehauptes schlägt,
sowie das über Simson's Eselskinnbacken Gesagte, wo noch
überdies aus einem Zahn ein Quell hervorkam, um den durstenden Helden zu erquicken.

Um die gewaltigen Dimensionen in der Auffassung bei
diesen letzteren Bildern noch durch ein anderes zu erhärten,
reihe ich daran:

5. Blitz als Höllenrachen.

„Da rissen sich plötzlich die Wolken auf, wie ein feuriger
Höllenrachen.“
Rellstab, „Gottes Fügungen“ in Trowitzsch Volkskalender v. J. 1857.

Jetzt aufflammte der Blitz und zerriss, von Osten bis Westen
Strahlend, die finstre Wolkennacht. Pyrker, Tunisias. S. 291.

8. Blitz als „Scheibe“, „Rad“ und als „ignea rima“ unter
Blitz als „Faden“.

Vergl. auch Sealsfield, Pflanzerleben. Stuttgart 1846. S. 119:
„Der grellgelbe Streifen mit fahlen Rändern ist zum ungeheuren, gähnenden Schlunde geworden, der Himmel wie
inmitten entzwei gerissen, und wie ein endloser, über
das ganze Firmament heraufgelagerter Löwe liegt es
über uns, den furchtbaren Rachen öffnend.“

Der feurige Höllenrachen heftet sich meist an alle Ge-
witterungeheuer, vergl. auch oben No. 4 am Ende und Poet.
Naturansch. I. 129 „der Blitz als Bläken eines Riesen-
kopfes.“

Entfalteten sich die letzteren Anschauungen grossartiger, so
entwickelt sich die Analogie auch in kleineren Typen.

---

[1]) „Das Geräusch der Kinnbacken bedeutet den Donner, die
Kinnbacken selbst sind der Blitz, wie Agni, Heimdalr und Perkun
goldzahnig.“ Mannh. Germ. M. S. 237.

6. Der Blitz als kleines dahinhuschendes Ding oder Thier (Wiesel, Maus, Schlange), als glänzender Fuss (vergl. Blitz als Faden, Weg).

Der Blitz wird in Agricola's Sprüchwörtern bezeichnet „als das Blaue, was vor dem Donner herläuft." Mannhardt, Germ. Myth. 2.

Hieran reihen sich eine Fülle von mythischen Zügen bei den Indogermanen, indem dieses Ding, welches vor dem Donner herläuft, auf das mannigfaltigste gefasst wurde, vergl. Poet. Nat. I. 249. 255 ff. z. B. Galinthias (das Wiesel) in der Geburtssage des Herakles, welches den Zauber des Nestelknüpfens löst. — Ferner das Mäusemachen der Hexen s. Grohmann, Smintheus. Endlich die Sagen vom Zeus, Faunus, Odhin, wenn sie als Schlange zur Buhlschaft mit der in der Wolke verborgenen Sonnengöttin schlüpfen. cf. meinen Aufsatz zur Methode der Mythenforschung in Fleckeisen und Masius, Jabrb. f. klassische Myth. 1874. 177 ff.

Vom anthropomorphischen Standpunkt aus erschien das dahinlaufende Wesen (z. B. Thetis) als silberfüssig und dergl., oder den Gewitterthieren (z. B. den Donnerrossen) wurden eherne Hufe beigelegt. Urspr. d. M. 166 f. und weiter unten Blitz als Faden.

7. Blitzzickzack als Füsse einer Geiss, Hörner eines Hirsches.

„Gewöhnlich ist die Bahn des Blitzes in der Luft keine gerade Linie, sondern ein Zickzack." Reimann, d. Naturleben d. Vaterlandes. Berlin 1854. S. 155. cf. u. a. Blitz als rothe Schlange.

„Bald springt der Blitz in scharf begrenzter Zickzacklinie von einer Wolke zur andern." Schütte „das Gewitter" in Masius, Der Jugend Lust und Lehre. Glogau. VI. Jahrgang. S. 464.

> Donnernd aus den blauen Höhen
> Wirft er den gezackten Blitz.
>
> Schiller, Eleus. Fest.

ἔμπυρον ἅλμα κεραυνοῦ. Nonnus D. 38, 39.

> — κυβισιητῆρι δὲ παλμῷ
> πυκνὰ διαΐσσουσα χαρασσομένων νεφελάων

αστεροπὴ σκίρτησεν, ἀμοιβαίῃσι δὲ ῥιπαῖς
κρύπτετο καὶ σελάγιζε παλίνδρομος ἄστατος αἴγλη.
N. 2, 192 ff.

καὶ κλονέων (Διόνυσος) Πενθῆα μεμηνότα μάρτυρι πυρσῷ
μαρμαρυγῆς ἔπλησεν ὅλον δόμον· ἀμφὶ δὲ τοίχους
ἀντιπόρους σελάγιζε πολυσχιδὲς ἀλλόμενον πῦρ
δαιομένῳ σπινθῆρι κατάσσυτον, ἀμφὶ δὲ πέπλοις
πορφυρέοις καὶ στέρνον ἀλιχλαίνου βασιλῆος
πυρσὸς ἕλιξ πεφόρητο, καὶ οὐκ ἔφλεξε χιτῶνας;
κεκριμέναις δ' ἀκτῖσιν ἀποσπάδες αλματι θερμῷ
ἐκ ποδὸς εἰς μέσα νῶτα κτλ.
N. 45, 335 ff.

— δι' ὑψιπόρου δὲ κελεύθου
Βακχιας αὐτοέλικτος ἐπέτρεχεν ἀλλομένη φλόξ,
γυιοβόρῳ σπινθῆρι καταίσσουσα Γιγάντων·
N. 48, 59.

Schon bei Besprechung der Wolken als Felle, sowie des umspringenden Windes kamen wir auf die sich hier wohl ursprünglicher noch anschliessende Vorstellung einer himmlischen Ziege. Das Bild hat sich noch in einem etwas beschränkteren Kreise bei elektrischen Erscheinungen lange bei Griechen, Römern, und Deutschen gehalten. Wenn auch Rochholz[1]) es in seinem Ursprung etwas modificirter, nicht in der oben angedeuteten Weise allgemeiner fasst, so genügte doch dies Factum, welches er anführt. Er sagt in einer schon oben zu anderem Zwecke citirten Stelle: „Das phosphorescirende Gewitterphänomen nennt man die springende Geiss. Etliches hupft auch als eyn Gayss, etliches vert" u. s. w. (Konrad v. d. Megenberg. Buch d. Natur 1499. Bl. d. 4 f.). Das sind die griechischen αἶγες und die lateinischen saltantes capreae." Rochholz bemerkt dann an der angeführten Stelle weiter mit Recht dazu: „Bekanntlich fährt der eddaische Gott Thôr mit einer Bespannung von Böcken. Loke treibt seine Geissen aus, sagt der Däne bei Gewitterschwüle (Müllenhoff). Am vielberühmten Wetterbaum Lerad in Walhall steht die Himmelsziege Heidrun, und wenn sie seine Zweige benagt, so fliessen Ströme Methes aus

---

¹) Naturmythen. S. 214.

ihrem Euter herab nach Walhall. Sie vergleicht sich der riesen-
grossen Zottelgeiss am Thunersee, deren ungeheure Gestalt
sich Nachts gleich einem Schneeberge über die Heerstrasse
schiebt. Solch' eine schlangenschwänzige und feuerschnaubende
Ziege ist die homerische Chimära. Der Sturmschild des Zeus,
dessen Schütteln den Regenstrom hervorlockt (Aen. VIII. 354)
ist die Aegis, d. h. das Ziegenfell und der Stosswind (s.
oben unter „Wolken" z. Anfang). Und selbst Zeus' Tochter, die
blauäugige Aethergöttin (?) Athene trägt in ihren Statuen über
Schulter und Arme eine Gewandung von Ziegenfell (Welcker,
Griech. Götterl. 1. 167. 305)." So Rochholz.

Natürlich gehört hierher auch der „geissfüssige" Pan sowie
das ganze übermüthige Geschlecht der die Musik der Winde
liebenden, die Wolkenweiber verfolgenden, bocksartigen
„Hüpfer und Springer", der Satyrn u. s. w. (über dieselben
sachlich Preller, Griech. Myth. I. 570 ff.), desgl. in den Deutschen Sagen „der grosse Bock" (der Teufel), wenn er mit den
Hexen buhlt, oder diese auf „Böcken" zur (teuflischen) Gewitter-
versammlung reiten. s. Urspr. d. M. S. 222 ff.

Erschienen in diesen Bildern die zickzackartigen Erscheinungen der Blitze als von dem Springen eines Thieres ausgehend, so wurden sie daneben auch, namentlich wo sie grössere
Dimensionen annahmen, als zackenartige Absätze und so
auch u. A. als die gezackten Hörner himmlischer Thiere wie
Rehe und Hirsche angesehen. Ich habe in den Poet. Naturansch. I. S. 42 f. 75 im Anschluss an die hier sich anreihende
indische Bezeichnung des „hundertknotigen", „tausendzinkigen"
Donnerkeils eine Reihe von mythischen Vorstellungen, die hierher gehören, entwickelt[1]). Die indischen Windgeister, die
Maruts, wenn sie mit Rehen am Himmel einherfahren, haben
u. A. in der erwähnten Anschauung ihren Ursprung, desgl. der
wilde Jäger Aktäon, wenn er in einen Hirsch verwandelt von

---

[1]) Auch Zacher dachte schon bei dem Hirsch in der Genovefa-
Sage mit an den Blitz, wenn er sagt: „Genügenden Anhalt zur Verglei-
chung des Hirsches mit der Wetterwolke hatte der mythenbildenden
Phantasie die Eigenschaft desselben geboten, dass er das schnellste
Thier unserer Wälder ist, und zugleich auch sein zackiges, dem ge-
zackten Blitz ähnliches Geweih."

den Sturmeshunden gehetzt und zerrissen wird. Zu einem
grossartigen Bilde entfaltet sich dieser Gewitterhirsch, wenn
er dann umgekehrt vom Sturmesjäger gejagt und schliesslich
zum Sonnenhirsch wird, gerade wie die Gewitterthiere, die
Himmelsschlange und der himmlische Eber, auch mit der
Sonne in Beziehung treten, die erstere, indem die Sonne als
ihre Krone gilt, der letztere, indem die Sonne ihn zu einem
einäugigen machte.

Dass auch in anderer modificirter Fassung des hundert-
knotigen Donnerkeils[1]) derselbe zum Schlafdorn in der
Brunhildsage wurde, wie zu der die Waberlohe vertretenden
Dornhecke, indem das Naturobject, welches im Hintergrund
steht, dasselbe ist, habe ich gleichfalls an den angeführten
Stellen bemerkt. Wenn ich daselbst S. 43 in Betreff der Bedeutung des
Schlafdorns sage, dass er sich ganz nach Ursprung wie zum
Theil auch nach Bedeutung zu dem Blitzstab des Hermes
stelle, dem ῥάβδος — τῆτ' ἀνδρῶν ὄμματα θέλγει, Ὧν ἐθέλει,
τοὺς δ' αὖτε καὶ ὑπνώοντας ἐγείρει, dessen natürliche Wirkung
ich schon Urspr. S. 126 auf das Verzaubern und Erwecken
der himmlischen Wesen im Gewitter bezogen habe, so möchte
ich jetzt diese Wirkung noch verallgemeinern, dass der Blitz
ebenso wie der Wind (s. Wind „singt") sowohl den voran-
gehenden Aufruhr in der Natur zu stillen, als vice versa ihn
zu mehren oder zu erregen schien und demgemäss in dieser
doppelten Beziehung auftritt. An die erstere Art schliesse ich jetzt
noch eine Stelle aus Claudian de raptu Proserpinae II. 229.

Missaque paene foret, ni Juppiter aethere vulso
Pacificas rubri misisset fulminis alas.

Damit kommen wir gleichzeitig auch
8. zum geflügelten Blitz.

Seht ihr den neuen Zeugen des Nahen, den fliegenden Strahl?
Klopstock, Frühlingsfeier.

cf. Lucr. VI. 382, der ihn volans ignis nennt. Vergl. auch des
Soph. Διὸς πτερωτὸς βροντή (Oed. Col. 1460) und den κεραυνός

---

[1]) Auch Grimm (Wörterb.) führt das Subst. „Blitzknote" an und
sagt dazu „Winkel, in welchem sich das Zickzack des Blitzes bildet."

als πτεροφόρον Διὸς βέλος. Arist. Aves 1712. cf. Ursprung. S. 107.

9. Blitz als Pfeil (oder als dahin schiessender Fisch).

Wer schwingt sich
Durch deine Tiefen, o Schöpfer? Vertraut euch den Flügeln
der Winde,
Ruht auf den Pfeilen des Blitzes.

Chr. Ew. v. Kleist. Frühling. S. 34.

Denn Gottes Rechte röthet
Den Flammenpfeil.

Friedr. Leop. Graf z. Stolberg bei Pütz. Deutsches Lesebuch.
Koblenz 1846. S. 320 f.

Dem entsprechend redet Quint. Smyrn. von dem πυριγλώχιν ὀϊστός.

Als Pfeil tritt der Blitz dann mit dem Regenbogen in Beziehung; s. u. A. des Regenbogengottes Apollo Pfeil, der im Winter bei den Hyperboreern verborgen, beim Schiessen von selbst in seine Hand zurückkehrt u. s. w. (s. Urspr. d. M.) vergl. die im Urspr. d. M. unter „Pfeil" citirten Stellen, welche die reiche Entwicklung dieses mythischen Elementes zeigen.

An diese Vorstellung reiht sich der Blitz als dahin schiessender Fisch (Delphin). Aus einem dahin schiessenden Pfeil wird ein dahin schiessender Fisch, sobald man von den himmlischen Wassern ausging. Ich habe diese Vorstellung von den sich hieraus entwickelnden himmlischen Fischgottheiten (im Anschluss an den das Himmelsfeuer verschluckenden und im Gewitter verfolgten Fisch) in C. VI. des Urspr. bei Indogermanen wie Finnen, Aegyptern und Phöniziern verfolgt, kann aber jetzt zur Parallele des Blitzes mit dem Delphin im obigen Sinne speciell noch eine Stelle zur Bestätigung des von mir behaupteten Zusammenhangs beibringen: „Der Delphin schoss," heisst es bei Armand (Bis in die Wildniss. II. Aufl. Breslau 1863. I. S. 94) „wie ein leuchtender Blitz hin und her (also so recht wie im Zickzack) um das Schiff." Weiter heisst es dann noch, das Bild, wenn auch etwas modificirt, ausführend: „Der Delphin zeigt alle die bunten, schillernden Farben des Regenbogens, wenn er durch den wogenden Wasserspiegel, mit glänzender Farbenpracht

übergossen, blitzend hervorbricht" u. s. w. Seine Schnelligkeit heben auch die Alten besonders hervor und vergleichen
ihn ganz analog dem obigen Bilde einem fliegenden Pfeile.
Plin. Hist. nat. 9, 8. 7.
Doch kehren wir zu den Waffen zurück, so erscheint
10. der Blitz als Lanze.
    „(Du) siehst des Blitzes flücht'ge Lanze."
        Menzel, Gesänge der Völker. Leipzig 1851. S. 69.
Im Gedicht „Festlied" feiert Rückert ferner „den Herrn
des Himmels" als den „Herrn mit den blitzenden Speeren
und den donnernden Rossen." Pindar giebt Zeus das Beiwort
ἐγχεικέραυνος, Nonn. Dion. 2, 212 nennt den Blitz geradezu
σελαςφόρον ἔγχος Ὀλύμπου; II. 480 heisst es vom Zeus καὶ
στεροπὴν δόρυ πάλλε.

Dem entsprechend führt Indras einen zauberhaften Speer,
welcher nie fehlt und stets von selbst in seine Hand zu-
zückkehrt, wie Thors Blitzhammer Miölnir (s. Donnerhammer
und Blitz als Kreuz) und Apollo's Blitzpfeil (s. Urspr. 105 f.).
Hieran schliessen sich speciell noch die lanzenschwin-
genden Blitzwesen Athene, Ares (Mars), Giganten und
dergl. mehr, wie auch die öfter auftretende Verehrung einer
einfachen Lanze offenbar als Substitut der Blitzlanze anzusehen (s. weiter unten Blitz als „Schwert"). Preller, indem er
von des Ares Speer spricht, verweist auf die Stelle Callim.
Del. 139, wo Ares mit seinem Speer an den Schild schlägt,
dass ganz Thessalien erbebt, und fährt unter Hinweis auf Verg.
Aen. 12, 332 fort: „wahrscheinlich eine herkömmliche Ceremonie
bei Eröffnung des Krieges in Rom." Die erwähnte Stelle
aus Callimachus zeigt uns den alten Gewittergott noch deutlich, wie er den Sonnenschild mit der Blitzlanze schlägt.

Ὑψόθε δ' ἐσμαράγησε καὶ ἀσπίδα τύψεν ἀκωκῇ
Δούρατος· ἡ δ' ἐλέλιξεν ἐνόπλιον. ἔτρεμε δ' ὅσσης
Οὔρεα καὶ πεδίον Κρανώνιον, αἵ τε δυσαεῖς
Ἐσχατιαὶ Πίνδοιο· φόβῳ δ' ὠρχήσατο πᾶσα
Θεσσαλίη· τοῖος γὰρ ἀπ' ἀσπίδος ἔβραχεν ἦχος.

Hier haben wir den Ausgangspunkt der kriegerischen
Waffentänze der Kureten, Salier u. s. w. in Mythe und Ge-

brauch, gleichzeitig auch der Ceremonie mit der Ankündigung eines Krieges in Nachahmung des Wurfs der feurigen blutigrothen Blitzlanze, mit dem dort oben der Kampf zu beginnen schien. Urspr. d. röm. Stammsage. S. 42. Poet. Naturansch. I. 200.

11. Blitz als Beil.

„Als wenn das Himmelsgewölbe zertrümmert würde und sich auf die zitternde Erde stürzte, rollte und krachte es in den düstern Wolken, und der Mörder sank auf seine Knie und beugte das Haupt unter dem flammenden Beil, das von der rächenden Hand dort oben geschwungen wurde." v. Winterfeld, die Zigeunertochter. Jena 1877. S. 82.

So stellt sich neben den Donnerhammer (s. das.) das Blitzbeil. „Schon im Ags. drischt der Donner mit einer feurigen Axt; Wodan haut bei der wilden Jagd sein Beil d. h. den Blitz in den Eichstamm. Auch Përahta schlägt einem habgierigen Wagner ihre Axt in den Rücken. s. Mannhardt in d. Zeitschr. f. d. D. Myth. 1855. S. 105, wo er noch hinzufügt, dass Aehnliches auch bei Hexen und weissen Frauen vorkommt.

Dem entsprechend wird der finnische Donnergott auch Beil-Herr genannt, bei den Griechen spaltet Prometheus dem Zeus das Haupt d. h. den Gewitterkopf mit dem Beil (Urspr. 103. 87). Apollon χρυσάωρ erscheint ebenso mit dem Beil wie mit goldenem Schwert ausgestattet (ebend.). Der Ζεὺς λαβρανδεύς führte ein Doppelbeil (denn auf karisch und lydisch hiess ein solches λάβρος). Gerhard, Griech. Myth. 1854. § 202. 1. Preller, Griech. Myth. I. 109.

12. Blitz als Schwert.

Bald ist der Tag in Nacht verkehrt,
Durchschnitten von der Blitze Schwert,
Da naht der Sturm und wühlt und gräbt u. s. w.
Kannegiesser, Deutsches Declamatorium. Leipzig 1842. II. S. 85.

Dem entsprechend führt u. A. die im Gewitter auftretende (schlangenfüssige), von den Sturmeshunden umheulte Hekate eine Fackel in der Rechten und ein colossales Schwert in der Linken. Urspr. S. 37. cf. S. 40. Bei den Finnen wurde der

7 *

leuchtende Blitz auch dem Blitzen des funkelnden Schwertes des Donnergottes Ukko zugeschrieben; s. ebend. 103. cf. 235. Das uralte eiserne Schwert der Scythen, von dem Her. 4, 62 berichtet und sagt: καὶ τοῦτ' ἐστὶ τοῦ Ἄρεος ἄγαλμα ist wohl auch nur das Substitut des Blitzschwertes als das des himmlischen Kämpfers. Jedenfalls gehört hierher der in der berühmten Abrenuntiatio neben Thunar und Woden stehende Saxnôt, von dem Grimm, M. S. 184 sagt: Sahsnôt ist wörtlich gladii consors, ensifer, wer anders als Zio oder Eor und der griechische Ares?" Vorher hatte Grimm übrigens schon Ἄρης und ἄορ (Schwert, Waffe) zusammengestellt und darin einen Hinweis auf einen Gott des Schwertes gefunden. Ueber Ἀπόλλων χρυσάωρ s. vorher und über das hin- und herfahrende Schwert der Cherubim s. Urspr. S. 282.

13. Blitz als Hammer (dröhnende Keule).

Diese Vorstellung tritt in dem Namen der Belemniten als Donnerhammer, Donneraxt, Strahlhammer hervor. Mannhardt, Germ. M. S. 109.

Einen solchen Hammer führt Indra und Thôr als Streithammer; auch von des Hephäst Händen wird er noch gelegentlich geworfen, während er dann typisch ihm als Schmiedegott angehört. (So wirft er ihn nach der Thetis, als er sie verfolgt und nicht erreichen kann. Urspr. S. 142. cf. 160.)

Der Streithammer hat übrigens dieselbe Eigenschaft wie Indra's Speer und Apollo's Blitzpfeil, nämlich immer in die Hand des Gottes von selbst zurückzukehren, s. unter „Blitz als Lanze."

„Mitunter", sagt Mannhardt G. M. S. 105 „tritt für den Hammer die Keule ein. Sie hat hundert Knoten und tausend Spitzen." (S. oben unter „Blitzzickzack".) Hier ist zunächst die Wurfkeule gemeint, wie sie in den walachischen und serbischen Märchen auftritt, dann jede Keule, Thors wie Herakles'. Ursprünglich dürfte sich diese Vorstellung aber an der himmlischen Lichtsäule entwickelt haben und dann erst wie des Hermes ῥάβδος und Anderes die Accidentien des Gewitters angenommen haben, s. meinen Aufsatz über den (rothen) Sonnenphallus in der Berl. Zeitschr. v. J. 1874.

14. Blitz als Kreuz.

In der Oberpfalz sagt man für Blitzen „einen Kreuz-
leuchter thun." Schönwerth II. S. 124. Kreuz-Donnerwetter
ist ein bekannter Fluch, ebenso von sich „kreuzenden" Blitzen
reden eine gewöhnliche Redensart. Ueber die Sache bemerkt
Mannhardt: „Unter den Zeichen der indischen Grammatiker für
den Visarga befindet sich vajrakṛtah d. h. Donnerkeilsform
in Gestalt eines aufrecht stehenden Kreuzes, gerade so
wie κεραύνιον bei Diogenes Laertius ein kritisches Zeichen
zur Andeutung verdorbener Stellen ist." (Germ. M. S. 105 f.)
Zu dieser aufrecht stehenden Kreuzform stellt sich die von
Thors Hammer, so dass das christliche Kreuzeszeichen
ohne Weiteres an das (hülfreiche) Hammerzeichen des alten
heidnischen Gottes treten konnte. Hiervon bringt Mannhardt
S. 109 als charakteristisches Zeugniss bei, „dass der christliche König Hakon Adalsteinfôstri, als er beim Vetrablôt
zu Hladir über das Trinkhorn ein Kreuz schlug, bei seinen
heidnischen Verwandten sich damit ausreden konnte, er mache
Thors Hammerzeichen." cf. Urspr. S. 219 und die das. citirten Stellen aus Grimms Myth.

Dies mit den sich kreuzenden Blitzen zusammenhängende
Kreuzeszeichen war fast über die ganze heidnische Welt
verbreitet. In Amerika tritt es höchst charakteristisch mit dem
Regengott in Verbindung, indem derselbe einen Mantel mit
rothen Kreuzen trägt. S. meine Bemerkungen darüber im
„Ausland" 1878. S. 175.

15. Blitz geschleudert.

Im Anschluss an die oben unter Wolke als „Fell" und
„Sturm reisst in den Wolken" angeführten Stellen aus Ovid
und Vergil über die Aegis und den Notus stehen folgende
Stellen:

> Jam satis terris nivis atque dirae
> Grandinis misit Pater et rubente
> Dextera sacras jaculatus arces
> Terruit urbes.   Hor. Od. 1, 2.

> Ipse Pater, media nimborum in nocte, corusca
> Fulmina molitur dextra.
>   Verg. Georg. I. 329 f.

Vasti quoque rector Olympi
Qui fera terribili jaculatur fulmina dextra.

Ovid. Metam. 2, 60.

cf. Hesiod. Theog. 690 κεραυνοί — ποτέοντο χειρὸς ἄπο στι-
βαρῆς.

Zwei Momente secundärer Art haben sich an derartigen
Bildern entwickelt. Erstens zeitigt die Vorstellung, dass das
betr. Gewitterwesen mit seiner Rechten speciell so schrecklich
wirke, den Glauben, dass in ihr seine Macht beruhe, und
schliesst daraus allerhand mythische Züge, die sich bei den
Deutschen bis zur Einhändigkeit des Gewittergottes Tyr (s.
Blitz als Schwert) steigerten. Ursp. S. 245.

Zweitens erscheint die rothe Rechte[1]) im deutschen Aberglauben als blutige Hand (welche die Sonnenspindel im Gewitter schleudert). Schwartz, Heut. Volksgl. u. s. w. II. Aufl.
1862. S. 96. Merkwürdiger Weise tritt auch in Amerika, wie
das rothe Gewitterkreuz (s. vorher Blitz = Kreuz), so auch
die „rothe“ Hand vielfach als Symbol und speciell in Yukatan
beim Gott Kabul auf, dem Gott der schaffenden Hand, wie
Müller in s. Gesch. d. amerik. Urreligionen. Basel 1855. S. 475
anführt. Das Letztere würde sich insofern mit den betr. Natur-
kreisen vermitteln können, als im Gewitter zwar die alte Welt
untergeht, aber auch eine neue geschaffen wird.

**16. Blitz als feuriges Geringel — Haar (ver-
wirrtes).**

— ἕλικες δ' ἐκλάμπουσι
Στεροπῆς ζάπυροι.

Aesch. Prom. 1064.

πρὸς ταῦτ' ἐπ' ἐμοὶ ῥιπτέσθω μὲν
πυρὸς ἀμφήκης βόστρυχος.

ebendas. v. 1024 f.

cf. den πυρσὸς ἕλιξ des Nonnus unter „Blitzzickzack“.

---

[1]) In Parallele zu der rubens dextra cet. treten Stellen, wie die
bei Horaz carm. I. 34, wo es heisst: „Diespiter igni corusco nubila
dividens.“ Wie hier die blitzwerfende Hand roth erscheint, so wird
auch die Donnertrommel als roth (s. das.) geschildert, wie auch oben
eine rothe Gewitterschlange erwähnt wurde.

Ein riesengrosser Säemann,
Durchschreitet das erschrockne Land,
Um seiner Schultern breite Kraft
Den dunklen Mantel weit gespannt.

Hin wallt des Hauptes wirres Haar,
Die Augen funkeln jähe Gluth,
Sein Odem schnaubt weit durch das Thal,
Sein Fuss zertritt den Wald voll Wuth.   Rückert.

Dieses himmlische feurige Haar berührt sich mit den Sonnenstrahlen als Haar, wie auch ein directer Uebergang von diesen in das Blitzgeringel ähnliche Parallelen für sich hat. Schliesst sich an die Sonnenhaare mehr der Sif (und der weissen Frau) goldiges Haar, wie Apollon ἀκερσοκόμης und Simson, so weist auf die Gewitterscenerie hin, wenn Thor das Wetterleuchten durch das Blasen in seinen rothen Bart erzeugen sollte, wozu sich auch wohl Indra's goldener Bart stellt. Urspr. 144 f. Poet. Nat. I. 220. cf. 130, über das Letztere Mannhardt, Germ. Myth. 124 f.

Zu dem Begriff der „wirren" Haare stellen sich unter Einfügung des Schlangenelements der Eumeniden „züngelnde Schlangenhaare", sowie dass Elbe und Mahrten die Haare verfilzen, woran sich dann der sogen. Weichsel- d. h. Wichtel-Zopf reiht, s. Ursp. 253. Auch was Mannhardt G. M. S. 261 vom Hollezopf, Märenzopf u. s. w. berichtet, gehört hierher.

Das Blitzgeringel als einzelne Haare gefasst, tritt auf in der Sage vom goldenen oder purpurnen Haar des Nisus, von dem man zu Megara als eine Art Palladium erzählte, wie zu Tegea von der ehernen Locke der Gorgo (Urspr. S. 63. 143 f.), ebenso im deutschen Märchen vom Jüngling, welcher dem Teufel seine drei goldenen Haare ausziehen soll, wie ich auch auf den „dreihaarigen" Kerl als Bild eines „Teufelskerls" (im Anschluss an das trisulcum fulmen) Urspr. S. 227 hingewiesen habe.

Von den betr. Märchen und der analogen Sage vom Thörkill, der dem Riesen Utgardloki drei Haare ausreissen will, handelt auch schon Mannhardt, Germ. M. S. 203 f. ausführlich, obgleich ihm die entwickelte Bedeutung der „Haare" dort noch entgeht.

**17. Blitz = Faden; Seil; glühender Streif; Weg;
Furche; glänzender Fuss von Menschen und Thieren (Ausschlagen von Rossen und dergl.).**

> O schlängle dich, du Wetterstrahl,
> Herab ein Faden mir
> Der aus dem Labyrinth der Qual u. s. w.
>
> Lenau I. S. 15.

„Schwarze Finsterniss lag auf dem weiten Graslande,
da zuckte der erste Blitz, wie ein glühender, zackiger
Bandstreif über die Erde." Armand, Frontierleben. Leipzig
1868. S. 47.

Hier schliesst sich an u. A. der Faden, an dem Theseus
im Labyrinth der Wolken zum Lager des Himmelsstieres
gelangt, Urspr. S. 100, ferner das Seil, mit welchem die griechischen Götter sowie der Fenriswolf gefesselt werden, dann die
goldene, zauberhafte Kette, an der Zeus im Homer die Götter
zu einer Art Tauziehen auffordert, wie Hackelberg den Bauer;
endlich die Fesseln, mit welchen Aeolos die Winde fesselt, den
Windsack des Odysseus zubindet u. dgl. m. Urspr. d. M. S. 151
und oben unter „Winde gefesselt". Heutig. Volksgl. S. 29. 71.

An den Faden reiht sich ferner, wenn Vergil Aen. 8, 391
den Blitz eine ignea rima nennt; und wenn er weiter dann
von ihm sagt, percurrit nimbos, so streift das wieder an die
oben erwähnte Redensart des Agricola „das Blaue, das vor
dem Donner herläuft" (s. Blitz als dahin huschendes Thier),
sowie an die auch schon daselbst herangezogene Vorstellung
sowohl kleiner im Blitz dahin huschender Wesen als auch speciell
sichtbar werdender glänzender Füsse von menschenartigen
wie thierartigen himmlischen Wesen. Thetis ἀργυρόπεζα; Hera
χρυσοπέδιλος; Demeter φοινικόπεζα; Erinnys χαλκόπους;
die erzhufigen Donnerrosse und brüllenden Gewitterstiere.
Urspr. S. 166 f. Heutiger Volksgl. 41 f. 101. cf. 47. 128 ff.

Die letzteren Momente ziehen noch das Sprühen des
Blitzes hinein (s. Blitz = Feuersprühen).

Den sprühenden Blitz fasst man z. B. in der Oberpfalz
so, dass die Rosse, welche U. L. Frau im Himmel spazieren
fahren, mit ihren Hufen an einen Stein schlagen. Schönwerth,
S. 123. Demgemäss schreiben die sibirischen Völker den Blitz

ganz allgemein dem Ausschlagen eines himmlischen Pferdes zu, den Donner dem Dröhnen seiner Hufe (s. Donnergalopp), wie auch der finnische Hiisi, der böse, teuflische Wettergott, ein Ross reitet, das Feuer aus Maul und Nüstern sprüht und dessen Hufe aus Stahl sind (Urspr. S. 166). Dem entsprechend hat der Donnerstier (der himmlische Reitochse) bei den Buräten silberne Füsse (s. Donner brüllt), die Rosse des Donnergotts Zeus sind χαλκόποδ' ἵππω wie die des Sturmesgotts Poseidon (Hom. Il. 8, 41. 13, 23), was die Commentatoren schon seit Eustathius sich vergeblich bemühen künstlich zu erklären und mit der Schnelligkeit der Rosse zu vermitteln; sowie dass Poseidon mit ihnen leicht selbst über das Meer hinfährt. Derartig sind auch die erzhufigen Stiere, welche Jason anschirrt u. s. w. Am phantastischsten zeigen die ungarischen Märchen solche selbst Feuer saufenden Rosse ausgestattet. — Der Hufschlag des Rosses weckt übrigens den Regenquell. s. Blitz weckt Quelle.

An die Vorstellung des Blitzes als ignea rima reihe ich auch noch die eines oder mehrerer himmlischer Wege.

Vom Apoll sagt Quintus Smyrn. 9, 291 ff.:

καὶ τότε δὴ Τρώεσσιν ἀρηγέμεναι μενεαίνων
ἔκθορεν Οὐλύμποιο καλυψάμενος νεφέεσσι
Λητοΐδης· τὸν δ' αἶψα θοαὶ φορέεσκον ἄελλαι
τεύχεσι χρυσείοισι κεκασμένον· ἀμφὶ δὲ μακραὶ
μάρμαιρον κατιόντος ἴσον στεροπῆσι κέλευθοι.

Grimm hat schon von den himmlischen Strassen gehandelt. Verknüpft man damit die Vorstellung der sich kreuzenden Blitze, so hat man den Ursprung des Glaubens, dass Hekate und überhaupt bei den Indogermanen böse Geister an Kreuzwegen ihr Wesen trieben und dergl., worauf ich schon Heut. Volksgl. S. 46 cf. 41 aufmerksam gemacht. Es übertrug und localisirte sich um so leichter bei den Kreuzwegen auf der Erde, als dort leicht eine gewisse Unsicherheit den wandernden Menschen beschlich und er ev. leicht glauben konnte, in die Irre geführt zu sein.

Die Anschauung des Blitzes als ignea rima erhält noch eine secundäre Bedeutung, wenn man die Blitze die Wolken durchfurchen lässt. „Manchmal sieht man den Blitz aus einer Wolke hervorbrechen und den Himmel weithin durchfurchen." (Reimann, Naturleben u. s. w. S. 155). In übertragener Bedeutung bei Grimm, Wörterb. unter „blitzdurchfurcht" „mit blitzdurchfurchter Stirne". Schubert Ged.

Hält man hierzu die Vorstellung „das Gewitter zieht herum" und dass ferner dort oben namentlich mit Stieren agirt zu werden schien, so wird man, wie man bei anderer Auffassung der fallenden Blitze und des Regenbogens an Säen und Mähen dachte (s. Urspr. d. M.), so hierbei auf ein Pflügen im herumziehenden, den Himmel durchfurchenden Gewitter geführt. Dies ist in finnischer Sage das Pflügen des Schlangenfeldes von Seiten Ilmarinens mit feuerschnaubenden Rossen, wie in griechischer das des Jason mit den analogen Gewitterstieren u. s. w. s. Urspr. d. M. 188. 211. 240. 245.

Auch in Gebräuchen reflectirt dieses Bild. Ich beziehe nämlich hierher den auf Romulus zurückgeführten römischen Gebrauch des Umpflügens der Stadt als heilbringende Nachahmung der oben bei der Wolkenstadt angeblich vor sich gehenden Action. Führte man doch dies weiter fort in der Nachahmung des ewigen (Sonnen-)Feuers im Vesta-Dienst oder in anderer Fassung der streitbaren Sonnenjungfrau als des schützenden Palladiums und dergl. mehr.

Auch in Athen scheint übrigens ein ähnlicher Gebrauch gewesen zu sein, nur anders gewandt, nämlich das sogen. heilige Pflügen. Plut. praec. conj. 42 Ἀθηναῖοι τρεῖς ἀρότους ἱεροὺς ἄγουσι κτλ. cf. Preller, Gr. M. I. S. 163. Anm.

18. Blitz als Ader.

> Der Himmel donnert seinen Hader;
> Auf seiner dunklen Stirne glüht
> Der Blitz hervor, die Zornesader,
> Die Schrecken auf die Erde sprüht.　　Lenau I. S. 135.

cf. die Ader des Talos. Urspr. S. 109. 141.

19. Blitz als Kugel (geworfener Apfel).

„In der Nähe gesehen erscheint der Blitz gleich einer feurigen Kugel." Reimann, das Naturleben des Vaterlandes. Berlin 1854. S. 155.

„Da schmetterte himmlisches Feuer krachend plötzlich vor
ihnen, gleich einer ungeheuren Kugel nieder." Kähler, Natur-
kunde (Oltrogge, Deutsches Lesebuch. Hannover 1861. S. 224).
Auf dieses mythische Element hatte ich schon Heut. Volksgl.
34. 44 f. 101 aufmerksam gemacht und es dann im Urspr. unter
den mannigfachsten Formen als rollenden Apfel (Eris), Knäul
und dergl. verfolgt, s. Index unter Blitztropfen. Im rollenden
Donner baut sich die Vorstellung einer Kugel dann weiter aus.
S. Donner rollt.

20. Blitz als (fliegende, rollende) Scheibe, Rad (Hämmern an demselben).

Wie Homer Il. 15, 155 f. es im Allgemeinen heisst: ἄνεμος
φέρει πῦρ εἰλυφόων, wir auch in diesem Falle wohl sagen „der
Wind wirbelt ordentlich das Feuer," heisst es bei Hes. Th.
690 ff. vom Blitzfeuer οἱ δὲ κεραυνοὶ — ποτέοντο — ἱερὴν
φλόγα εἰλυφόωντες. cf. Lucr. 6, 202 venti rotant flammam
fornacibus intus.

Im Dithmarsischen sagt man bei einem starken Gewitter:
„Nu faert de Olde all weder da bawen unn haut mit sen Ex
anne Râd." Denn aus den Funken, die (beim Hämmern am
„gebrochenen" Donnerwagen) herausfliegen, entsteht der Blitz!
Ich habe im Anschluss hieran im Heut. Volksgl. S. 41 ff. eine
ganze Klasse von Mythen erklärt und später dann auch den
Phaethon-Mythos als dorthin gehörig nachgewiesen (vergl. Fleckeisen und Masius. 1876. S. 376), desgl. in Poet. Naturansch. I. 98
von den in allerhand Gebräuchen stattfindenden Nachahmungen
der angeblich herabrollenden Gewitterräder gehandelt. Vergl.
auch Kuhn, Herabk. d. F. die im Index unter „Rad" citirten
Stellen und meinen Aufsatz zur prähistorischen Mythologie in
der Berl. Zeitschr. f. Ethnologie v. J. 1879.

Wie die Gewitterthiere eherne Füsse bekommen, erhält
der Donner auch eherne Räder.

Jetzt aufflammte der Blitz und zerriss, von Osten bis Westen
Strahlend, die finstre Wolkennacht; der furchtbare Donner
Rollt auf ehernen Rädern ihm nach und krachte zum Abgrund
Dumpf und dumpfer hinab, an des Himmels dröhnendem
Rand hin.
Pyrker, Tunisias. Stuttgart 1855. S. 291.

Hierher gehören auch die feurigen Räder in der Vision des Hesekiel, welche hin- und herliefen wie der Blitz. Urspr. S. 282.

21. Blitz als (rothes) Auge.

„Nieder der Blitz sich reisst,
Und sein rothes Auge glühend“ u. s. w.

Tieck b. Grube S. 37.

So sagt auch Rückert vom Gewitter:

„Die Augen funkeln jähe Glut.“

Grube. S. 23.

vergl. Pyrker. Rudolf v. Habsburg. Stuttgart 1855. S. 160:

Finster umhüllte noch das Gewölk den nächtigen Himmel,
Noch aufriss der entfliehende Blitz zuweilen die Lider
Zürnend und sah mit feurigem Blick aus Osten herüber.

Ebenso spricht Aesch. Prom. 650 von dem $\pi v \varrho \omega \pi \grave{o} \varsigma$ $\grave{\epsilon} \varkappa$ $\varDelta \iota \grave{o} \varsigma$ $\varkappa \epsilon \varrho a v v \acute{o} \varsigma$.

Hier, glaube ich, ist die Wurzel des fast über die ganze Erde verbreiteten Aberglaubens von dem Zauber des „bösen“ Auges.

Auch die Wetterhexen erscheinen mit rothen, triefenden Augen und fliegenden Haaren und documentiren sich auch hier als rechte (böse) Sturmeswesen. (Heut. Volksgl. S. 49.) Analog ist, wenn auch in Amerika der Blitz als vom funkelnden Auge des Gewittervogels ausgehend gedacht wurde. Urspr. 226. 212. 209. Vergl. Kuhn, Herabk. d. Feuers. S. 29. — Ueber die Roth- und Triefäugigkeit der Hexen s. Grimm, Abergl. 787. Rochholz, Schweizersagen I. S. 82 f. II. 182. Curtze, Volksüberlieferungen aus dem Fürstenthum Waldeck. Arolsen 1860. S. 387. Wenn Rochholz es a. a. O. als eine blosse Erniedrigung des feurigen Blicks der Götter erklärt, so kann ich dem nicht beistimmen. Es ist eine ebenso selbstständige, rohe, neben jener bestehende Anschauung, nämlich die böser Augen neben den guten Sonnen-, Mond- und Sternenaugen. Auch das Triefäugige, was so stereotyp auftritt, dürfte sich vielleicht noch specieller an die Natur anlehnen, indem der Regen auch sonst als Thränen, Speichel, Schweiss gefasst wurde. So weint die Windin (Windsbraut) nach Schönwerth II. 106. Wenn die Sonne im Regen scheint, „prügelt der Teufel sein Weib“ (wahrscheinlich wohl, weil sie

im Regen zu weinen schien) und die Schwiegermutter lacht
dazu (was ursprünglich, wie ich meine, die Gewitterscenerie hineinziehen und auf das Donnerlachen gehen dürfte). Schönwerth II. 128. Andrerseits schützt Ausspeien vor den (Wetter-)
Hexen nach deutschem wie slavischem Glauben (ein Moment
des Gewitters tritt oft dem andern averrucirend gegenüber), wie
in anderer Weise das griech. πόππυσμα sich ähnlich an Blitz
und Donner anschliesst. Urspr. 198. — Vom Schweiss des
Teufels leiteten die Priscillianer den Regen ab, wie den Donner
von seinem Brüllen. Grimm, M. 952.

Auch die mythische Eule und Katze mit ihren funkelnden Augen gehört hierher. s. Urspr. d. M. im Index unter Eule
und Katze.

22. Blitz als Ruthe.

Mächtig zürnt der Himmel in Gewittern

— — — — — — — — — — — — —

Und mit seiner Blitze Flammenruthen
Peitscht er schneller die beschäumten Fluthen u. s. w.

Lenau. S. 154.

Reiches mythisches Element: Zauberstab, Wünschelruthe,
Stab des Hermes, des Hades, Thyrsosstab, Scepter des Zeus,
goldner Stab des amerik. Tlaloc, eiserne Blitzruthe, Ruthe des
Nix u. s. w. Auch der Haken des Wassermanns und der Dreizack des Poseidon schliesst sich hier und dem Folgenden an.
s. Ursprung d. M. im Index.

23. Blitz als Gabel, Garbe, Dreizack.

Blitz als „gabelförmig" wird als öfter wiederkehrende
Form besprochen und erklärt bei Mary Sommerville, Physical
Geogr. aus d. Engl. v. Barth. Leipzig 1851. II. S. 84. Daran
reiht sich der Blitz als Garbe und Aehre. „In der Schweiz
heisst eine aus der Wetterwolke büschelweise hervorbrechende
Blitzentladung „Garbe"; — „sie schiesset Garbe;" „es
schiesst Aehre." Rochholz, Naturm. S. 283.

Entsprechend den vorhin behandelten Vorstellungen vom
Zickzack, Hammer, aufrecht stehenden Kreuz beim Blitz,
wurde er besonders häufig als Dreizack gefasst (fulmen trisulcum), so nicht bloss in der Hand des Poseidon, sondern
auch des Aeolos (s. Wind gefesselt). s. Urspr. 127. 165. 170.

Poet. Nat. I. 21. 40. 42 f. 77. 185. 199. 267. Auch der Lituusstab in der Hand des Janus und der Augurn dürfte ursprünglich hierhergehören, in der Form stellt er sich zu dem hakenförmigen Stab des deutschen Wassermanns, den dieser führt, wie Poseidon den Dreizack.

24. Blitz als Geissel, Peitsche, vergl. auch unter „Regen" (der Regen (ev. der Wind) peitscht den Boden).

> Der Sturm ein wackrer Rossknecht,
> Sein muntres Liedel singend,
> Dass sich die Heerde tummle recht
> Des Blitzes Geissel schwingend.
>
> Lenau b. Grube. S. 230.

Nach einer preussischen Volkssage erscheint der Blitz als eine blaue Peitsche (gewöhnliche Farbe des Blitzes). Grimm, M. S. 162. Urspr. d. Myth. S. 62. Dies ist die χειμερίη μάστιξ des Zeus, die Sturmesgeissel bei Nonn. Dion. 37, 397 ff. (vergl. die μάστις κακή desselben Gottes bei Homer, wo sie meist freilich schon bildlich geworden). Ebenso führt Indra eine goldene Geissel auf seinem Wolkenwagen. Mannhardt, Germ. M. 120.

Wie nach dem Glauben der Kalmücken der Gewitterdrache gegeisselt wird (s. Blitz als Schlange), so peitscht Zeus den Typhoeus, wenn er zürnt, Hom. Il. II. 781 f. cf. Hesiod Theog. v. 858. — αὐτὸς ἐπεὶ δή μιν δάμασε πληγῆσιν ἱμάσσας, ἤριπε γυιωθείς, wo auch die hervorgehobene Lähmung die Beziehung zum Blitz noch markirt. Ueber sonstiges Vorkommen dieses mythischen Elements vergl. Urspr. d. Myth. 12. 33. 62. 97. 119 ff. 161. 225. 260. 261.

Gleichfalls aus dem angezogenen Naturelement stammt es übrigens, wenn das Peitschen einer Quelle, Sees u. s. w. mit Ruthen Regen erzeugen sollte. Es ist wieder die gewöhnliche irdische Reproduction eines am Himmel geglaubten Vorgangs, indem man einen Causalnexus dort oben zwischen dem Peitschen mit den Blitzruthen und dem Regen annahm und so nachahmte. s. Urspr. d. M. unter Regenzauber und meinen Aufsatz in d. Berl. Zeitschr. f. Ethnol. v. J. 1875 über den „Ursprung der Gebräuche der Urzeit."

25. Blitz als Leiter.

Mit dir versank das Eiland Glück:
Doch Blitz, auf Flammenleitern,
Strahlt goldengrün sein Glüh'n zurück,
Mich segnend noch im Scheitern.

„Der Segenstern" v. Georg Pertz.

Diese Anschauung vermuthet Mannhardt und möchte sie
in ein Märchen einfügen, Germ. M. S. 341 vergl. Poet. N. I. 188.

26. Blitz als Schrift.

„Ein goldener Strahl zuckte durch die schwarze Wolke
wie einige räthselvolle Buchstaben" u. s. w. Reimann S. 151.
„Es ist beinahe, als verstände der Bube die Sprache des
Donners und läse die Schrift der Blitze." Mailath, Magyarische Sagen. S. 43.

27. Blitz als Fackel.

„Die Fackel des Blitzes ist ausgelöscht und die zornige Stimme des Donners verstummt." James, Waidmann.
Stuttg. 1852. I. S. 293.

Nach der rohen Auffassung der Kamtschadalen entsteht
der Blitz, indem im Himmel dann Winter sei, und die
Geister (ganz nach kamtschadalischer Art) dann Feuerbrände aus den Rauchlöchern ihrer Jurten würfen, wovon
der Schein auf die Erde falle. Meiners, Göttinger Histor.
Magazin. Hannover 1787. I. S. 122. Entsprechend ahmt der
Frevler Salmoneus den Blitz nach βαλὼν εἰς οὐρανὸν αἰθο-
μένας λαμπάδας (s. Donner = Gekessel).

Hierzu stellt sich die Fackel in den Händen der Hekate,
der Demeter, in den Mythen und Culten des Hephäst und der
Athene. Urspr. 37. In gewisse Beziehung tritt auch der Feuer-
raub des Prometheus, s. „Windsbraut entführt das Sonnenlicht."
So heisst geradezu der κεραυνός — πυρφόρος. Pind. N. 10,
116. Aesch. Sept. 426 f. Soph. O. C. 1658. cf. das πυρφόρον
ἔγχος Arist. Av. 1745.

28. Blitz = Feuersprühen.

„Und Blitze sprüh'n im Donner, und Regen prasselt nieder."

Hamerling, Ahasver in Rom. Hamburg 1873. S. 228.

Wenn es blitzt, sagt man zu Neuhammer „St. Peter
schlägt im Himmel an Stahl und Stein Feuer, den Kochofen

U. L. Frauen zu heizen." Schönwerth, II. S. 123. Am Thuner See wird, wenn es blitzt oder wetterleuchtet, dasselbe vom Teufel gesagt. Ruge in Wolf's Zeitschr. für D. Myth. 4, 4. Im Innthal sagt man, Gabriel, Rafael und unser Herr Gott schlagen Feuer. Zingerle, Sitten und Gebr. No. 604.

Entsprechend heisst es bei den Finnen: ukko iske tulta, valkiata „es blitzt", eigentlich „Ukko schlägt Feuer an." Castrén, Finnische Myth. Petersburg 1853. S. 40.

Hierzu stellt sich das „Ausschlagen" der Donnerrosse im Blitz s. vorher „Blitz als Faden", das sprühende Hämmern an den zerbrochenen Donnerrädern, s. vorher „Blitz als Scheibe." Ebenso schliesst sich hier an:

der Blitz athmet Feuer (feuerschnaubende Rosse, Stiere, Drachen u. s. w.).

καταιβάτης κεραυνὸς ἐκπνέων φλόγα.
Aesch. Prom. 360.

— τινάσσων (Ζεὺς) πυρπνόον βέλος
ebend. 897.

29. Blitz als Feuerstrom.

Bald bricht der Blitz aus ihrem Schoss (der Wolken)
In rothen Feuerströmen los.
Reithard bei Grube. S. 21.

„Er schlängelt sich gleich einem Feuerbache" s. unter Blitz als „Schlange" und Blitz als „rothe Schlange."

„Der Himmel war ein Flammenmeer, es war heller wie am Tage, selbst die Flamme auf dem Herde erblasste vor dem gewaltigen Licht- und Feuerstrom, der das ganze Haus einen Augenblick erhellte." „Gottes Fügung" v. Rellstab in Trowitzsch Volkskal. v. J. 1857. S. 92.

„Da sah ich einen ganzen Strom aus der Luft herabkommen, ungefähr ebenso, wie ich schon einen Löffel voll brennenden Pechs ausschöpfen sah, nur zehnmal schneller; er traf die Ecke des Dachs, und in einem Augenblick waren alle Schieferplatten wie Spreu auseinander geflogen und dann schlug an der Stelle die Flamme empor." — James „der Ueberwiesene." Stuttg. 1847. S. 623 f.

„Da fuhr ein Blitz, an Breite dem stürzenden Waldstrom Aehnlich, zwischen beiden herab" u. s. w.
Pyrker, Rud. v. Habsburg. Stuttg. 1855. S. 139.

Mit dem Obigen haben wir den griechischen Pyriphlegethon als Höllenfluss, wie die ganze Scenerie vom Schwefelpfuhl, den Strafen der Verbrecher an feurigen Rädern und dergl., wie sie schon Lucian schildert und das christliche Mittelalter sie dann übernommen hat, sich überhaupt am Gewitterhimmel entfaltet hat. Im Gewitter glaubte man nämlich die ganze Hölle losgelassen und am Horizont aus der Unterwelt, wo man sie im Uebrigen localisirte, heraufkommend, wie auch die sogen. vielbesprochenen und mystisch gedeuteten chthonischen Gottheiten der Griechen nichts anderes sind als solche am Himmel heraufziehenden Gewitterwesen (Hekate, Erinnyen, Hades u. s. w.), desgl. die heraufkommenden röm. Manen. S. Urspr. d. Myth. S. 13. cf. den Index unter „Unterwelt".

30. Blitz schweflig.

Homer Od. XIV. 305 sqq.:

Ζεὺς ἄμυδις βρόντησε καὶ ἔμβαλε νηῒ κεραυνόν·
ἡ δ᾽ ἐλελίχθη πᾶσα, Διὸς πληγεῖσα κεραυνῷ,
ἐν δὲ θεείου πλῆτο·

Lucrez VI. 221 sqq.:

Quod superest, quali natura praedita constent
Fulmina, declarant ictus, et inusta vapore
Signa, notaeque graves halantes sulfuris auras.

Ein vielfach bei Griechen wie Deutschen in den Sagen gedeutetes Moment, welches z. B. die Keule, die der wilde Jäger im Blitz wirft, als stinkend erscheinen lässt. Dann verbindet es sich mit der Vorstellung des Donners als πορδή. s. daselbst. Vergl. Urspr. d. Myth. die stymphalischen Vögel beim Phineus und dergl. bis zum Gestank, der im Mittelalter das Erscheinen des Gewitterteufels begleitet.

31. Blitz weckt Quelle. s. Donnergalopp und Blitz = Ausschlagen eines Rosses.

φασὶ τὸν Ἡρακλέα δίψει ποτὲ κατασχεθέντα εὔξασθαι τῷ
Διῒ πατρὶ ἐπιδεῖξαι αὐτῷ μικρὰν λιβάδα. ὁ δὲ μὴ θέλων αὐτὸν
κατατρύχεσθαι, ῥίψας κεραυνὸν ἀνέδωκε μικρὰν λιβάδα, ἣν
θεασάμενος ὁ Ἡρακλῆς καὶ σκάψας εἰς τὸ πλουσιώτερον ἐποίησε
φέρεσθαι. Schol. zu Hom. Il. XX. V. 74. Dies war der Skamander und J. Grimm M. S. 207 vergleicht ihm den Pholes-

brunno = **Baldersbrunnen** und weist auf den nordischen
Mythos hin, nach welchem Balder seinem lechzenden Heere
in der Hitze der Schlacht einen Brunnen schuf. Dasselbe
wurde dann mit der bekannten mythischen Verschiebung (s.
Heut. Volksgl.) auf Karl d. Grossen übertragen. Dass der
Hufschlag des Pferdes dabei die Hauptrolle spielt, zeigt, dass
auch des Pegasos Hufschlag die Quelle Hippokrene hervorge-
rufen haben sollte; es ist der schon oben erwähnte sprühende
Blitzausschlag des Donnerrosses. Urspr. S. 166. cf. weiter unten
„Donnergalopp".

Ebendarauf habe ich schon Poet. Natur. S. 130 bezogen,
wenn der Herr Zebaoth einen Zahn in dem Eselskinnbacken
sollte gespalten und daraus einen Quell haben hervorgehen lassen,
um den durstenden Simson zu erquicken. (Ueber den im Gewitter leuchtenden „Zahn" und „Kinnbacken" s. auch oben Blitz
= Wetzen eines weissen Zahnes resp. weisszahnigen
Thieres.)

32. Blitzgeburt (vergl. Wolke „schwanger." „Windsbraut
als Hebeamme" „Donnerschwanger" „Gewittergeburt", vergl.
auch Sturm = Wiegen).

Fulmina gignier e crassis alteque putandum est
Nubibus exstructis. Lucrez 6, 245.

„Tiefer sank das Wettergewölk: ein flammender Blitzstrahl
Zuckt' aus seinem Schoss vor dem Heere herunter."
Pyrker, Stuttg. 1855. 2, 96.

κεραυνοὶ καὶ στεροπαὶ γεγάασιν ἀπ'
ὀμβροτόκων νεφελάων.
Nonnus D. 2, 450.

Vergl. was schon beigebracht unter „Wolke (gewitter-)
schwanger", ferner den in den Wolkenbergen ἐνδόμυχος
φλόξ = ἐνδόμυχος Ζεύς. Nonn. D. 2, 485 ff. 7, 347.
Wie oben der Blitz von den ὀμβροτόκων νεφελάων ent-
stammen sollte, sagt Nonnus 24, 55 geradezu dann auch im
Hinblick auf die himmlischen Wasser

ἐξ ὑδάτων γὰρ ἀστεροπὴ βλάστησε.

Springt der Blitzfunke aus dem Schoss der Wolke hervor
und wird von ihr geboren, oder sprosst er aus den himmlischen

Wassern, so wird er vom Winde gross gezogen, so sagt Nonn. Dion. 37, 79:

$$\dot{\alpha}νεμοτρεφὲς \ \dot{\alpha}λλόμενον \ πῦρ.$$

Andrerseits geht der Blitzgeburt das Stöhnen des Donners resp. des Sturmes voran, die betr. Vorstellung noch ausführend:

οὐ τάδε Θῆβαι, — — ὅπη νόϑα τέκνα γυναῖκες
ἀστεροπῇ τίκτουσι καὶ ὠδίνουσι κεραυνῷ.

Nonn. Dion. 20, 319.

denn vom Donner speciell gilt das „Stöhnen" und wird nur hier auf den κεραυνός übertragen.

Bei dem obigen Hintergrund versteht man nun, wenn der indische wie griechische Feuergott Agni wie Hephäst bei den Wassernymphen d. h. natürlich den himmlischen gross werden, resp. in ihren Grotten weilen (cf. S. 8 f.), wenn Athene nicht nur aus dem Haupt des Zeus entsprungen sein soll, sondern auch die Tochter des Poseidon und des Triton genannt, überhaupt in Betreff ihres Ursprungs mit einem himmlischen See (den Wolkenwassern) in Berührung gebracht wird; Thetis ebenso die Mutter des aus dem himmlischen Feuer geretteten Sonnensohnes Achill als eine Nereide ist; Phaethon, ein anderer Sonnensohn, in einem Fluss, dem Eridanos, endet; Rea Silvia auch als Gemahlin eines Flussgotts galt u. s. w.; überhaupt erklären sich so eine Fülle sonst höchst auffälliger mythischer Züge, die man sich bis jetzt vergeblich bemüht hat zu erklären.

Ich habe auch noch jüngst in dem „Ursprung der römischen Stammsage" Veranlassung gehabt, verschiedene dieser Blitzgeburten bei Griechen wie Römern zusammenzustellen, in denen entweder das Kind vom Blitzfeuer umflossen erschien oder bei ihm die Gewitterthiere (als Ernährerinnen und dergl.) auftraten. Dahin gehörten: Asklepios, Achill, Triptolemos, Caeculus, Servius Tullius, Erichthonius, Herakles, Romulus u. s. w.

33. Blitz deckt den Himmel auf; s. Wind reisst in den Wolken.

„Jetzo deckte ein so heller Blitz den ganzen Himmel auf

8*

und ein so brechender Donner fuhr ihm nach" u. s. w. J. Paul, Siebenk. bei Grimm, Wörterb. II. 1238. Eine sehr eigenthümliche Ausdrucksweise, auf die ich immer gefahndet, aber kein Beispiel hatte finden können. Goldzieher hat in seinem Buche „der Mythos bei den Hebräern" das Aufdecken des Himmels auf die Morgenröthe bezogen. Es kann ja in verschiedenen Mythen das betr. Moment in dieser Weise stecken, aber verschiedene, alte indogermanische Mythen spitzten sich mir dahin zu, dass etwas ähnliches beim Gewitter musste wahrgenommen zu werden scheinen. Ich kann die Sache hier nur andeuten. Griechische Mythen haben uns schon oben die Vorstellung gezeigt, dass der Wind das Wolkengewand der himmlischen Frau (der Sonne) zerriss, und wenn dies u. A. vom Porphyrion gegenüber der Hera galt, so bringt der Name schon die rubens dextra des Blitzes hinein. Dies Factum constatirt nun die obige Ausdrucksweise noch voller. Nun führen die Mahrtsagen in roher Form, die Sagen von Urwasi und ähnlichen Wesen, von denen die Melusine am bekanntesten ist, in poetisch entwickelter Gestaltung auf einen Volksglauben hin, nach dem im (Gewitter) eine leuchtende Frau (am Himmel) erscheint, aber verschwindet, so wie sie nackt gesehen, im Bade überrascht wird und dergl. Dies ist jenes charakteristische Moment, um welches es sich handelt, und das ich in der obigen Ausdrucksweise angedeutet finde, zumal ich schon in verschiedenen Mythenkreisen gewisse Analogien nachgewiesen habe. In dieselbe Scenerie fallen nämlich u. A. die griechischen Sagen, wo eine Göttin im himmlischen Wasserbade überrascht wird; ebendahin gehören deutsche, in denen, wenn der Blitzschein das ganze Firmament erfüllt, die weisse Frau oder der Engel des Herrn gesehen wird und denjenigen, der ihn sieht, der Tod ereilt. Poet. Natur. I. 75 ff. Heutiger Volksgl. 106 f. Bestätigung findet die Sache durch folgenden Umstand, der die oben angedeutete Vorstellung unter anderen secundären Anschauungen darlegt.

In den Mahrtsagen kommt nämlich das betr. weibliche Wesen durch ein Astloch und entschwindet, wenn dies zufällig wieder offen wird, d. h. sie kommt ursprünglich und geht im Blitz, der in seiner dünnen, linearen Ge-

stalt gleichsam in die Wolke wie durch ein Bohrloch hinein-
schlüpft (z. B. Odhin so als ormr zur Gunlöd[1]). Das ist der
Blitz, von dem Seneca nat. quaest. II. 40 sagt: Itaque illud
fulmen per id foramen, quo ingressum est, redit et evadit.
Ursprünglich verschwand also die im Gewitter heraufgekommene leuchtende Frau wieder im Gewitter; in den Blitzen,
in denen sie gekommen, war sie wieder gegangen, wie es
Seneca noch abstract ausdrückt, oder sie war mit einem grellen,
den Himmel aufdeckenden Blitz, in dem das Gewitter sein
Ende erreicht, verschwunden. Wenn sie in den Mahrtsagen
7 Jahre ausgehalten haben sollte, so ist das eine Erweiterung
des Mythos, indem die 7 Jahre auf die sieben Sommermonate
gehen; sie war dann mit der leuchtenden Sommersonnen-
frau identificirt worden, wie ja andere Mythen die Sonne überhaupt aus einer höheren Welt nur zeitweise, namentlich für die
Sommerzeit herniedergestiegen fassten (s. Poet. Nat. I. 26). Wenn
das betr. Wesen in verschiedenen Sagen als Wasserwesen
erscheint, im Wasserbade dort oben ihr Schlangen- oder
Fischleib hervortritt, so charakterisirt auch dies dieselbe recht
eigentlich, wie ich schon Urspr. d. röm. Stammsage S. 3 ausgesprochen, als die Sonnenfrau in Beziehung zu den himmlischen Wassern und zu dem Blitz als Schlange oder als
(hin- und herfahrender) Fisch gefasst.

Blitz und Donner.

Ich reihe hier noch ein paar Anschauungen an, in denen
Blitz und Donner (resp. auch noch der Sturm) weniger geson-
dert in der Auffassung oder einfach neben einander auftreten.
1. Nach dem Glauben der Tonga-Insulaner entstehen
Donner und Blitz, wenn die Götter sich streiten. Klemm,
Culturgesch. II. 359.
2. Donner und Blitz kommen bei den Botokuden vom
Monde. Müller, Gesch. der amerik. Urreligionen. S. 254.
Auch sonst erscheint der Mond als Nachtgeist in der

---

[1] S. Zur Methode der Mythenforschung in Fleckeisen und Masius.
Jahrb. 1874. S. 177 ff.

Nacht des Gewitters thätig, zumal er auch sonst mit der Sonne in einem (gespannten) Verhältnisse stehend gedacht wurde. Poet. Nat. I. 150. 263. cf. 194. 162 ff. 174 f. 176 f. 192. Zu dem dort Beigebrachten trage ich noch nach, dass nach Panzer's Bairischen Sagen II. 297 bei einer **Sonnenfinsterniss** Sonne und Mond mit einander streiten, und wenn die Sonne unterliegt, der jüngste Tag kommt.

3. Blitz und Donner spielen mit einander.

In Talvj's Volksliedern der Serben heisst es von der Vila, sie wolle sich einen Wolkenthurm bauen.

> Sitzen will sie da und zuschauen,
> Wie der Blitz spielt mit dem Donner,
> Und lieb Schwester mit zwei Brüdern,
> Und die Braut mit ihren Führern.
> Blitz besiegt im Spiel den Donner u. s. w.

s. Poet. Nat. I. 249.

4. Blitz, Sturm und Donner heulen, zischen um die Wette. Kotzebue, Dram. Spiele b. Grimm M. S. 1238.

An diesen letzteren Ausdruck „um die Wette" knüpfen sich verschiedene Mythen, welche irgend ein Wettspiel im Gewitter, namentlich von Sturm und Donner annahmen, z. B. das einer himmlischen Pfeife (Marsyas) und Harfe (Apollo), ferner der Musen und Sirenen. Gehen die angeführten Sagen auf die Musik des Unwetters, so wird der Wettstreit der Gewitterwesen in anderer Weise gedeutet in der Sage von der Athene und Poseidon, wer Besseres hervorbringen könne. Vergl. Urspr. d. Myth. unter Sirenen und S. 170; dann oben „Wolke hängt" „Wind pfeift" und „Donnerharfe".

Capitel IV.

Donner[1]).

1. Der Donner rasselt, kracht, poltert.

Das Rasseln des Donners wird verschieden gedeutet. Die Grönländer meinen nach Klemm, Culturgesch. II. S. 314 „wenn es blitzt, so dehnen zwei Weiber ein getrocknetes Seehundsfell[2]) aus und von dem Rasseln kommt der Donner." Die Kamtschadalen glauben, wenn es donnert, dass ihr Gott Kutka seine Kähne aus dem Fluss über Kieselsteine ziehe. Meiners, Götting. hist. Magazin. Hannover 1787. S. 122.

Besonders erscheint es als ein Poltern mit Steinen. In Kletke's Reisebildern (1854) heisst es z. B. bei Beschreibung einer Gewitternacht in Texas: „Da fiel urplötzlich ein Donnerschlag mit fürchterlichem Krachen. — Mehrere Minuten schienen Himmel und Erde zu dröhnen, während ein dumpfes Gepolter in geringer Höhe erscholl, als wenn Felsblöcke auf den Boden eines Hauses fielen." — James (Waidmann. Stuttg. 1852. S. 684) bemerkt bei einer ähnlichen Situation: „Ich sage also nur so viel, dass der Donner unter den Bäumen rasselte, wie wenn eine ungeheure Steinmasse durch eine riesige Maschine mitten unter sie geworfen würde." So tritt das Rollen und das Werfen mit Steinen auch neben einander nach dem schleswig-holsteinschen Aberglauben beim Donner auf, wie

---

[1]) „Der Donner murmelt, kracht, rollt, braust daher." Grimm, Wörterb. II S. 1238.

[2]) Hier erscheint die Wolke also den localen Verhältnissen entsprechend als Seehundsfell, was zu der oben gegebenen Deutung der Proteussage stimmt.

Müllenhoff berichtet, indem er anführt, wenn man bei demselben sage „die Engel kegeln dort oben" (eine Vorstellung, von der nachher noch des Besonderen die Rede sein wird), so meine man, sie würfen mit grossen Steinen. Man meine ferner daneben auch, dass der liebe Gott beim Gewitter erzürnt sei und mit Steinen um sich würfe. — Aehnlich berichtet Meier (Schwäbische Sagen. S. 259): „Man glaubt, dass das Kegeln (beim Donner) mit Steinen geschehe, und dass ein solcher Stein, sobald er an ein Loch komme, herabfalle und auf der Erde irgendwo einschlage." An das Letztere schliesst sich an, wenn es in der Schweiz beim Donnern heisst: „Es ist wieder ein Stein von der grossen Fluh heruntergepoltert." (Rochholz, Schweizersagen. Aarau 1856. I. S. 87). Vergl. Urspr. S. 278.

Von dieser Anschauung aus, werfen in deutschen Sagen die Riesen überall mit grossen Steinen, ebenso wie der (Gewitter-) Teufel des Mittelalters. Davon hat Kuhn und ich in den Märkischen und Norddeutschen Sagen viele Beispiele beigebracht. Ebenso thun es die Gewitterriesen der Griechen wie Titanen, Giganten, Kyklopen, ja selbst in den menschlich-heroisch gefassten Kämpfen vor Troja vibrirt es noch oft merkwürdig hindurch. Es ist das „persönlich" gefasst, was oben James als durch eine „riesige Maschine" geschehend bezeichnen möchte. — (Ueber das Sachliche s. Urspr. in den im Inhaltsverzeichniss unter den betr. Namen verzeichneten Stellen.)

Hierher gehören auch die mythischen Versteinerungen in Sage und Märchen, die also ursprünglich am Himmel dort oben vorzugehen schienen, wie z. B. die, welche das Gorgonenhaupt (der Gewitterkopf) bewirken sollte (Urspr. S. 85), ferner, wenn nach der Erlegung der Niobiden durch die Regenbogengötter Apoll und Artemis es bei Homer heisst: λαοὺς δὲ λίθους ποίησε Κρονίων. Urspr. 106.

Auch in Gebräuchen, Sagen und Aberglauben bricht dieses mythische Element mannigfach hindurch. Mit der Parallele, welche zwischen vielen Gebräuchen und geglaubten himmlischen Erscheinungen stattfindet, meinte man u. A. durch Rollen und Werfen von Steinen Regen herbeizaubern zu können, d. h. den Causalnexus zwischen beiden Erscheinungen zu repro-

duciren, welchen man dort oben am Himmel wahrzunehmen
wähnte. Vergl. u. A. was ich über das durch den lapis Manalis
herbeigeführte aquaelicium Urspr. S. 260 beigebracht. — In
Sagen tritt der Zug dem entsprechend öfter hervor, dass das
Hineinwerfen von Steinen in einen See (natürlich ursprünglich die himmlischen Wasser) Unwetter erzeuge. J. Grimm
constatirt das Factum selbst in umfassender Weise, indem er
M. 564 sagt: „Das Aufregen des Sturmes durch Steinwurf
in den See oder Brunnen ist deutscher, celtischer, so wie
finnischer Volksglaube." — Selbst in Schweizer Kinderspielen
vibrirt es noch hindurch, wenn vieles Spielen der Kinder
mit Kieselsteinen im Frühjahr auf schwere Gewitter im
Sommer hindeuten soll wozu sich wieder der Aberglaube aus
dem Waldeckschen stellt, den Curtze (Volksüberl. u. s. w. Arolsen
1860. S. 412) berichtet, dass man meine, weisse Kieselsteine
auf den Aeckern rühren vom Gewitter her.

Getragen wird die Richtigkeit dieser Deutungen noch durch
eine andere Art Regenzauber ähnlichen Ursprungs, indem man
meinte, durch das Peitschen einer Quelle und dergl. mit
Ruthen Regen erzeugen zu können in Nachahmung des dort
oben im Himmel geglaubten Peitschens mit der Blitzgeissel,
den Blitzruthen. (Ueber das Schlagen von Gewässern
mit Gerten, wodurch Hexen und Zauberer Unwetter er-
regten s. Liebreich zu Gervasius. Hannover 1856. S. 146 ff.)
Besonders interessant ist es, wie die beiden erwähnten mythischen Momente das Schlagen des Wassers wie Werfen mit
Steinen im Cult des Zeus Lykaios neben einander auftreten, nur dass das eine, das mit dem Steinwerfen, sich gleichsam losgelöst und eine andere Verwendung gefunden hat.

Zum Dienst des Zeus Lykaios gehörte es nämlich, dass bei
anhaltender Dürre der Priester, nachdem er geopfert und ge-
betet hatte, die Quelle Hagne mit einem Eichenzweige be-
rührte, worauf das Wasser sofort in Aufregung gerieth,
bis ein Nebel emporstieg, der sich zur Wolke bildete und
andere Wolken anziehend endlich den erwünschten Regen
brachte (Paus. 8, 38, 3, wozu Preller schon auf das von Liebrecht zu Gervas. Beigebrachte als verwandten Volksglauben

hinweist). Neben diesen mythischen Zug tritt nun das Steinwerfen beim Tempel desselben Gottes, in anderer charakteristischer Weise sich direct an das Heiligthum des Gottes als
ein ἄδυτον anschliessend. Die Vorstellungen, welche sich überall an die ἄδυτα der Götter reiben, sind nämlich auch
meist von dem himmlischen Hause, dem Wolkenzelt, der
himmlischen Stiftshütte auf das irdische Haus des Gottes
übertragen. Wie der Herr der himmlischen Heerschaaren
seine Lade schützt, dass, wer sich unberechtigt (ungeweiht)
ihr naht, vom Schlage (d. h. ursprünglich am Himmel „vom
Blitz") getroffen wird, so wird hier beim Zeus Lykaios der,
welcher das Heiligthum betritt, gesteinigt, wenn er nicht
schnell die Flucht ergreift. Glaubt man doch, dass auch dort
oben, wo der Gott thront, mit Steinen in den Wolken geworfen werde (der zürnende Gott in Schleswig-Holstein wirft
ja z. B. noch im Gewitter mit Steinen um sich, s. oben), wenn
(im beginnenden Unwetter) eine Störung des himmlischen
Friedens vor sich zu gehen schien. Vergl. Urspr. 101. 260 f.
namentlich auch 279 f. in dem Capitel „Alttestamentarische Parallelen". — Als parallel zu dem Letzteren treten wieder solche,
noch rohere Vorstellungen, welche aber die ganze Auffassung
bestätigen, wenn z. B. ein Frevler die Sonnengöttin, wenn
sie sich in dem himmlischen Wasser badet, als frecher
Eindringling an verbotener Stelle überrascht und nun verfolgt wird und seine Strafe leidet, wie z. B. Aktäon. s. Poet.
Nat. I. 75.

2. Der Donner zischt.

„Merkwürdig ist noch der Ton," sagt Reimann (das Naturl.
S. 156), „den man zuweilen vom Donner hört und der einem
heftigen Reissen und Zischen gleicht, ähnlich dem beim Zer-
reissen eines Papierbogens, nur viel stärker; er hat etwas
Schaudererregendes und wird nur bei grosser Nähe und
Heftigkeit eines Gewitters vernommen." — (cf. Schneider, Bibl.
Lexicon. Frankfurt a. M. „unter Donner.")

Demgemäss wird bei den Amerikanern der Donner „das
Zischen der grossen Schlange" genannt. Urspr. S. 33. s.
Blitz zischt.

3. Donner dröhnt, stöhnt, klagt.

ὡς ὅτε νηπίαχοι — — — — — —
πτώσσουσι βροντὴν μεγάλου Διὸς ἀμφὶ νέφεσσι
ῥηγνυμένην, ὅτε δεινὸν ἐπιστοναχίζεται¹) αἰθήρ.

Quint. Smyrn. 7, 530 ff.

cf. 14, 450, wo er den Blitz θοός, den κεραυνός — ὀλοός nennt
und dann fortfährt καὶ βροντὴν στονόεσσαν, desgl. Eurip.
Phoen. 1039.

βροντᾷ δὲ στεναγμὸς
·ἀχά τ᾽ ἦν ὅμοιος κτλ.

Plötzlich auf am Horizonte tauchen
Dunkle Wolken, — — — — — —

— — — — — — — — — — — —
Und sie neigen sich herab und fragen:
„Lebst du noch?“ in lauten Donnerklagen u. s. w.

Lenau, Sturmesmythe.

„Die nordamerikanischen Wilden glauben im Gewitter
das Stöhnen eines Gottes zu vernehmen, der eine verschluckte
Schlange wieder auswürgen wolle.“ (Meiners im Götting.
histor. Magazin I. S. 123) vergl. Poet. N. I. 17. Dies erinnert
an den Mythos vom Kronos, der φαρμάκῳ ἀναγκασθεὶς ἐξε-
μεῖ τὸν λίθον, welchen er in Windeln gewickelt verschluckt
hat. Wie die Schlange in die Gewitterscenerie passt, würde
auch der Stein derselben nicht fremd sein (s. unter „Donner
poltert“), wie auch das Einwickeln desselben dann auf die
Wolkenhülle gehen könnte.

4. Donner = πορδή.

Σωκράτης sagt beim Aristoph. Neph. 386
ἤδη ζωμοῦ Παναθηναίοις ἐμπλησθεὶς, εἶτ᾽ ἐταράχθης
τὴν γαστέρα καὶ κλόνος ἐξαίφνης αὐτὴν διεκορκορύγησε;

Στρεψιάδης.

νὴ τὸν Ἀπόλλω, καὶ δεινὰ ποιεῖ γ᾽ εὐθύς μοι, καὶ τετάρακται
χὤσπερ βροντὴ τὸ ζωμίδιον παταγεῖ, καὶ δεινὰ κέκραγεν·
ἀτρέμας πρῶτον πὰξ, κᾆτα παπὰξ ἐπάγει, κἄπειτα παπαππάξ·
χὤταν χέζω, κομιδῇ βροντᾷ παπαπαππάξ, ὥσπερ ἐκεῖναι
(αἱ νεφέλαι).

---

¹) Ueber die Bedeutung cf. Hes. Theog. 843.

Σωκράτης.

σκέψαι τοίνυν ἀπὸ γαστριδίου τυννουτουῒ οἷα πέπορδας·
τὸν δ' ἀέρα τόνδ', ὄντ' ἀπέραντον, πῶς οὐκ εἰκὸς μέγα
βροντᾶν;
ταῦτ' ἄρα καὶ τὠνόματ' ἀλλήλοιν βροντὴ καὶ πορδὴ ὁμοίω.

cf. Nicander A. Schol. zu 387 tonitrui comparatur strepitus,
quem in ventre excitant flatus adsumta ixia. J. Grimm. Wörterb. S. 1251 wird unter Sprüchwörtern angeführt: „einen Furz dem Donnerschlag vergleichen" culicem ele-
phanti comparare, minima maximis.

Damit verbindet sich als zweites Moment der Schwefel-
gestank, welchen man am Blitz wahrzunehmen glaubte (s. das.
„Blitz schweflig"), und so heftet sich die Vorstellung eines Ge-
stankes, Besudeltsein u. dgl. an die im Gewitter auftretenden
Dinge und Wesen. Die Keule, welche der wilde Jäger im Blitz
wirft, stinkt (Heut.Volksgl. 34); die Gewittervögel, die Harpyien
besudeln das Mahl des im Unwetter geblendeten Sonnenwesens Phincus, — in den Zwergsagen tritt das Moment
des Besudelns häufig hervor, ebenso in den Hexensagen,
dass etwas in Koth verwandelt wird, ja das Mittelalter selbst
liess noch den Teufel sich durch Gestank kennzeichnen (Teufels-
dreck), wie zur Heidenzeit der Wode und die Frick es sonst
noch drastischer gethan haben sollten. Urspr. 198 (s. das. die
Anm. über des Plin. Fulgetras poppysmis adorare consensus
gentium est) cf. 196 f. 245 f.

Wie Aristophanes kurz vorher gesagt: καίτοι πρότερον τὸν
Δί' ἀληθῶς ὤμην διὰ κοσκίνου οὐρεῖν, so sehen wir auch
gelegentlich noch heut zu Tage analoge Redensarten volksthümlich hindurchbrechen. s. Urspr. 7 Anm. und weiter unten
unter „Regen".

5. Donner = Brummen eines Bären (s. Donner mur-
melnder).

Im I. Theil S. 232 hatte ich u. A. bei den deutschen Früh-
lingsumzügen in Betreff des dann auftretenden „Bären" in Erbsstroh gesagt: „Ist nun jener Bär in Erbsstroh nicht nach Allem
eine rohe Nachahmung des in Blitzstroh gehüllten, „grum-
melnden" Donnerthiers? denn als solches dürfte sich der

mythische Bär ergeben." In einer Anm. hatte ich dann darauf hingewiesen, dass sich so erklären würde, wenn Björn ein Beiname des Thor war und nach der welschen Sage König Arthur als Bär und Gott dargestellt wurde. Grimm M. S. 633. Inzwischen kann ich wenigstens eine bestimmt constatirte Parallele für die damals aufgestellte Vermuthung anführen: „Bei den Kamtschadalen und wahrscheinlich auch bei den Ainos wurde der Donner als Gebrüll eines Bären angesehen", sagt Pott in Steinthal's Zeitschr. für Völkerpsych. III. 3. 343. — Hiermit fällt übrigens auch ein bedeutsames Licht auf die Stellung, die überhaupt die sibirischen Völker vielfach dem Bären anweisen.

Nachträglich bemerke ich noch, dass nach Claus Magnus die Gothen von einem Bären abstammen sollten, dass ferner bei Saxo ein Bär Ahnherr des mit Ulf beginnenden Dänischen Königshauses wird und Mannhardt, Zeitschr. f. Myth. 3, 145 gewiss Recht hat, wenn er fortfährt: „hinter dem Thiere steckt unzweifelhaft Thor."

6. Donner brüllt (Stier, Löwe).

Hier und dorten Wolkenmassen,
Sie begegnen sich und fassen
Sich mit donnerndem Gebrülle.
Harnisch b. Wander. S. 210.

Und ob auch die Wetterwolke
Schwarz der Sonne Antlitz hüllt,
Laut dem staubgebornen Volke
Donnersturm entgegenbrüllt.
Heinze ebendas. S. 167.

Wie der furchtbare Donner, der des umnachteten Himmels
Eh'rnes Gewölb' weithin durchbrüllt u. s. w.
Pyrker, Tunisias. Stuttg. 1855. S. 18.

Der Donner brüllt aus tausendfachem Rachen.
Schiller.

Μὴ φρένας ὑμῶν ἠλιθιώσῃ
Βροντῆς μύκημ' ἀτέραμνον.
Aesch. Prom. 1040 f. cf. 1063 f.

Βρυχία δ' ἠχὼ παραμυκᾶται
Βροντῆς.

Βροντα{οις πατάγοισι μέλας μυχώμενος ἀήρ. Nonnus
D. 14, 406 (*μυχᾶσϑαι* ist speciell vom Stier gebräuchlich). cf.
Nonnus 45, 332 ff.

*οὐδὲ χόλου Διόνυσος ἐπαύσατο· δαιμονίην δὲ
φϑογγὴν ἠερόφοιτον ἐς ἑπταπόρων ἵιυν ἄστρον.
λυσσήεις ἅτε ταῦρος ἐῷ μυκήσατο λαιμῷ.*

Cum spiritum intra se clausere nubes, in concavis eorum
partibus volutatus aër similem agit mugitibus sonum, raucum
et aequalem et continuum. Sen. hist. nat. II. 27.

Ein norwegisches Räthsel schildert nach Mannhardt deutlich die brüllende Himmelskuh. „Es steht eine Kuh auf dem
breiten Rücken (des Himmels) und brüllt über das Meer; sie
wird in sieben Königreichen gehört." — Auflösung: der
Donner. s. Heut. Volksgl. S. 132.

Bei den Kalmücken gilt der Donner als das Brüllen des
Gewitterdrachen (s. Blitz als Schlange). Wir werden später
unter „Donner" als „Stimme" auch die Bezeichnung „brüllende
Stimme" beibringen und daran „die brüllenden Stimmen" der
Sturmes- überhaupt der Himmelsriesen, eines Polyphem u. A.
reiben, vor Allem ist aber bei den Mongolen und Finnen, wie
Indogermanen und Celten in bedeutsamer Weise der mythische Stier der brüllende Gewitterstier[1]). Wie die Gewitterschlangen bei Celten, Finnen, vielleicht auch bei den
Aegyptern im Gewitter die neue Sonne zu fabriciren schienen
(s. Urspr. d. Myth. 27), bei Deutschen besonders dann die Sonne
als die gleichsam zurückgelassene Krone des Schlangenkönigs
galt, der Gewittereber bei den Germanen geradezu zum
Sonneneber wurde, so wurde auch bei Finnen, Griechen und
wohl auch bei den Deutschen (ich denke namentlich an das
goldene Stierhaupt mit dem Sonnenrade in Childerichs
Grab) der Gewitterstier zum Sonnenstier, und namentlich die finnische Mythe erzählt direct von seinem täglich
auf die Weide Treiben. Er kommt hier nicht bloss mehr
im Gewitter als der graue Elfstier aus einem See, d. h. natürlich den himmlischen Wassern, herauf, sondern erscheint

---

[1]) Bei den Römern ist er wie auch der Drache mehr in den Hintergrund getreten und vibrirt nur noch vereinzelt hindurch.

täglich an der Spitze der Wolkenherde, bei den Finnen mit
der Sonnenscheibe zwischen den Hörnern, gerade wie der
goldene Sonnenwidder auch den Lämmerwolken vor-
angeht, und speciell in Aegypten auch dann die bedeutsame
Scheibe zwischen den Hörnern zeigt [1]).

Als besondere Gestalten treten daneben noch auf, namentlich dem grauen Elfstier zur Seite, die schwarze Kuh in
Beziehung auf die schwarze Wetterwolke, die blaue Kuh
wohl im Hinweis auf den Blitz und endlich die rothe oder
bunte Kuh mit Hineinziehung des Regenbogens oder, wie
man sich noch im XVI. Jahrh. ausdrückte, „der Hörner" des
Regenbogens (s. unter Regenbogen).

Ueber die Letztere habe ich ausführlich gehandelt im
zweiten Anhange der II. Aufl. des Heutigen Volksglaubens unter
dem Titel:

„Die rothe Kuh im Regenbogen und Iris mit dem
Stierkopf, so wie die stierhäuptigen Wassergötter der Griechen."

Entwickelte sich aus dem letzteren Moment die bisher vollständig unerklärbare Gestaltung des stierhäuptigen Achelous,
stierartigen Dionysos u. s. w., wie die stierhäuptige Iris
den betr. Naturkreis recht charakteristisch kennzeichnet, so
gehört auch dem Ursprung nach in den oben gezeichneten
Kreis der Gewitter- resp. Sonnenrinder die Europa, der
Minotauros, die Jo-Sage, das Rauben und Verzehren der
himmlischen Rinder (Hermes, Geryones, Herakles, Cacus-Sage)
und dergl. mehr.

Das Rasendwerden der Jo[1]) sowie der Rinder in der He-
rakles-Sage durch Bremsen ist ein speciell griechisches, durch
die dortigen Naturverhältnisse besonders getragenes Element,
welches sich einfach an das Rasen des Unwetters anschloss.
Der hin- und herschiessende Blitz galt dabei als hin- und

---

[1]) Prägnant malt dies Bild aus Gubernatis (übers. von Hartmann.
Leipzig 1874. S. 312). Die Scheibe ist erst späteres Accidens, ursprünglich wurde die Sonne als Auge des betr. Thieres gefasst, wie es noch
im einäugigen Eber und Dachs hervortritt.

[2]) Denn Jo auf den Mond zu beziehen wie die Isis ist bei beiden
spätere, aus den Hörnern herstammende Deutung.

herschiessende Bremse (Poet. Naturansch. I. 58 ff.), welche die
Gewitterkuh verfolge, dass sie rasend werde. Die Sache selbst
schildert der Schol. ad Theocr. Id. VI. 28: οἶστρος δέ ἐστι πολέ-
μιος τοῖς βουσίν· ὅταν γὰρ δάκνωσιν αὐτούς, οἰστρεῖν ποιοῦσι
καὶ τρέχειν πολλὴν ὁδὸν μετὰ βοῆς ἐν τοῖς πεδίοις κα-
ταλιπόντας τὸν νομόν.
Zur Vergleichung der betr. irdischen und der entsprechend
geglaubten himmlischen Gewitterscenerie setze ich nachträglich
eine Stelle aus Oppian Hal. II. 521 ff. hierher:

κⲁⲓ γὰρ τοι καὶ βουσὶν ἀνάρσιος εὖτε πελάσσῃ
οἶστρος, ἐνιχρίμψῃ δὲ βέλος λαγόνεσσιν ἀραιαῖς
οὔτε τι βουφόρβων μέλεται σέβας, οὔτε νομοῖο,
οὔτ' ἀγέλης, ποίην δὲ καὶ αὔλια πάντα λιπόντες
σεύονται λύσσῃ τεθοωμένοι· οὐδέ τις αὐτοῖς
οὐ ποταμῶν, οὐ πόντος ἀνέμβατος, οὐδὲ χαράδραι
ῥωγάδες, οὐ πέτρῃ τις ἀφοίτητος κατερύκει
ῥιπὴν ταυρείην, ὅτ' ἐπιζέσῃ ὀξὺ κελεύων
βουτύπος, ὀτρηρῇσιν ἐπισπέρχων ὀδύνῃσι·
πάντῃ δὲ βρύχῃ, πάντῃ δέ οἱ ἄλματα χηλῆς
εἴλεῖται· τοίη μιν ἄγει δριμεῖα θύελλα.

Die Ausführung resp. Begründung des obigen nur summa-
risch angedeuteten mythischen Elements findet sich an verschiedenen Stellen des Urspr. und des I. Theils der Poet. Naturan.
namentlich im ersteren Buche in dem „Rindergottheiten" über-
schriebenen Capitel und in dem oben erwähnten Anhange z.
Heutigen Volksglauben. Mannhardt z. Anfang der Germ. Myth.
und Kuhn, Westf. Sagen haben auch reiches Material ähnlicher
Art zusammengebracht, letzterer namentlich auch das Indische
(den Stier des Manu u. s. w.) hineingezogen, wir berühren uns
auch vielfach in der Deutung, nur dass sie beide mehr die Wolken, ich mehr das Gebrüll des Donners als den Ausgangspunkt der betr. Vorstellung ansehe, ferner die Regenbogenhörner hineinziehe und überhaupt die ganze Scenerie der Mythen
ursprünglich mehr noch als beide am Himmel suche, mit dem
himmlischen Wasser auch u. A. die griechischen stierhäuptigen Wassergötter sowie endlich den Sonnenstier als weitere

Entwicklung ansehe und dergl. mehr. Die obige Totalübersicht
und was ich hier nachzutragen hatte, hat mich nur in meinen
Ansichten, wo sie abweichen, bestärkt.

Zum Schluss will ich noch zwei höchst charakteristische
Stellen für das Auftreten der himmlischen Rinder speciell
bei Esthen und Mongolen, namentlich auch als Bestätigung
meiner Ansicht über den Ursprung der betr. Vorstellung beibringen.
Kreutzwald und Neuss sagen in ihren mythischen und magischen
Liedern der Esthen. Petersburg 1854 S.116: „Erwägt man, dass
im Esthnischen wie anderweit, von einem mit Fluss, See und
Meer in Verbindung stehenden Rinde öfter die Rede ist, ferner
dass Seen in der Gestalt von Rindern ihr früheres Bette verlassen, endlich, dass môurama der eigentliche Ausdruck für das
Brüllen des Rindes ist; so wird tôura schwerlich etwas anderes
sein können, als eine Nebenform für das gewöhnliche tôuras
Rind, Vieh. Das scheint denn wohl der im „Inland" a. a. O. aufgestellten Deutung dieses Wasserrindes (mit goldnen Hörnern, nach der daselbst angeführten Sage), als einer Gewitterwolke gar sehr das Wort zu reden, zumal das Volk neben
môurama auch das gleichbedeutende ammuma in bildlicher Rede
zuweilen für das gebräuchlichere mürisema „donnern" ver-
wendet."

Ich beziehe natürlich die goldenen Hörner auch hier auf
den Regenbogen wie auch die schweizerische Redensart beim
abziehenden Gewitter „das Gewitter zieht die Hörner ein" (s.
Heut. Volksgl. Anhang). Mannh. Germ. M. S. 10 führt aus Neuss,
Volksl. zu der obigen Bemerkung noch eine Strophe an:

Ruderten das Schiff zur Stadt hin,
Von der Stadt fort unter Riga,
Fort von Riga nach Fellin hin,
Brüllte des Meeres schwarzer Bulle.

Wenn er weiter dann bemerkt: „Da dem Finnenstamm in
seinen alten Sitzen das Rindvieh unbekannt war (?), so ist
wohl kein Zweifel (?), dass er die durchaus charakteristische Vorstellung der Wolke als Rind von den Germanen übernommen hat, vielleicht auch schon zu einer Zeit,
als die Localisirung der himmlischen Gewässer auf der Erde
bei diesen begonnen hatte," so dürfte dies neben Anderem auch

schon dadurch zweifelhaft werden, als ich ähnliche Bilder, wie
sie auch die Celten schon hatten, selbst im fernen Osten bei
den Mongolen beibringen kann, auch diese Vorstellungen nach
Allem eine uralte, gemeinsame, in Asien heimische und daher
stammende sein dürften. Wenn Mannhardt dafür, dass das
Rindvieh den Finnen unbekannt, in der Anm. anführt, dass dies
dadurch bezeugt werde, dass die meisten finnischen Bezeichnungen für das Rindvieh aus dem Germanischen entlehnt sind,
so lassen sich derartige Culturfragen bei aller Anerkennung der
Bedeutsamkeit des sprachlichen Elements nicht durch dasselbe
einseitig, mechanisch lösen, sonst könnte man ebenso aus dem
der Fremde entnommenen Wort „Pferd" schliessen, die Deutschen hätten ursprünglich das „Pferd" nicht gekannt.

Nun aber zu der betr. mongolischen Sage, welche ich aus
Ermann's Archiv f. d. wissenschaftliche Kunde von Russland.
25 Bd. v. J. 1867. S. 58 mittheile:

„Unter den guten Gottheiten der Buräten ist besonders
merkwürdig ein himmlischer Stier, der unmittelbare Spender
jeglichen Erdenglückes. Er heisst Bucha Nojan (Stier-
fürst). Als Reitochse der himmlischen Rinderherde vom
höchsten Gotte geschaffen, verliess er dieselbe in seinem dritten
Lebensjahr und verirrte sich. Nachdem er acht Jahre den
Himmel umkreist hatte, ohne die ihm aus dem Gesicht ver-
lorne Heerde wieder zu finden, liess sich Bucha Nojan auf die
Erde herab. „Er stieg hernieder" — so heisst es in einem
Schamanen-Gebete — „aus der Mitte des blausilbernen Himmels
(blauen Himmels mit Silberwolken? der Berichterstatter), mit
seinem silberglänzenden Rücken den hohen Himmel be-
rührend und mit den silbernen Hufen auf der Erde fussend.
Er bringt sein Haar in Ordnung, im tiefblauen (? der Berichterstatter) Sande sich wälzend; er kämmt seinen Hals an
der weissen und geraden Birke. Seine Hörner sind gewaltig,
seine Halswamme hängt bis an die Erde. Er hat gemehrt
die Nachkommenschaft des Burjat und Bulgut gleich Quellen,
gleich dem Schnee."

„Zu unmittelbarer Führung der Schamanisten auf die Erde
herabgestiegen, verweilte der Himmels-Stier am nördlichen
Ufer des Baikal und erhob ein so furchtbares Gebrüll, dass

die Erde erbebte und das Meer gewaltige Wellen schlug. Dies Gebrüll vernehmend, kam der bunte Stier des Herrschers im jenseitigen Baikal-Lande und begann ihn zu stossen. Da begab sich B. N. nach Tunka und errichtete auf den dortigen Gletschern (golzy) sein steinernes Bild[1]). Dann ging er auf die Sajanischen Berge zu den neun südwestlichen Königen und heirathete deren Schwester Budan. (Wie sonst der verzauberte Himmelsdrache auch heirathet.) Aus dieser Ehe entsprang bald eine Tochter Schandan, die ob ihres bösen Charakters an Erleng, das Oberhaupt der bösen Geister verheirathet ward."

So der betr. Bericht. Vielleicht dürften weitere Perspectiven sich hier bieten, wenn mehr Material über diese Sache zu Gebote stände. Das letztere Moment möchte z. B. auch speciell wieder an das Gewitterreich anknüpfen. Ich gebe aus der weiteren Darstellung noch ein paar Stellen über Erleng, die dies bestätigen, zumal sie auch im Anschluss an eine aus K. Ritter oben S. 63 unter „Winde kämpfen" aus Centralasien mitgetheilte Darstellung der „Windgeister" die primitive Grundlage des Glaubens an böse Geister in der Natur und die ganze Entwicklung desselben im Hexenglauben u. s. w., sowie wenn sie Wald und Feld, Berg und Wasser zu erfüllen schienen, klar legen.

Darin besteht nämlich mit, um dies so gelegentlich zu bemerken, der hauptsächlichste, essentielle Unterschied zwischen Mannhardt's und meinem Standpunkt speciell in Betreff der Wald- und Feldculte, dass er diese möglichst selbstständig (und localiter) in ihrem Ursprung fassen möchte, während ich glaube, die grossen, an die atmosphärischen Himmelserscheinungen sich anschliessenden Vorstellungen und Bilder sind auch in jene Naturkreise gleichsam eingezogen, haben sich hier eingelebt und ev. modificirt, wie es auch schon mit der irdischen Localisirung der himmlischen Wasser, Berge u. s. w. zusammenhängt. — Ein zweites Moment ist dann, dass ich die ganze Vorstellung Mannhardt's von der sogen. Baumseele

---

[1]) Die Buräten behaupten, dieses Bild stehe noch jetzt auf einem der Gletscher von Tunka. — Uebrigens werden auch S. 182 directe Idole vom Bucha Nojan, die man sich neben denen der Herrn von Sonne und Mond anfertigt, erwähnt.

u. s. w., wie auch Scherer in der Zeitschr. f. Deutsches Alterthum schon derselben widersprochen hat, nicht theile. Entweder hat man die betr. Realität selbst lebendig gefasst, wie das Kind die Puppe, den Stuhl u. s. w. oder man hat gemeint, es sitze Etwas (ein Geist) darin oder daran. Dass man Derartiges verschiedentlich mit den Geistern „Verstorbener“ dann in Beziehung brachte, ist eine Sache für sich, das ist überhaupt eine der verschiedenen Richtungen der Urzeit gewesen. Was wir aber speciell „Seele“ nennen, ist erst das Resultat einer besonderen Culturentwicklung.

Doch nach dieser Abschweifung zurück zum Erleng. „Der Erleng“, heisst es bei Ermann a. a. O., „ist König eines finsteren Reiches, das irgendwo gegen Norden in einem furchtbaren bodenlosen Abgrunde liegt“, und so sich zu dem finnischen Lande der Pohjola-Wirthin stellt. „Ueber ganze Legionen böser Geister (Tschitkur's) gebietend, ist Erleng's Trachten immer darauf gerichtet, allein oder durch ihre Vermittlung den Menschen zu schaden. Die Dämonen thun unbedingt den Willen ihres Gebieters und werden für guten Erfolg belohnt. Aber die guten Geister sind ihnen auf den Fersen, wo sie ihres Treibens ansichtig werden, und lassen Ungewitter gegen die Dämonen los, dass sie um der himmlischen Strafe zu entgehen, in Bäume, Gebäude, Thiere und Menschen sich verkriechen.“

„Die Tungusen haben eine ähnliche Idee von ihrem Charchi oder schwarzen Gotte: er wohnt in fernen, undurchdringlichen Bergwäldern des Nordens, hat ungeheure, feurige Augen, eine platte Nase, und sein schwarzes Haar und Bart nehmen sich aus wie der Bergwald nach einem Sturme. Er geht immer in schwarzer tungusischer Kleidung und nimmt zum Verderben des Menschen allerlei Gestalten an, bald verwandelt er sich in einen enormen Bären, bald in einen Wolf oder ein Elan.“

Nach Erleng kommen bei den Buräten „die Waldherrn“, „die Wasserherrn“, die Elja's, Ada's u. s. w. Ein „Waldherr“ (oin ejin) ist die Seele eines Menschen, der sich im Walde verirrt hat und daselbst gestorben ist. Diese Unholde locken den Verirrten immer tiefer in des Waldes Dickicht“ u. s. w.

7. Donner (hallender) = Dröhnen von Pferdehufen = Donnergalopp, Donnerrosse. Vergl. Blitz = Ausschlagen

von Pferden, denn das Funkensprühen des Blitzes vervollständigt das Bild.

> Die Wolken schienen Rosse mir,
> Die eilend sich vermengten,
> Des Himmels hallendes Revier
> Im Donnerlauf durchsprengten.

— — — — — — — — — —

> Schon rannten sich die Rosse heiss,
> Matt ward der Hufe Klopfen
> Und auf die Haide sank ihr Schweiss
> In schweren Regentropfen.
>
> Lenau, Haideschenke.

„Jetzo die Strassen entlang von Tunis, im Donnergaloppe[1]),
Jagte die Schaar." Pyrker, Tunisias.

„Donnergaloppschlag des Hufs" sagt Bürger. Rückert spricht von dem Herrn mit den „blitzenden Speeren und den donnernden Rossen."

> Horaz Od. 1, 34, 5.
>
> — Namque Diespiter
> Igni corusco nubila dividens
> Plerumque, per purum tonantes
> Egit equos volucremque currum.

Vergl. Pindar, Ol. 4, 1 f.: 'Ελατὴρ ὑπέρτατε βροντᾶς ἀκαμαντόποδος Ζεῦ.

Der Hufschlag dieser himmlischen Donnerrosse schien bei Deutschen wie Griechen den Regenquell zu wecken. s. Blitz = Ausschlagen u. s. w. Urspr. S. 166.

Das Donnerross Pegasos stellt sich zu Sleipnir, wie Bellerophon, wenn er es im Kampf mit der Chimaera reitet, halb sich zu Odhin (dem wilden Jäger zu Ross), halb sich zum Drachentödter Siegfried stellt, der sich dann in anderer Weise wieder mit Perseus und Achill berührt, dessen Vater übrigens

---

[1]) Vergl. „Er horchte den Fluss hinauf und die Erde schien plötzlich von den donnernden Hufen heransprengender Rosse zu beben — die Strasse herab stürmte es in wilder Hast — Reiter nach Reiter jagte herbei. — Wie ein Ungewitter stürmten sie heran." Gerstäcker, Flusspiraten. Leipzig 1862. S. 165.

auch ein ächter Drachentödter war, wie Mannhardt in s. Wald-
und Feldculten S. 49 eingehend erörtert hat.

Wenn die Sonnenjungfrau Persephone vom Hades *κλυτόπωλος,* der am Himmel im Unwetter mit seinen Rossen
heraufkommt, entführt wird, so charakterisirt er sich in diesem
Beiwort erst recht als Donnergott. s. Ursp. d. M. 171.
Uralt ist namentlich die Indern, Griechen und Deutschen
gemeinsame Mythe von den sich in Rosse wandelnden und
sich in Brunst im Gewitter verfolgenden Sturm- und Donnerrossen. Demeter Erinnys und Poseidon (cf. Kronos, der sich
auch in ein Ross verwandelt, als ihn Rhea mit der Philyra
überrascht), Loki und Swadilfari. Urspr. 169 f.
Die Menschenfleisch fressenden Rosse des Ares-Sohnes
Diomedes in Thracien, mit denen Herakles zu thun hatte, gehören auch hierher und weisen mit ihrem Feuerathem noch
besonders auf die feurige Himmelsscenerie hin. Urspr. 178.
Charakteristisch tritt jener auch beim ungarischen Tátos hervor,
wo er sogar sprüchwörtlich geworden, wenn es heisst: „Er
sprüht und speit Feuer wie der Tátos.“ Ueberhaupt repräsentirt
dieser ungarische Tátos die mannigfachsten Gewittermomente,
die an ihm als dem Gewitterthier haften geblieben und dann
nur allmählich in Formen, welche zu der Natur eines Rosses
passen, sich gekleidet haben. „Er ist weise und klug, vor-
sichtig, versteht die menschliche Sprache“ u. s. w. und reisst
durch diese Eigenschaften den Helden aus allen Gefahren und
Kämpfen mit Riesen, Teufeln u. s. w. Wie der Gewitterheld in
unscheinbarer Verkleidung oft erscheint, bis der Held hin-
durchbricht, so sieht auch der Tátos zuerst unansehnlich, ja
garstig aus, bis er dann plötzlich goldfarbene Haare, goldne
Mähnen, goldne Hufe u. s. w. erhält und im Glanz strahlt.
Ueber den Tátos s. Mannhardt, Zeitschr. f. Deutsche Myth. II. 269.

8. Donner rollt (Rad, Wagen, Kugel).

a) Ueber das Rad cf. Blitz als Rad.

b) Donner als Wagen.

„Mit dumpfem, aber an Stärke zunehmendem Getöse hörte
man von mehreren Seiten die Donnerwagen einherrollen.“ —
Familie H. v. Fried. Bremer. Leipzig 1842. S. 174. Sie kommen
am Himmel heraufgezogen:

Satan hört es und sahe bestürzt durch die Oeffnung des
Grabmals.

So seh'n Gottesverleugner, der Pöbel, aus düsterm Gewölbe,
Wenn am donnernden Himmel das hohe Gewitter
heraufzieht,
Und in den Wolken der Rache gefürchtete Wagen sich wälzen.
Klopstock, Messias.
Die Verworfnen
Sahn wie in Flammen den Seraph, und hörten es stets
noch, als rollte,
Schmettert' ein Donnerwagen auf tausend Rädern herunter.
ebendas.

Dem entsprechend bei den Griechen: δοχεῖ ὄχημα τοῦ Διὸς
ἡ βροντὴ εἶναι. Grimm, M. 151. Ebenso fährt Indra einher:
„O Maghavân", heisst es, „furchtbarmachend und herrlich sind
deine Zügel, deine goldene Peitsche, dein Wagen, deine
beiden Rosse und du selbst Çatakratu." Die Räder des Wagens
sind nach den Veden mit Metall beschlagen. Dieser Metall-
beschlag heisst „pavi". Mannh. G. M. S. 120. Dies letztere
Moment stimmt zu den erzhufigen Rossen, s. oben unter Blitz
„als Ausschlagen" u. s. w. Vergl. auch meinen Aufs. über die
Phaethonsage bei Fleckeisen und Masius v. J. 1876. S. 376 f.

Schwedisch heisst das Gewitter åska aus âsâka, Gottes-
fahrt, altn. reið Wagen, reiðarslag Wagengeroll, reiðarthruma
Wagendonner; ags. Thunorrâd, Thunarswagen. Mannh.
G. M. S. 121. Auch den heutigen Krainern ist das Donnern
des Donnergottes Fahren. Grimm a. a. O. Wenn es donnert,
sagt der Bulgare „der heilige Ilias fährt auf seinem feurigen
Wagen, um die Drachen zu bekämpfen, die das Getreide
fressen." (Gleichsam eine Parallele zu Zeus und den Giganten.)
Grohmann, Böhm. Sagen. Prag 1863. S. 97. In der Oberpfalz
fährt, wenn es donnert, der Herr Gott U. L. Frau im Himmel
in einem Wagen spazieren. Schönwerth, II. 125.

Im Anschluss an das Sonnenrad (s. Poet Naturan. I. 98 f.)
berühren sich Sonnen- und Donnerwagen, wie so vielfach
die Sonne in das Gewitter einrückt[1]). (Vergl. auch die oben

---

[1]) Ueber die immer sich wieder reproducirende Vorstellung eines
Sonnenwagens cf. auch Soph. Antig. ἀλλ' εὖ γέ τοι κάτισθι, μὴ πολλοὺς
ἔτι τρόχους ἀμιλλητῆρας ἡλίου τελῶν κτλ.

citirte Abhandlung über die Phaethon-Sage in Fleckeisen und
Masius Zeitschr.) Auf den mit seinem Wagen aus der Tiefe
heraufkommenden Hades κλυτόπωλος habe ich gleichfalls
schon oben hingewiesen.

c) Donner als Rollen einer Kugel (Kegeln).
„Petrus schiebt Kegel" sagt man in Norddeutschland.
Kuhn und Schwartz, Nordd. Sagen. Gebr. 410; in der Oberpfalz:
„St. Peter thut im Himmel Kegel schieben," Schönwerth
S. 125; in der Schweiz klingt es fast noch naturwüchsiger,
wenn es neben der Redensart: „D'Engel schiebe Keigel" auch
einfach heisst: „sie keigle wieder döt obe;" „sie werfet den
Künig." Rochholz, Schweizersagen. I. S. 129 f., vergl. Meier,
Sagen aus Schwaben. I. S. 260. Entsprechend heisst es in West-
falen: „Då sint se noch es recht wiër am Keïlen" (Kegeln). Kuhn,
Westf. Sagen. — Vergl. Donner = Werfen mit Steinen.

Humoristischer erscheint die Vorstellung, wenn es als ein
Rollen mit Bierfässern gilt. „Hört einmal", heisst es in
einer westfälischen Sage, „wie der Herrgott da oben mit seinen
Bierfässern rollt." Kuhn I. No. 350. cf. Rochholz, Naturm. 11.
Aehnlich ist, wenn es in Kärnthen heisst: „Der Donner entsteht
dadurch, dass unser Herrgott Getreide in einen Grant (Getreide-
kasten) schüttet." Lexer bei Wolf. Zeitschr. III. S. 90, desgl.
„Gott wirft die Milchkübeln im Donner." Vonbun. 18 oder
„Gott Vater thut Heu oder Korn einführen oder dreschen",
oder allgemeiner: „Es wird über die Himmelsbrücke geführt."
Zingerle. No. 602. 599, was an die Ansicht der Kamtschadalen er-
innert, dass die dort oben ihre Kähne über Kieselsteine zögen.
— Bei fernem Donner sagt man in Westfalen: „useH ergott man-
gelt." Kuhn, Westf. S. II. 89. Vergl. Herabk. d. Feuers S. 14.

An das Kegeln reihen sich die Sagen von den zauberhaften, gewaltigen Kegelbahnen mit goldenen (silbernen)
Kugeln. Rochholz a. a. O., wenn ferner im Märchen die Brüder
Blitz und Donner solche Kegelbahnen haben und die Kugel
von selbst in ihre Hand zurückkehrt, was sich zur Eigenschaft des Blitzhammers Miölnir und ähnlicher Objecte stellt.
Urspr. S. 106. In Böhmen heisst es, bei einem Gewitter schiebe
Petrus (ev. der liebe Gott oder alle Heiligen) Kegel; wer dabei
läuft, auf den fällt die Kugel. Dann heisst es auch, der

Donner schlägt in Form einer Kugel in die Erde (oder ist nichts anderes als ein feuriger Stein, etwa so gross wie eine wälsche Nuss). Diese Kugel hat unsichtbar machende Kraft (wie der Same des Farrnkrautes). Grohmann, Abergl. und Gebr. aus Böhmen. I. S. 37. Vergl. übrigens Blitz als Kugel.

9. Donner = Tischrücken.

Wenn's donnert, sagt man im Innthal: „Gabriel, Rafael und unser Herrgott rücken den Tisch." Zingerle, Sitten und Gebr. 603.

Dazu stellt sich, wenn in der Oberpfalz es beim Donner heisst: „Die Tischgäste im himmlischen Wirthshause raufen." Schönwerth, 2, 126.

10. Donnerruf, zornige brüllende; murrende, murmelnde; rufende, wahrsagende Stimme (s. auch Sturm).

Dem Donner wird eine Stimme beigelegt:

Des Donners Stimme tönet länger
Und stärker kehret sie zurück.
Seume, „des Gewitters Kommen und Gehen."

War sie, die Donnerstimme nicht eisern, mit der er uns zurief?
Klopstock bei Grimm, Wörterbuch unter „Donnerstimme".

„Der die Streitrosse mit einer Donnerstimme lenkt."
Kurz, ebendas.

Und lauter tönt der Donner Stimme
Und alles bebt vor ihrem Grimme.
v. Selds b. Wander. S. 214.

Hoch über seinem Haupt herab
Rief furchtbar mit Gewittergrimme
Dies Urtheil eine Donnerstimme.
Bürger „Wilde Jäger".

Der Donner gilt dann speciell als „die Stimme des Sturms." „Im Donner spricht's der Sturm." Frühlingsankunft v. Schreiber b. Wander S. 121. — „Der Donner schreit;" sein Ruf gilt als Waidruf (in der Höhe). Lenau II. S. 225.

Donnernd hallt des Todes Waidruf
Ringsum in Gebirg und Thälern,
Plötzlich zündet er die Nacht an
Mit den hingeschossnen Strahlen.
Immer lauter schreit der Donner.

Ich hebe von diesem reichen, mannigfach sich entwickelnden, oft aber in den Mythen nicht specifisch gerade als dieses
Ursprungs zu beweisenden und namentlich oft mit dem Sturm
sich berührenden Element einige typische Formen heraus. Erstens also im Deutschen den „Waidruf" des wilden Jägers. s.
Heut. Volksgl. 34 f. 69. 74; dann im Griechischen, wenn es z. B.
von der Athene heisst, als sie aus des Zeus Wolkenhaupt
als Blitzgöttin hervorspringt: ἀλάλαξεν ὑπερμάκει βοᾷ,
dass Himmel und Erde erbeben. cf. unter Drommete des
Donners und Urspr. S. 87. Dazu stellt sich Thors Bartruf:
„Er bläst und ruft in seinen rothen Bart; dann hallt die
ganze Welt vom Gewittergetöse wieder." Mannh. G. M.
S. 115, dann auch beim Uebergang der Stimme in das Brüllende die Himmelsriesen wie Polyphem u. A.

Das ist ferner des Pindar (IV. 350) βροντᾶς αἴσιον
φθέγμα. Urspr. S. 55.

An den grimmen, furchtbaren Charakter knüpft sich
die Vorstellung des „Zankens", des „Drohens", welches sich
schon aus der Ferne murmelnd, grummelnd verkündet.

„Aus der Ferne murmelt schon eine dumpfe Stimme die
Drohungen des kommenden Donners" (Hirschfeld, das
Landleben in Oltrogge, Deutsches Lesebuch. Hannover 1861.
S. 225).

Sieh' ein Wettergewölk verhüllt urplötzlich des Berges
Ragende Höh'n. Schon zuckt der Blitz, hellleuchtenden Glanzes
Nach den Fluren herab; ihm murrt unendlicher Donner
Nach; —   Pyrker, Stuttgart 1855. III. S. 106.

Dass das Murmeln in ein Brummen überzugehen schien,
zeigte schon der Donner als Bär. Anthropomorphisch gedacht,
weckt dies die Vorstellung eines brummenden Alten dort
oben. „Der Himmelsvatterle balgt" (d. i. zankt und schilt,
auch poltert s. oben Donner poltert) oder in Uebertragung auf
Christus: „Der Heiland kommt und ist zornig, hörst du, wie
er durnet." Meier, Sagen aus Schwaben. Stuttg. 1852. I. S. 259.

Hieran reihe ich, wenn bei Deutschen, Finnen, Esthen,
Lappen der Donnergott vorzugsweise als der „Alte" (der
Grossvater) aufgefasst wird. Das „Väterliche", was Grimm
S. 153 darin findet, dürfte nicht die ursprüngliche, sondern

spätere Deutung des Namens sein in Beziehung des Gottes zum Getreidebau als des der Saat Fruchtbarkeit Verleihenden gnädigen. (Hieran knüpfen sich dann nämlich die Aerntegebräuche, in denen der „Alte" eine Rolle spielt. s. Nordd. Sagen; Kuhn, Westf. Sagen; vergl. auch Mannhardt, Germ. M. 233. 587.) „Ich muss", sagt J. Grimm nämlich in der erwähnten Stelle, „hierbei Gewicht darauf legen, dass der donnernde Gott vorzugsweise als ein „väterlicher" aufgefasst erscheint[1]), als Jupiter und Diespiter, als far und tatl." — — — Thor selbst hiess zugleich Atli d. i. Grossvater." — Vergl. in Betreff der anderen Völker Castrèn, S. 47. Im homerischen Zeus (und auch wohl in der „keifenden" Here) bricht auch dies Moment noch deutlich hervor in Stellen wie Il. 1, 578, wo Hephäst der Mutter zuredet nachzugeben,

$$\ddot{o}\varphi\varrho\alpha \ \mu\dot{\eta} \ a\dot{v}\tau\varepsilon$$
$$\nu\varepsilon\iota\varkappa\varepsilon\dot{\iota}\eta \ \sigma\varepsilon \ \pi\alpha\tau\dot{\eta}\varrho, \ \sigma\dot{v}\nu \ \delta' \ \ddot{\eta}\mu\iota\nu \ \delta a\tilde{\iota}\tau a \ \tau\alpha\varrho\dot{\alpha}\xi\eta$$

(man denke des Vergleichs halber auch an das vorhin erwähnte „Tischrücken" im Donner und dass man in der Oberpfalz noch heut zu Tage wie a. d. betr. O. erwähnt, sagt: „Die Tischgäste im Himmelswirthshause raufen." Es schien nämlich da oben so zuzugehen, dass es einen ähnlichen Gedanken weckte, wie er bei tollem Treiben, auf das man zufällig stösst, sich in dem Ausdruck verkörpert: „Was ist das für eine Wirthschaft" (da es in Wirthshäusern öfter so zuging). „Schon einmal habe Zeus, sagt dann Hephäst weiter, ihn bei solcher Gelegenheit ῥίψε, ποδὸς τεταγὼν, ἀπὸ βηλοῦ θεσπεσίοιο und dergl. mehr. s. auch „Wolke hängt".

Auch Kronos „der Alte" (κρονίων ὄξειν) mit der Regenbogensichel dürfte sich hier anreihen. Urspr. 129 f. Vergl. 96 und 245 Anm.

Ist die oben entwickelte Beziehung des Donners als des „brummenden Alten" und „Grossvaters" richtig, so dürfte dies auch den Weg weisen zur Erklärung, dass neben dem Gewitterteufel des Mittelalters noch in ähnlicher Steigerung

---

[1]) Wilh. Müller, Altd. Rel. S. 247 spinnt diesen Character dann gleich weiter: „Endlich nimmt der milde, väterliche Gott nach dem Tode die Seele zu sich."

seine „Grossmutter" als die „Erzteufelin" gleichsam in poten-
zirter Bedeutung im Hintergrund stehend gilt.

Auf die rufende Stimme des Donners, welche in den
einzelnen Mythen in der mannigfachsten Weise nicht bloss, wie
oben erwähnt, als „Waidruf", sondern auch oft als hallender
Nachruf des Blitzes oder für sich gefasst als Mahnruf auftritt
(s. auch Heutigen Volksgl. 34 f. 37. 42 f. 69. 74. 108. 119),
habe ich u. A. auch die Stimme bezogen, welche in der Sage
Jemanden zur Hebung des (Gewitter)-Schatzes gerufen haben
soll, indem ich es speciell auf den ersten fernen Donnerruf bezog. Ich reihe jetzt hier noch den merkwürdigen Klageruf in
verschiedenen Zwergsagen an, auf den Grimm M. S. 422 Anm.
schon aufmerksam gemacht hat, der den Tod eines Wesens kündet
und dem sich ähnliche Sagen in den Nordd. Sagen und bei Müllenhoff anschliessen. s. Nordd. Sagen Nr. 189. 1. In der Anm. das. erwähnt Kuhn eine analoge irische Sage, wo Einer den betr. Ruf, als
er bei einer gespenstischen Katzenversammlung vorbeikommt,
hört, und als er ihn, nach Hause gekommen, seiner Frau erzählt,
seine Lieblingskatze mit einem Sprung im Kamin ist, indem
sie den Ruf erstaunt wiederholt und verschwindet. Director
Bonnell in Berlin kannte die Geschichte in letzterer Form von
seiner Mutter, mit der kleinen, aber interessanten Modification,
dass die Katze durch's Fenster setzt. Ich glaube, wir
haben hier eine von den vielen Hexenscenen (vergl. z. B. die,
wo Einer der Katze in einer Hexenversammlung die Pfote
abhaut. Urspr. d. M. 231). Der Ruf geht in obiger Sage auf
den Donnerruf, der Sprung auf den Blitz, die Klage gilt
ursprünglich dem Tode des Wesens, welches man im Gewitter
getödtet resp. gestorben wähnte. (Auch Grimm sagt schon
bei Besprechung des betr. Klagerufs „es scheint von uralters
her in dem Ruf der Schmerz über den Tod eines (höheren)
Wesens sich Luft zu machen," wozu ich nur hinzusetze „dort
oben".) Der Ruf schliesst sich natürlich in seiner Form der
Scenerie der Sage an, doch hat er oft einen typischen Charakter, der zu beachten ist. Der erste Ruf, der die Verkün-
digung resp. Aufforderung enthält, heisst z. B. in den Zwergsagen: „Kielkopf, sage doch Torken, er solle , nach Hause

kommen, sein Kind sei todt" oder in einer Katzensage: „Sage Dilldrum, dass Dolldrum todt sei", oder „König Knoblauch ist todt" u. s. w., worauf dann das dem Zwerg oder der Katze entsprechende Wesen, welches es zufällig hört, unter Wiederholung des Rufs in analoger Klageform z. B. „Mord und Dilldrum ist todt," den erwähnten Sprung thut. Hierzu stimmt nun im Haupttenor wunderbar die Sage, welche Plut. de defectu orac. 17 erzählt, und zeigt uns, dass wir es wirklich hier mit einem alten Sagenblatt vom mythischen Baume der Urzeit zu thun haben, welches in Irland wie Deutschland und im Süden Europas in der Tradition haften geblieben. Auf einer Reise nach Italien kommt Epitherses mit dem Schiff in die Nähe der Insel Paxi. ἐξαίφνης δὲ φωνὴν ἀπὸ τῆς νήσου τῶν Παξῶν ἀκουσθῆναι, Θαμοῦν τινὸς βοῇ καλοῦντος, ὥςτε θαυμάζειν. ὁ δὲ Θαμοῦς Αἰγύπτιος ἦν κυβερνήτης, οὐδὲ τῶν ἐμπλεόντων γνώριμος πολλοῖς ἀπ' ὀνόματος. δὶς μὲν οὖν κληθέντα σιωπῆσαι, τὸ δὲ τρίτον ὑπακοῦσαι τῷ καλοῦντι· κἀκεῖνον ἐπιτείναντα τὴν φωνὴν εἰπεῖν, ὅτι Ὅταν γένῃ κατὰ τὸ Παλῶδες, ἀπάγγειλον, ὅτι Πὰν ὁ μέγας τέθνηκεν. τοῦτ' ἀκούσαντας, ὁ Ἐπισθένης ἔφη, πάντας ἐκπλαγῆναι, καὶ διδόντας ἑαυτοῖς λόγον, εἴτε ποιῆσαι βέλτιον εἴη τὸ προςτεταγμένον, εἴτε μὴ πολυπραγμονεῖν, ἀλλ' ἐᾶν, οὕτως γνῶναι τὸν Θαμοῦν, ἐὰν μὲν ᾖ πνεῦμα, παραπλεῖν ἡσυχίαν ἔχοντα, νηνεμίας δὲ καὶ γαλήνης περὶ τὸν τόπον γενομένης, ἀνειπεῖν ὃ ἤκουσεν. ὡς οὖν ἐγένετο κατὰ τὸ Παλῶδες, οὔτε πνεύματος ὄντος, οὔτε κλύδωνος, ἐκ πρύμνης βλέποντα τὸν Θαμοῦν πρὸς τὴν γῆν εἰπεῖν, ὥσπερ ἤκουσεν, ὅτι ὁ μέγας Πὰν τέθνηκεν. οὐ φθῆναι δὲ παυσάμενον αὐτὸν, καὶ γενέσθαι μέγαν οὐχ ἑνὸς, ἀλλὰ πολλῶν στεναγμὸν, ἅμα θαυμασμῷ μεμιγμένον. Das letztere ist der stöhnende Donner in hinsterbenden Kadenzen, wie es in einer Gewitterbeschreibung hiess. Vergl. die „klagende" Windsbraut S. 73. Ueber die wahrsagende Stimme des Donners s. u. A. Urspr. d. Myth. 55 f.

11. Donner — lacht.

Aber wenn in Waldesblättern
Sturmes Abnung flüsternd wacht,
Sich der Himmel regt in Wettern
Und der Donner furchtbar lacht. Rückert.

Hier gehört der Zeus *τερπικέραυνος*, das Koboldlachen, Hohngelächter des Teufels, der Hölle u. dgl. cf. die Urspr. S. 110 aus Aristoteles beigebrachte Stelle: *γίνεται δὲ ἢ πληγὴ τὸν αὐτὸν τρόπον· ὡς παρεικάσαι μείζονι μικρὸν πάϑος τῷ ἐν τῇ φλογὶ γινομένῳ ψόφῳ, ὃν καλοῦσιν οἱ μὲν Ἥφαιστον γελᾶν, οἱ δὲ τὴν Ἑστίαν, οἱ δὲ ἀπειλὴν τούτων.* (Das *ὡς παρεικάσαι μείζονι μικρὸν πάϑος* ist, nebenbei bemerkt, für die Entwicklung und Zusammenstellung mythischer Anschauungen höchst wichtig.)

12. Donner = Bote Gottes (in Böhmen posel boži, Grohmann, AbergL S. 37) tritt so neben den Wind in ähnlicher Auffassung.

13. Donner (*κεραυνοί* d. h. Donner mit Blitz verbunden) = Tänzer.

αἰϑέρος ὀρχηστῆρες ἐβαχχεύοντο κεραυνοί.

Nonn. Dion. 2, 477.

Daran reihen sich mit die Waffentänze der Kureten, Salier, Amazonen, wovon schon z. Theil oben unter Blitz als „Lanze" gehandelt, vergl. auch noch Gewitter = Gekessel (und Windsbraut tanzt).

14. Donnerwolken(heerc) jagen.

Wenn in zornigem Erzittern
Sich im Kampf die Aeste schlagen,
Durch das Blau in Schlachtgewittern
Donnerwolkenheere jagen;
Wenn der Stromschuss jach hereinbraust,
Und das Sturmross schnaubt im Zorne.

Strachwitz, Ged. Leipzig 1877. S. 13.

15: Donnerkeil s. Blitz-Zickzack.

16. Donner bläst Drommete (vergl. Gewitter = Schmettern und Krachen = Gekessel, Trommeln u. s. w., desgl. Sturm bläst Trompete) — spielt eine Harfe. s. Wind „flüstert", „spielt" u. s. w.

Auf, ihr Blitze, auf zu heil'gen Schlachten!
Donner, blast Drommeten, wachet auf!

K. F. Wetzel b. Wander. p. 139.

Wie beim Sturm stellt sich daneben das „Trommeln". Wenn's donnert, sagt man in Tirol: „Die Heiligen trommeln im Himmel." Zingerle, No. 600.

— κορυσσομένοιο δὲ Φοίβου
ἄρεος ἐσμαράγησε μέλος πατρώιος Αἰθήρ,
βροντάϊον κελάδημα.   Nonnus Dion. 36, 89 ff.

cf. Hom. Il. 21, 199. ὅτ᾽ ἀπ᾽ οὐρανόθεν σμαραγήσῃ.

desgl. ἀλλὰ Κρονίων
οὐρανόθεν κελάδησε, καὶ Αἰακὸν εἰς φόνον Ἰνδῶν
βρονταίοις πατάγοισι Διὸς προκαλίζετο σάλπιγξ.
                                    Nonn. Dion. 32, 284 ff.

πατὴρ δέ μιν ὑψιμέδων Ζεὺς
βρονταίης ἀνέκοπτε μέλος σάλπιγγος ἀράσσων.
                                    Nonn. Dion. 43, 378 ff.

Ζεὺς μὲν ἱμασσομένων νεφέων βροντάϊον ἀράσσων
αἰθέριον μύκημα μέλος σάλπιζεν ἐννοῦς.
                                    Nonn. Dion. 2, 364 ff.

οὐρανίη δὲ
βρονταίοις πατάγοισι Διὸς μυκήσατο σάλπιγξ.
                                    Nonn. Dion. 6, 230 ff.

Hierzu oder zum Sturm stellt sich, wenn die argivische
(Blitzgöttin) Athene den Beinamen Σάλπιγξ führt (Lauer p. 369,
Preller I. p. 147) und dass sie überhaupt als Erfinderin der
erzmündigen Felddrommete galt. cf. Urspr. d. Myth. S. 87.

Hieran reihe ich, dass wie beim Sturm oben von einer
Harfe die Rede war, diese auch auf den brausenden Donner
bezogen wird.

> Blitz, nun flattre dein Wimpel,
> Donner, rühre deine Harfe u. s. w.
>   A. Grün b. Grimm Wörterb. II. 1238.

**17. Donner hängt an den Fersen des Blitzes, hinkt
ihm nach.**

„Und nun hängt Ihr Euch doch an unsre Fersen, wie der
Donner an den Blitz." Heyse, neue Novellen. 1862. S. 24.

Es giebt eine oft wiederkehrende deutsche Sage von einem
Hirten, der eine Blume findet, die ihm den Zugang zu einem
Berge öffnet, dessen Thür, wie er wieder heraustritt, zuklappt
und ihm die Ferse abschlägt, so dass er lahm bleibt oder
kurze Zeit darauf stirbt. Kuhn hat schon in s. Abhandlung über
die „weisse Frau" in Wolf's Zeitschr. 1855. S. 387 es auf die

Gewitterscenerie gedeutet, die Wolkenblume, das Oeffnen des Wolkenberges im Blitz u. s. w., und das lahm werdende Wesen (in Analogie zum Hephäst) auf den Donner bezogen, der „ewig dem Blitze nachhinke." Es sind uralte und weit verbreitete mythische Vorstellungen, die uns hier entgegentreten. Abgesehen davon, dass die Persephone-Sage gewisse Elemente dieses Mythos theilt (s. Gewitter blüht auf und Urspr. d. Myth. unter „Pferdegottheiten"), zum hinkenden Hephäst ferner, worauf auch schon Grimm und Kuhn hingedeutet, sich der nordische Völundr stellt (vielleicht auch der indische Jamas „mit seinen verschrumpften Füssen" (s. Gewitter = Weltuntergang), so treten auch sonst Anklänge höchst charakteristischer Art daran beim christlichen Teufel wieder hervor. Ausser, dass er mit dem Pferdefuss ausgestattet erscheint, lahmt er auch direct. In den magyarischen Sagen (in Müller's Siebenbürgischen Sagen. Kronstadt 1857. S. 173) heisst es z. B., Gott habe einmal im Zorn alle Teufel erschlagen, nur ein einziger kam mit lahmen Füssen davon. In einer serbischen Sage kehrt sich die Sache um, der Teufel verfolgt den Erzengel Michael. Jener hatte die Sonne gestohlen, dieser sie ihm wieder abgewonnen. Schon hatte der heilige Erzengel mit einem Fusse den Himmel betreten, da erreichte ihn der Teufel bei dem andern Fusse und riss ihm mit seinen Klauen aus der Sohle desselben ein Stück Fleisch. Und wie der heilige Erzengel so verwundet mit der Sonne vor Gott den Herrn trat, weinte und klagte er: „Was soll ich nun, o Gott, so verunstaltet." Da sprach Gott zu ihm: „Sei ruhig und fürchte dich nicht, ich werde es anordnen, dass von nun an alle Menschen gleich dir eine kleine Vertiefung in der Sohle haben. Und wie Gott es anordnete, entstand auch bei allen Menschen auf den Sohlen beider Füsse eine kleine Vertiefung und so ist es geblieben bis auf den heutigen Tag." Das Mythische in dieser Sage tritt klar hervor, es ist dasselbe Element, wie in der obigen, nur anders gewandt; an der Thür des Himmels tritt wie dort beim Eingang in den Berg, als die Thür hier zuschlägt, das charakteristische Moment der Verstümmlung hervor. Verschiedene Momente sind hier offenbar zusammengekommen, das Nachhinken des Donners, die lähmende Kraft des Blitzes, dann wieder der Donnerschlag (wofür man noch im XVI. Jahrh. nach Grimm „Donnerklapp" sagte), im angeblichen Hinweis auf die dröhnend zuschlagende, zuklappende Himmelsthür.

Dass die Griechen auch die Vorstellung des gelähmten Gewitterwesens neben der Gestalt des Hephäst noch verschiedentlich gehabt, das beweist vor Allem der Mythos, nach dem Zeus im Kampf mit dem Gewitterdrachen Typhon geschwächt wird, indem er um seine Sehnen und Flechsen dabei kommt. Wie Hermes dem Typhon dieselben abnimmt und dem Zeus wieder einsetzt, wiederholt sich dasselbe in anderer Weise beim Achill. Der Knöchel, der ihm verbrannt, als seine himmlische Mutter Thetis ihn im Gewitter-Feuer unsterblich machen, ihm gleichsam die feurige Blitztaufe geben wollte, (s. Windsbraut als Hebeamme), wird vom Cheiron durch einen anderen ersetzt, der ihm ausfiel, als ihn, den Gewitterhelden mit der Blitzlanze, der Regenbogengott Apoll verfolgte. s. Urspr. d. Myth. I. Cap. 15 „die Entmannung oder Schwächung des Uranos, Zeus" u. s. w., namentlich S. 140.

Aber noch weiter und in anderer Weise scheinen sich die Wurzeln des Mythos von dem „Hinkfuss" ursprünglich in einzelnen Mythen erstreckt und neben der Auffassung des gelähmten Gewitter- resp. des im Gewitter gelähmten Sonnenwesens, in besonderer Persönlichkeit auch den Mond, „den Nachtgeist", als „den schwächeren Zwillingsbruder des Sol," der diesem im Wandel am Himmel nachgeht, jenem sich gleichsam „nachschleppend" und „nachhinkend" gefasst zu haben. Eine Verbindung dieser mit der oben entwickelten Gewittervorstellung wäre in sofern möglich gewesen, als Blitz und Donner auch als Streit des himmlischen Sonnenwesens und der Nacht resp. des Mondes vielfach galten, das Hinken des Mondes also in jenen Anschauungen wohl dann auch so eine Art Anlehnung und Erklärung finden konnte. Die Sache bedarf noch weiterer Untersuchung, ich habe sie nur erwähnen wollen, wie ich auch im ersten Theil schon verschiedentlich Veranlassung gehabt habe, darauf hinzuweisen. s. besonders S. 192 ff.

18. Donnerpfad, Donnergang.

Da flammt ein blitzendes Verheeren
Dem Pfade vor des Donnerschlags.

Goethe b. Grimm. W. S. 1250.

Dessen Fahne Donnersturm umwallte,
Dessen Ohren Mordgebrüll umhallte,
Berge bebten unter dessen Donnergang,
Schläft hier linde bei des Baches Rieseln.

Schiller ebendas. S. 1257.

„Gegen Westen rückte ein Gewitter mit seinem Donner-
tritt über den Himmel."

Jean Paul ebendas. S. 1256.

Aber horch, es bebt das Thal.
Ja, das ist von Donnerschlägen.

Mörike ebendas. S. 1251.

Vergl. Redeweisen wie „der ganze Himmel erzittert vom
Donner" (Maaler bei Grimm, W. S. 1237).

Dies knüpft u. A. an an den griechischen *Ποσειδῶν ἐνοσίχθων*
oder *ἐνοσίγαιος,* (der ursprünglich der himmlische Wassergott
mit dem Blitzdreizack ist); s. über das Letztere Urspr. d.
M. 127. 170. Vergl. auch die Parallele mit dem Aïdes unter
„Wind gefesselt".

So erklären. sich auch Schilderungen wie bei Homer Il.
XIII. 18 ff.

τρέμε δ' οὔρεα μακρὰ καὶ ὔλη
ποσσὶν ὑπ' ἀθανάτοισι Ποσειδάωνος ἰόντος.

19. Donnerschwanger = „gewitterschwanger"; vergl.
auch dies. „Schwarze, donnerschwangere Wolken hangen
über der Erde."

Wie am schwüleren Mittag
Donnerschwangeres Gewölk auffleugt.

Klinger und Pyrker b. Grimm Wörterb. S. 1251.

20. Donnerschlag; in demselben ein Gewitterwesen erschlagen (im Blitz nur gelähmt).

Des Himmels Jägerruf erscholl
In fernen Donnerschlägen,
Aus schwarzen Wetterwolken quoll
In schweren Tropfen Regen.

Ich stand in tiefer dunkler Schlucht,
Auf einen Bock zu blatten;
Es hüllt der Eiche Blätterwucht
Mich ein in düst're Schatten.

Vom Wetter aufgeschreckt, in Hast
Kam scheu das Reh gesprungen;
Mein Blei hat schnell das Ziel erfasst,
War ihm in's Herz gedrungen.

Zumal das laute Wetter schlug,
Vom Sturme hergetragen.
Der grosse Jäger auf dem Zug
Hat wohl ein Wild erschlagen.

Graf v. Württemberg.

8. „Gewitterjagd", „Donner hängt sich an die Fersen des Blitzes," „Gewitter wird schwächer."

———————

Capitel V.

Gewitter.

---

1. Gewitternacht (heraufgekommene „Unterwelt", „losgelassene Hölle", „Kampf der Nacht mit dem Tage"; s. Wolkennacht; s. Gewitter kommt herauf.

„Heulend fuhr der Orkan über das Land, das noch kaum zuvor so hell und sonnig gewesen, jeder Funke von Licht erlosch und Alles war in schwarzen Nebel gehüllt." James, der Ueberwiesene. Stuttg. 1847. S. 610.

— — — doch brausenden Flugs
Trieb in dem Augenblick das entsetzliche Donnergewitter
Näher, und stäubte den Sand in wirbelnden Säulen von
Grund auf.
Blitz auf Blitz, und Schlag auf Schlag urplötzlichen Donners
Flammt', und krachte herab aus dem finstren Schoosse der
Wolken,
Die, gewitterschwer, tiefhangend, zum Boden gesunken
Jetzo des Mittags Hell' in Nacht umwandelten ringsum.
Pyrker, Rudolf v. Habsb. Stuttg. 1855. S. 139.

„Bald ist der Tag in Nacht verkehrt." Kannegiesser, Deutsches Declamatorium. Leipzig 1842. II. S. 85. — „Die Sonne verbirgt sich hinter den schwarzen Wolkengebirgen; die Nacht überwältigt den Tag." Hirschfeld, Das Landleben (Oltrogge, Deutsch. Lesebuch. Hannover 1861. S. 225). — „Indessen wird die über die Erde ausgebreitete Nacht immer fürchterlicher und aus der Ferne murmelt schon eine dumpfe Stimme die Drohungen des kommenden Gewitters." ebendas.

In der letzten Stelle setzt schon der Kampf der Nacht mit dem Tage, der Wesen der Finsterniss und des Un-

wetters mit den sie doch schliesslich bekämpfenden Wesen
ein. — „Jeder Funke von Licht erlosch", „die Nacht überwältigt
den Tag" — diese beiden Sätze schliessen schon allein eine
grosse Fülle mythischer Elemente in sich, deren Ausführung
dann durch die Gruppirung und Deutung der übrigen atmosphärischen Erscheinungen, wie wir gesehen, unendlich mannigfach wird.

> Der Mensch, das schwache Leben
> Steht mitten drein gebannt
> Und fühlt mit dumpfem Beben
> Der rohen Kämpfer Hand.
>
> Rückert.

Weiter sagt nun Pyrker, Stuttg. 1855. III. S. 52.

> Abendlich ruhte die Flur, als pfeilschnell über des Horebs
> Höh'n sich Wettergewölk aufhob und nächtliches Dunkel
> Ueber das Thal sich ergoss.

Entwickelt sich weiter die Scenerie, gesellt sich zu dem
heraufkommenden Dunkel das Losbrechen des Unwetters,
so dass es also in jenem lebendig wird, so hört man unter
dem furchtbaren Eindruck oft Ausdrucksweisen: „Es ist als
wäre die (ganze) Hülle losgelassen." Dem entspricht Lucrez
VI. 249 ff.:

> Quod tunc per totum concrescunt aëra nubes
> Undique, uti tenebras omnes Acherunta reamur
> Liquisse et magnas coeli complesse cavernas.

Apollonius Rhodius 4, 1694 ff. singt:

> Αὐτίκα δὲ Κρηταῖον ὑπὲρ μέγα λαῖτμα θέοντας
> νὺξ ἐφόβει, τήν πέρ τε Κατουλάδα κικλήσκουσιν.
> νύκτ' ὀλοὴν οὐκ ἄστρα διῖσχανεν, οὐκ ἀμαρυγαὶ
> μήνης· οὐρανόθεν δὲ μέλαν χάος ἠέ τις ἄλλη
> ὠρώρει σκοτίη μυχάτων ἀνιοῦσα βερέθρων.
> αὐτοὶ δ', εἴτ' Ἀίδῃ, εἴθ' ὕδασιν ἐμφορέοντο,
> ἠείδειν οὐδ' ὅσσον·[1]).

---

[1]) Das ist die Stelle, aus der sich neben anderen die Bedeutung
des Bogens des Apollo als Regenbogen ergiebt, wenn es weiter heisst,
dass er in dieser Dunkelheit hülfreich mit seinem glänzenden Bogen
erschienen sei und daher Αἰγλήτης genannt werde (δεξιτερῇ χρύσειον
ἀνέσχεθεν ὑψόθι τόξον). cf. Urspr. S. 102 f.

. An die letzteren Stellen schliessen sich namentlich die Vorstellungen von den sogen. chthonischen Göttern an, wie ich es schon im Urspr. d. M. durchgeführt (s. u. A. S. 13).

2. Gewitter = Zank, Kampf am Himmel (s. unter Winde, Blitz und Donner).

In Westfalen heisst es beim Gewitter „use Herrgott kift." Wolf z. Deutsch. Myth. I. 63. s. unter „Donner zankt."

Vier Elemente liegen
Wie Raufer im Haar
Einander und bekriegen
Sich wechselnd immerdar,

Es blitzt das rothe Feuer
Aus Wolkenwall mit Macht,
Und donnert ungeheuer
Als wie zur rechten Schlacht.

— — — — — — —

Der Sturmwind schnaubt dazwischen
Mit allgememeinem Braus,
Luft, Erd' und Meer zu mischen
In eines Chaos Graus.

Rückert.

Aesch. Prom. 1061 ff.:

Χθὼν σεσάλευται·
Βρυχία δ' ἠχὼ παραμυκᾶται
Βροντῆς, ἕλικες δ' ἐκλάμπουσι
Στεροπῆς ζάπυροι, στρόμβοι δὲ κόνιν
Εἱλίσσουσι· σκιρτᾷ δ' ἀνέμων
Πνεύματα πάντων, εἰς ἄλληλα
Στάσιν ἀντίπνουν ἀποδεικνύμενα
Συντετάρακται δ' αἰθὴρ πόντῳ.

Sieh', auch der Himmel ging seither mit Entsetzlichem
schwanger,
Trug's im gährenden Schoss', und gebar's dem Volke
zum Zeichen
Unglück dräuender Zeit! Durch vierzig Nächte des
Grauens
War in der Luft Getös' und furchtbares Schlachtengetümmel.
Wie das Abendgewölk entschwindet am rosigen Himmel;

Wie der Gedanke so schnell — wie Morgenträume so
    flüchtig
Schwanden die Luftgestalten dahin im dunklen
    Aether.
Dann zum erneuerten Kampf herbrausend von Osten
    und Westen
Stürmten auf feurigen Rossen sie an (der goldnen
    Rüstung
Glanz erhellte die Nacht, wie Mondesschimmer im
    Vollmond)
Schwenkten über den Helm den Speer, und trieben
    und drängten
Gegeneinander die Ross' im Gemenge der blitzenden
    Waffen.
Und an dem Grashalm hing in des Morgens kühleren
    Stunden
Dann der Thau, wie Blut in dunkelröthlichen Tropfen.

            Pyrker, Stuttg. 1855. III. S. 252 f.

Nicht bloss der Schluss erinnert an die Walküren, von
deren Wolkenrossen, wenn sie reiten, Thau in die Thäler
trieft, die als Sturmesmädchen das Gewebe der Schlacht
winden und mit ihrem Gesang es begleiten, dann es zerreissen und zur Schlacht ausziehen, Alles uns bekannte
Züge; — die ganze obige Stelle schildert uns, namentlich in
ihrem zweiten Theil, eine vollkommene Odhins-Schlacht
mit seinen Einheriern, die immer zum erneuerten Kampf
sich erheben.
    Die Einherier alle in Odhins Saal
    Streiten Tag für Tag.

Mit der Vorstellung, dass in solchem Kampf am Himmel
die Welt untergehen könne, entwickelte sich die Idee von
dem letzten Weltkampf (s. Gewitter = Weltuntergang). In
der Regel knüpfte sich als ein anderes Moment daran der Glaube
an eine dann eintretende Neuschöpfung, wie sie ja auch die
Edda nach dem Ragnarök in den Hintergrund stellt (und sie
factisch auch nach jedem Gewitter eintrat); die gewöhnliche
Volkssage fasste diese Idee aber einfacher als „einen Sieg der
Guten," „ein Kommen einer besseren Zeit" und dergl.
Morgenländer, Griechen, Römer, das ganze Mittelalter er-

blickte in feurigen Meteoren kämpfende Heere, flammende Schwerter, Wagen und Spiesse, Schlachten und Blut. Meiners im Götting. historischen Magazin. Hannover 1787. I. S. 118. (s. Winde kämpfen.) Die Chroniken registriren überall genau und ehrbar, so z. B. Angelus im J. 1555 (S. 354): „Um Bartholomäi hat man zu Cüstrin eine grosse Feldschlacht am Himmel gesehen mit jämmerlichem Geschrei und grossem Getümmel." Der Volksglaube spricht Aehnliches noch stellenweise bestimmt aus. „Wenn ein stark Gewitter ist und die Winde gegen einander wehen, sagt man in Alt-Bunzlau, dass die bösen Engel wider einander streiten." Anderweitig heisst es „böse Geister", von denen unter Umständen der Hagel herrührt, „denn sie schleudern Mühlsteine auf einander und wenn diese aufeinander treffen, so zerspringen sie in tausend Stückchen und bilden auf die Erde herabfallend, den Hagel." Grohmann, Abergl. aus Böhmen. S. 33.

Klingt dies noch heidnisch, so stellt sich mehr zu den Schlachtenbildern der Chroniken die gelegentlich in Gegenden, wo noch heut zu Tage das sogen. Vorgesicht herrscht, auftauchende Sage von Schlachten, die man immer wieder am Himmel will gesehen haben[1]). Auch an derartige sich durch die Tradition fortpflanzende Vorgesichte reiht sich noch oft die schon oben erwähnte Vorstellung einer letzten Schlacht, nach der dann eine neue, bessere Zeit beginnen werde, an. Selbst in der Mark Brandenburg fand ich davon im J. 1862

---

[1]) Bekanntlich herrscht noch das Vorgesicht in einzelnen Theilen Westfalens wie in Schottland. Es ist aber im Absterben begriffen wie der Gespensterglaube. Nur gelegentlich lebt es noch zu grösseren Dimensionen auf. In den vierziger Jahren hörte ich z. B. in besonders ultramontan gesinnten Theilen Westfalens von Schlachten, die man am Himmel gesehen, wo ganze Heere zusammengestossen; zuletzt hätten die Weissröcke (die Oestreicher) gesiegt. Im Uebrigen knüpft sich das Vorgesicht meist an das Erblicken von Leichenzügen und Feuer. Beides sind aber, wie die Chroniken zeigen, auch öfter vorkommende Visionen, die man noch im Mittelalter oft am Himmel glaubte wahrzunehmen. Schafhirten in der Einsamkeit von Landstrichen mit weitem Horizont scheinen noch jetzt oft die Träger derartiger Vorstellungen geblieben zu sein, die dann auch ohne jenen Hintergrund in der Tradition und stillen Phantasie einzelner nervös Afficirten ihr Spiel fortsetzten.

eine Spur. „In Bernau, hiess es, sei ein Postillon, der sehe Alles voraus, was passire (hätte also das Vorgesicht). Der habe von einem grossen Kriege prophezeit in den Sechszigern, nach Anderen würde er in den Achtzigern sein. Die Menschen, heisst es, würden dann so rar werden, wie die Störche im Jahre 1857, wo ein grosser Sturm sie verschlagen hatte und so viele umgekommen waren, dass man fast alle fünf Meilen nur einen noch sah. So würde Gott die Menschen schlagen, wie er damals seinen Gottesvogel geschlagen. Dann würden die Menschen sich freuen, wenn einer den andern sähe. Was aber die Schlacht selbst anbeträfe, so hätte Einer lauter rothe Reiter am Himmel ziehen sehen, die waren so gross, dass sie zum zweiten Stock in's Fenster hätten hineinsehen können." Ein Erzähler meinte auch, mal, wie er im Quartier lag, gehört oder gelesen zu haben, bei Chorinchen sollte der ewige Friede geschlossen werden; da würde aber die ganze preussische Armee unter einem Knödelbaum Platz finden, so klein sei sie dann (s. Schwartz, Nachträge zur Sagengesch. der Mark Brandenburg in d. Märk. Forschungen v. J. 1863. S. 171 ff.). Vergl. u. A. Nordd. S. 247. 2. Anm. — Grohmann, Sagen aus Böhmen. Prag 1863, namentlich von den „himmlischen Soldaten", den „bergentrückten Helden" S. 1 f. 13 ff.

3. Gewitter, wilde Jagd ähnlich wie schon oben vom Jagen der Wolken und Winde die Rede gewesen.

Wie die Gewitternacht (s. oben), so stammt auch diese Jagd aus der Hölle.

> Horch, was tönet für ein Sausen
>   Jetzt mit Eins durch Luft und Wald,
> Dass die Aeste dumpf erbrausen,
>   Und des Forstes Grund erschallt!
> Durch die Wolken jagt es staubend;
>   Als gesendet von der Höll'
> Huschen Larven, Flammen schnaubend,
>   Hin mit mörd'rischem Gebell.
> Fort, o fort, rief Eilebeute,
>   Fort, erschrocken Raubebald:
> Gott, des wilden Jägers Meute
>   Jagt am Himmel durch den Wald.
>   **Conz b. Wander. S. 370.**

An dieses Bild einer im Gewitter dahin ziehenden Jagd reihen sich die Jägerinnen mit den Schlangenhaaren, den stygischen Hunden, welche die Hölle entsendet, dass sie am Himmel die Jagd aufnehmen. Es sind die Erinnyen und Furien, wie Verg. Aen. 10, 694 selbst noch von den furiis ventorum spricht.

Was sie dort oben jagen, ist zunächst wie beim „wilden Jäger" unbestimmt, das hängt dann von der weiteren Ausbildung des einzelnen Mythos ab. Sie erschienen eben zunächst einfach am Himmel wie die aus den Tiefen heraufkommende, sich nahe mit ihnen berührende Hekate, die z. B. beschworen werden zu können schien; fasste man doch, wie oben schon gelegentlich erwähnt, „das Sturmlied" als ein so zauberhaft wirkendes Lied. Das Heraufkommen der Hekate, wie es z. B. Apoll. Rhodius beschreibt, bedarf nach unseren Entwicklungen weiter keiner den Ursprung besonders nachweisenden Ausführung; es spricht in dieser Hinsicht gleichsam für sich, wenn es heisst III. 1213 ff.:

ἡ δ᾽ ἀίουσα
κευθμῶν ἐξ ὑπάτων δεινὴ θεὸς ἀντεβόλησεν
ἱροῖς Αἰσονίδαο· πέριξ δέ μιν ἐστεφάνωντο
σμερδαλέοι δρυΐνοισι μετὰ πτορθοῖσι δράκοντες·
στράπτε δ᾽ ἀπειρέσιον δαΐδων σέλας· ἀμφὶ δὲ τήνγε
ὀξείῃ ὑλακῇ χθόνιοι κύνες ἐφθέγγοντο.
πίσεα δ᾽ ἔτρεμε πάντα κατὰ στίβον· αἱ δ᾽ ὀλόλυξαν
Νύμφαι ἑλειονόμοι ποταμήτιδες, αἳ περὶ κείνην
Φάσιδος εἰαμενὴν ᾽Αμαραντίου εἱλίσσονται.
Αἰσονίδην δ᾽ ἤτοι μὲν ἕλεν δέος, ἀλλά μιν οὐδ᾽ ὣς
ἐντροπαλιζόμενον πόδες ἔκφερον κτλ.

Umsehen durfte er sich nämlich nicht, das hatte ihm Medea ausdrücklich untersagt, sonst würde er Alles verderben:

μηδέ σε δοῦπος
ἠὲ ποδῶν ὄρσῃσι μεταστρεφθῆναι ὀπίσσω,
ἠὲ κυνῶν ὑλακὴ, μήπως τὰ ἕκαστα κολούσας κτλ.

Dass dies auch ein Moment ist, welches so recht eigentlich in die behauptete Scenerie passt, darauf habe ich schon in einem Aufsatze über den Orpheus- und Eurydike-Mythos in der

Berl. Zeitschr. f. Gymnasialw. v. J. 1866. S. 786 ff. hingewiesen; ich will hier versuchen, der Erklärung desselben, die nicht leicht, etwas näher zu treten.

Es kehrt nämlich derselbe Zug verschiedentlich unter der Form wieder, dass eines der beiden in der Gewitterscenerie auftretenden Wesen bei dem betr. Umkehren des Andern in die Tiefe versinkt, gerade wie der Wetterstrahl (der Donnerkeil) auch in dem Krach (in dem „Kladderadatsch", wie man auch wohl oenomatopoetisch sagt) in die Tiefe der Erde sinken sollte. So versinkt die aus der Unterwelt heraufgeholte Gattin des himmlischen Spielmanns Orpheus (hier ist nur von der Scenerie, nicht von der ethischen Entwicklung des Mythos die Rede), als er sich umkehrt, desgl. die weisse Frau d. h. die Sonnenfrau des deutschen Volksglaubens (die im Gewitter von ihrem ewigen Wandeln erlöst sein will), als derjenige, welcher sie erlösen soll und sie, wenn das Gewitter herumzieht, herumträgt, gleichfalls sich bei dem Gewitterspuk umsieht, welcher ihm in den Weg kommt, eben so wie das Umdrehen des Jason beim Erscheinen der Hekate Alles verderben sollte.

Es muss nach Allem an dem Blitz etwas gehaftet haben, was man in persönlicher Auffassung desselben als ein Umsehen deuten konnte, und zwar in dem Moment, wo der Krach herunterfährt. Eine Reihe von Mythen fassen diesen Augenblick vom Standpunkt eines dahinfahrenden Wagens als ein Brechen an den Rädern, kurz als ein Stocken in der Action dort oben auf; andere, die von einem persönlich gedachten Verfolgen des Blitzes durch den Donner ausgehen, nehmen den Moment des Einschlagens als ein Zusammenprallen beider Wesen, bei dem etwas hernieder fällt, wie man auch noch jetzt sagt „es schlage ein, wenn Blitz und Donner zusammentreffen und dann das Krachen erfolgt." Der Blitz mythisch gedacht, wurde also ereilt oder kehrte sich um, um dem Verfolger Stand zu halten, und so schien die Katastrophe zu erfolgen. Dies möchte ich in einer Version der hierher gehörenden Athene-Erichthonios-Mythe direct angedeutet finden. Ich habe von dem Mythos an sich schon Urspr. 139 gehandelt, indem ich den Bericht des Apollodors zu Grunde

legte. Ἥφαιστος εἰς ἐπιθυμίαν ὤλισθε τῆς Ἀθηνᾶς, καὶ διώκειν
αὐτὴν ἤρξατο (gerade wie in anderer Sage die Thetis), ἡ δὲ
ἔφευγεν. ὡς δὲ ἐγγὺς αὐτῆς ἐγένετο πολλῇ ἀνάγκῃ (ἦν γὰρ
χωλός), ἐπειρᾶτο συνελθεῖν, ἡ δὲ ὡς σώφρων καὶ παρθένος οὖσα
οὐκ ἠνέσχετο. ὁ δέ ἀπεσπέρμηνεν εἰς τὸ σκέλος τῆς θεᾶς κτλ.
Nun heisst die Version bei Eratosth. Catastcrism.: „Sie verbirgt
sich ἔν τινι τόπῳ τῆς Ἀττικῆς· Hephästos aber δόξας αὐτὴν
κρατήσειν καὶ ἐπιθέμενος, πληγεὶς ὑπ' αὐτῆς τῷ δόρατι
ἀφῆκε τὴν ἐπιθυμίαν, φερομένης εἰς τὴν γῆν τῆς σπορᾶς. Hier
setzt sich also Athene zur Wehr, und halten wir die Scenerie am Himmel fest, so kehrt sich die Blitzgöttin um
und zückt ihre Lanze gegen den „Hinkfuss", der sie verfolgt und
der „Saame" (d. h. dann das schlangenflüssige Gewitterkind) fährt
hernieder. Noch näher fast kommt der Sache in anderer Weise
eine andere Sage, in der Blitz und Donner gleichsam eine Art
himmlisches Zwillingspaar ausmachen und die Göttin Athene
ihre Halbschwester Pallas in dem betr. Gewitterkampf getödtet
haben sollte: ἀμφοτέρας δὲ ἀσκούσας τὰ κατὰ πόλεμόν (φασιν).
εἰς φιλονεικίαν ποτὲ προελθεῖν· μελλούσης δέ πλήττειν Παλλάδος
τὸν Δία φοβηθέντα τὴν αἰγίδα προτείναι, τὴν δὲ εὐλαβηθεῖσαν
ἀναβλέψαι καὶ οὕτως ὑπὸ τῆς Ἀθηνᾶς τρωθεῖσαν πεσεῖν.
(Apollodor III. 12,4.) Während es im obigen Mythos nur mehr
indirect ausgesprochen wird, so streift dies doch schon vollständig an das Stören durch Haltmachen und Umsehen, welches
die scheinbar in regelrechter Entwicklung der Dinge dort oben
sich befindende Handlung stört, dass der Krach, das Herab-
sinken u. s. w. erfolgt.

Doch zurück nach dieser Abschweifung zur Gewitterjagd
und dem einfachen Gewitterjäger, mag er indisch Rudra,
griechisch Apollo (oder Dionysos Zagreus) oder deutsch Wodan
heissen. Das Material ist hier fast unerschöpflich, aber auch
schon hinlänglich behandelt. Ich will nur ein paar Punkte
hervorheben. Die bedeutsamsten Formen, in denen sich die
Sage einer vollständigen Jagd entwickelt hat, sind die schon
oben behandelten: 1) die vom Gewittereber, die in Griechenland
wie in Deutschland in den verschiedensten Versionen spielt und
2) die vom Sonnenhirsch, wie er gewöhnlich genannt wird,
der aber auch, wie ich oben entwickelt, sein Geweih und

seine ganze Gestalt dem Blitzzickzack und Gewitter verdankt und nur später dann in allerhand Beziehungen zur Sonne getreten ist, gerade wie der Eber, der auch in der deutschen Mythologie dann als Sonneneber gilt. Die Entwicklung der Sage vom Schuss des wilden Jägers auf den Sonnenhirsch bei den Indogermanen hat Kuhn nun in einer umfassenden Abhandlung in Zacher's und Höpfner's Zeitschrift in ihren verschiedenen Wandlungen von den ältesten Zeiten bis auf den heutigen Tag bis zu dem Hubertushirsch, welcher das Kreuz zwischen den Geweihen trägt, vollständig gegeben. Vom höchsten Interesse ist aber, dass nachträglich noch eine Parallele derselben Sage aus Lappland durch Datschenko bekannt geworden (s. Globus v. J. 1876. No. 16). „In Lappland", heisst es daselbst, „lebt ein grosser Berggeist (?) Aorama-telle, dessen Grösse zehn alte Kiefernbäume überragt. Er geht mit seinen Hunden, welche die Grösse von Ochsen haben, auf die Jagd des grossen weissen Rennthiers mit schwarzem Kopfe und goldenen Hörnern. Diese Jagd dauert nun schon unberechenbar viele Jahre, und wenn Aoroma-telle's erster Pfeil das weisse Rennthier treffen wird, wird das erste Erdbeben stattfinden. Dann werden alle alten Felsengebirge bersten und Feuer speien, die Flüsse werden rückwärts fliessen, das Wasser der Seeen hinwegströmen, das Meer verarmen, austrocknen. Wenn dann Aoroma-telle's zweiter Pfeil das weisse Rennthier in die schwarze Stirn zwischen die beiden goldenen Hörner treffen wird, dann wird Feuer die ganze Erde umgeben, die Berge werden kochen wie Wasser, an der Stelle des Meeres werden sich andere Berge erheben und sie werden wie Fackeln brennen, und die Polarländer, zu denen jetzt von dort aus Eis und Nordwinde kommen, erleuchten. Wenn sich aber die Hunde auf das Rennthier stürzen und es zerreissen werden, wenn Aoroma-telle sein Messer in dessen zitterndes Herz stossen wird, dann werden die Sterne vom Himmel fallen, der alte Mond wird dann erlöschen, die Sonne weit, sehr weit von hier ertrinken und auf der Erde nichts Lebendiges verbleiben. Es wird dies das Ende der Welt sein. — Aoroma-telle aber thut den Menschen nichts Böses. Wenn jedoch ein Mensch das Unglück hat, die

Augen des Rennthiers zu sehen, erblindet er für's ganze Leben; wer den Tritt seiner Hufe hört, wird taub für's ganze Leben, und wen der glühende Athem des Rennthiers trifft, der wird stumm für's ganze Leben. Gehör, Gesicht und Sprache erhält der Unglückliche einige Augenblicke vor seinem Tode erst wieder, auf dass er seiner Umgebung mittheile, was er in sich selbst gesehen, in sich selbst während dieser Zeit gehört hat."

Die Form dieser Sage ist höchst interessant. Es ist der „wilde Jäger", der hier statt des sogen. Sonnenhirsches das weisse Rennthier jagt, welches sich recht eigentlich als Gewitterthier durch die lähmende Wirkung, welche es ausübt, bekundet. Im Hintergrunde steht dann, wie schon oben angedeutet, die aus dem Gewitter sich entwickelnde Vorstellung eines so einmal eintretenden Weltuntergangs.

In Betreff der Person des wilden Jägers weise ich neben den schon oben erwähnten Apollo und Dionysos-Zagreus auf griechischem Boden auch noch auf Orion und vor Allem Herakles hin, auf den letzteren namentlich wie er in höchst charakteristischer Weise bei den pontischen Griechen mit Bogen und Pfeil ausgestattet erscheint und sich mit der Echidna vermählt haben sollte. Ist er doch auch auf dem griechichen Festlande in den Sagen noch recht der alte Jäger, wenn er in Arkadien die kerynitische Hirschkuh mit ihren goldenen Hörnern oder gleichfalls daselbst (resp. in Thessalien) den (erymanthischen) Eber jagt oder die stymphalischen Vögel scheucht, was Alles nur einen anderen Charakter erhalten hat, indem es unter die Arbeiten eingereiht worden, durch welche er sich den Himmel erwarb. In jener Gestalt kennt ihn auch noch die Odyssee, indem Odysseus seinen Schemen in der Unterwelt beschreibt:

$$\dot{\alpha}\mu\varphi\dot{\iota}\ \delta\acute{\epsilon}\ \mu\iota\nu\ \varkappa\lambda\alpha\gamma\gamma\dot{\eta}\ \tilde{\eta}\nu,\ o\dot{\iota}\omega\nu\tilde{\omega}\nu\ \dot{\omega}\varsigma,$$
$$\pi\acute{\alpha}\nu\tau o\sigma'\ \dot{\alpha}\tau\upsilon\zeta o\mu\acute{\epsilon}\nu\omega\nu\cdot\ \dot{o}\ \delta',\ \dot{\epsilon}\varrho\epsilon\mu\nu\tilde{\eta}\ \nu\upsilon\varkappa\tau\grave{\iota}\ \dot{\epsilon}o\iota\varkappa\acute{\omega}\varsigma,$$
$$\gamma\upsilon\mu\nu\dot{o}\nu\ \tau\acute{o}\xi o\nu\ \check{\epsilon}\chi\omega\nu,\ \varkappa\alpha\dot{\iota}\ \dot{\epsilon}\pi\grave{\iota}\ \nu\epsilon\upsilon\varrho\tilde{\eta}\varphi\iota\nu\ \dot{o}\iota\sigma\tau\acute{o}\nu,$$
$$\delta\epsilon\iota\nu\dot{o}\nu\ \pi\alpha\pi\tau\alpha\acute{\iota}\nu\omega\nu,\ \dot{\alpha}\epsilon\dot{\iota}\ \beta\alpha\lambda\acute{\epsilon}o\nu\tau\iota\ \dot{\epsilon}o\iota\varkappa\acute{\omega}\varsigma\ \varkappa\tau\lambda.$$

So fand man auch bei anderen Völkern in dem Jagdgott den Hercules wieder. Tacit. Ann. 12, 13. Interea Gotarses, apud

montem cui nomen Sambulos, vota dis loci suscipiebat, prae-
cipua religione Herculi; qui tempore stato per quietem
monet sacerdotes, ut templum juxta equos venatui ador-
natos sistant. Equi ubi pharetras telis onustas accepere, per
saltus vagi nocte demum vacuis pharetris, multo cum anhelitu redeunt. Rursus deus, qua silvas pererraverit, nocturno
visu demonstrat reperiunturque passim fusae ferae. Die Stelle
ist übrigens noch in anderer Weise höchst interressant, indem
sie mit den multo cum anhelitu redeuntibus equis an die bekannte Sage von den Rossen des Swantewit gemahnt, die man,
nachdem der Gott sie geritten haben sollte, schweisstriefend im
Stalle fand, was an eine mythische Vorstellung uralter und weit
verbreiteter Art anknüpft, nach der die Windgötter auf den
Wolkenrossen einherreiten, dass sie keuchen u. s. w. Vergl.
in letzterer Hinsicht meine Abhandlung in der Berl. Zeitschr. f.
Ethnol. v. J. 1879 „Zur präbistorischen Mythologie".

4. Gewitter zieht herum (vergl. Blitze durchfurchen und
weiter unten No. 5 am Ende).

Diesen Ausdruck gebraucht man, wenn das Wetter, welches
heraufgekommen, nicht gleich zum Ausbruch kommt, sondern
sich am Horizont herumbewegt. Hieran schloss sich die
Vorstellung eines Umzugs der im Gewitter thätigen Geister.
So will (in irdischer Localisirung) die zu erlösende weisse
Frau dreimal (um die Kirche) von Jemanden auf den Schultern herumgetragen werden, aber wie wir vorhin gesehen,
die Entwicklung der Sache wird irgendwie gestört, im Donner-
krachen sinkt sie wieder in die Tiefe.

Aus griechischer Mythe gehört hierher vor Allem der Hermes
κριοφόρος, der nicht bloss auf dem (Wolken-) Widder rei-
tend dargestellt wird, sondern ihn auch auf den Schultern
oder unter dem Arm trägt und so den Ort umwandelt, den
er schützen will. Lauer S. 223. Preller I. S. 307. 326. — Die
Sage von Tanagra, wo er als Promachos galt, zeigt uns klar
die behauptete Bedeutung des Mythos (Paus. 9, 22, 2). Ἐς δὲ
τοῦ Ἑρμοῦ τὰ ἱερὰ τοῦ τε Κριοφόρου καὶ ὃν Πρόμαχον κα-
λοῦσι, τοῦ μὲν ἐς τὴν ἐπίκλησιν λέγουσιν, ὡς ὁ Ἑρμῆς σφίσιν
ἀποτρέψαι νόσον λοιμώδη περὶ τὸ τεῖχος κριὸν περιε-
νεγκών, καὶ ἐπὶ τούτῳ Κάλαμις ἐποίησεν ἄγαλμα Ἑρμοῦ φέ-

ϱοντος κριὸν ἐπὶ τῶν ὤμων. ὃς δ᾽ ἂν εἶναι τῶν ἐφήβων προκριθῇ τὸ εἶδος κάλλιστος, οὗτος ἐν τοῦ Ἑρμοῦ τῇ ἑορτῇ περίεισιν ἐν κύκλῳ τοῦ τεῖχος ἔχων ἄρνα ἐπὶ τῶν ὤμων. Hier haben wir das mythische Bild und den Gebrauch noch nebeneinander. Den verschiedenen im Gewitter hervortretenden Momenten (Blitz, Donner u. s. w.) wird gelegentlich eine averruncirende Kraft beigelegt, die den Himmel vor den hereinbrechenden Schrecknissen der Gewitternacht und des nahenden Verderbens zu bewahren schien, so dass diese als eine Art Palladium galt. So trägt hier Hermes den Widder als eine Art Aegis (s. Widder = Fell) herum und die Menschen ahmten es äusserlich in dem Wahn nach, desselben Nutzens in der Noth theilhaftig zu werden wie die dort oben.

Auf das im Prinzip ähnliche Umpflügen der Stadt im heiligen Gebrauch habe ich schon oben unter Blitz als „Faden", „Furche" hingewiesen. Das sind aber nur einige Beispiele, von einer ganzen Reihe von derartigen Umzügen, die sich dann an den Gewittererscheinungen selbst grossartig entfalteten, wird in der folgenden Nummer „Gewitter als Gekessel" und dergl. gehandelt werden, wie ich auch bemerke, dass mannigfach Umzüge mit Götterbildern, Prozessionen z. B. mit dem heiligen Schiff der Gottheit und dergl. sich als Parallelen zu dem oben erwähnten Gebrauch stellen, welcher sich an den Hermes κριοφόρος knüpfte. Auch mancher Aberglauben dürfte sich hier anschliessen, z. B. das in Deutschland als möglich erachtete Bannen (d. h. Einschränken) eines ausgebrochenen Feuers durch Umreiten u. dergl. mehr.

5. Gewitter; Schmettern und Krachen des Gewitters, speciell des Donners = einem Gekessel, woran sich die Vorstellung reiht einer Donnertrommel, Pauke, dröhnenden Rumpelfasses. Vergl. Donner = Drommete.

1. Gekessel. „Die alemannische Mundart nennt jeden übergewaltigen Lärm, besonders das Schmettern und Krachen des Gewitters ein „Gekessel." Rochholz, Naturmythen S. 54. Dem entsprechend heisst es in Norwegen, wenn Unwetter und Wirbel toben: Der Riese rührt die Kessel. Grimm Myth. 602.

2. Donnertrommel und Pauke.

Wenn wild des Sturmes Krieger wettern,
Des Himmels Donnertrommeln schmettern.

„Die Flagge der Vereinigten Staaten" (von Drake) bei Wolfg. Menzel,
Die Gesänge der Völker. Leipzig 1851. p. 69.

„Donner heisst die rothe Trommel, die durch alle Länder schlägt." Neuentdeckte Volkslieder auf den Faröer. Rochholz a. a. O. „Wie geläufig die Bezeichnung des Donners als Trommelschläge übrigens war", sagt Grohmann (Apollo Smintheus, Prag 1862. S. 65), „geht aus einem Gedichte „der helle Krieg" hervor, das J. V. Zingerle in Pfeifer's Germania (VI. 295) veröffentlicht hat. Gott hat auf die Teufel einen Donnerschlag schiessen lassen, der eine Menge Teufel in Stücke reisst. Erschrocken fragt Lucifer, was da gewesen sei. Ein Teufel antwortet:

„Ich horts oben trumeln in des himels chören,
es is ein gotes here paucken gewesen,
die hat ein engel nun versucht."
Künig Luciper sprach: „so der paucker sei verfluecht!
vor seinem galm so bin ich kaum genesen.
Rüert er die paucken ain wenig mer, wo soll ich dann
beleiben?
er hat mir mein haubt erschelt,
das mir und meinen fürsten nicht gar wol gefelt,
mit seiner paucken will er uns vertreiben."

Dieselbe Anschauung tritt im Indischen hervor, wenn Kâlidâsa die Frühlingsgewitter in folgender Weise beschreibt:

Auf des Gewölkes Elephant getragen
Kommt fürstengleich die milde Regenzeit;
Den Blitz zur Fahne, mit des Donners Pauke
Verkündet sie die Freude weit und breit.

Rochholz a. a. O.

3. In weiter gehender Entwicklung der Vorstellung der Donner- als Paukenschläge kommt Rochholz dann auf die daran sich schliessende Anschauung des Regens als eines Giessens dort oben aus Kübeln und schliesst daran den Kinderreim:

Diri, — Diri, — Deine,
Es regnet durch e Zeine,
Es regnet durch es Rumpelfass u. s. w.

Eine unendlich reiche Fülle mythologischer Elemente reiht
sich hier au. Ich notire nur das Hauptsächlichste.
Zu dem himmlischen Gekessel bemerkt schon Rochholz
a. a. O.: „Ebenso schlägt Perkunos, der Zeus der Litthauer,
als Donnergott im Himmel auf Kessel. Dies ist Donar's
Kochkessel; ohne denselben geht der Gott nie auf Reisen.
Auch besteht eine der Stärkeproben dieses Gottes, die er beim
Riesen Hymir ablegt, darin, dass er dessen grossen Kochkessel
gegen die Haussäulen schlägt und zertrümmert. — Der helle-
nische König Salmoneus trachtet dem Zeus (mit seinem Donner)
nachzuahmen, indem er eherne Kessel an seinen Wagen hing,
mit denselben über eherne Brücken fuhr und brennende
Fackeln um sich warf." Ich hatte Urspr. d. Myth. 37, 76 von
dieser Sage gehandelt und I. 263 die Parallele vom Romulus
Sylvius angeführt, der auch mit seiner Stadt unterging, als
er den Donner des Gottes in ähnlicher Weise nachahmen
wollte, indem nur statt der Kessel in Modification des Bildes
Schilde eintreten. (βροντῶντος γὰρ τοῦ θεοῦ ἐκέλευσε τοὺς
στρατιώτας ταῖς σπάθαις τύπτειν τὰς ἀσπίδας ὑφ᾽ ἑνὸς συνθήμα-
τος, καὶ λέγειν ὡς παρ᾽ αὐτῶν γενόμενος ψόφος εἴη μείζων.) Zu dem
Kochkessel Thors stellt sich der geflügelte τρίπους (bekanntlich ursprünglich Kessel mit 3 Füssen), auf dem Apollo über
das Meer (d. h. das Wolkenmeer) wie Herakles in des Helios
Becher fährt. Ebenso gehört der pythische Dreifuss, um
den Apollo mit Herakles ringt (eine Kraftprobe wie die Thors
mit Hymir) hierher, wie alle die mythischen Dreifüsse, Kessel
und Becken bis zu den tönenden in Dodona (Urspr. d. Myth.
S. 225 f.). Auch die „Braupfannen" der deutschen (Gewitter-)
Zwerge gehören hierher.
In Betreff der Donnertrommel und Pauke weist Grohmann a. a. O. u. A. darauf hin, dass Rudra, der Donnerkeil-
träger folgendermassen angeredet wird (Vâj. S. 16, 35): „Ehre
dem Zerspalter, dem Bepanzerten, Ehre dem Gewaffneten, dem
Gerüsteten, Ehre dem Lauten, der ein lautes Geschoss hat,
Ehre dem, der eine Trommel hat, der durch das Schlagen
der Pauken sich äussert." Gleichzeitig bringt er eine nordische
Sage bei, in welcher in weiterer Entwicklung des Naturbildes
der Blitz dabei zum geworfenen Trommelholz wird, welches

lähmt. „Ein Bauer ladet einen Trollen zur Taufe. Dieser gab
ihm ein reiches Geschenk und sagte: „Welche Gäste werden
dort sein?“ „St. Peter, St. Paul und die heil. Maria“, sagte der
Bauer, „und bei der Musik wird getrommelt.“ „Getrommelt?“ rief erschrocken der Troll; „o, dann komm ich nicht.
Einst ging ich vor einem Trommelnden vorbei, der warf mir
ein Trommelholz auf den Fuss, dass ich heute noch hinke.“
— Der hinkende Troll vergleicht sich dem hinkenden Teufel,
welchen nach dem Glauben des Mittelalters Gott im Gewitter
verfolgt. (Vergl. Schwartz, Heut. Volksgl. u. s. w. II. Aufl.
S. 6.) Hält man dazu die oben angeführte Stelle, nach welcher
der Teufel die himmlische Pauke scheut, die ihn vertreiben
will, und dass, wie eben angedeutet, er nach volksthümlicher
Vorstellung in den Schrecknissen des Gewitters sein Wesen
trieb, so haben wir die Brücke jetzt gefunden zu einer Reihe
von Vorstellungen, in denen den himmlischen Pauken- und
Drommeten[1]) = Donnerschlägen unter dem Einfluss des
Christenthums das Glockengeläut substituirt wurde[2]). Hierher
gehört, wenn die Hexen, die Zwerge u. s. w. wie jener Troll
das himmlische Trommeln, so diese das Glockengeläut
hassen, die Glocken zu entführen suchen und dergl., ja allgemeiner Glaube ward, Glockengeläut breche die Macht der Blitze
(fulgura frango). Bei der Mannigfaltigkeit der Bilder scheint es
fast, als sei es nicht eine blosse Substituirung für den Donner-
schall, sondern es waren die Elemente der Mythen damals noch
in einem gewissen Zusammenhang mit dem Hintergrunde der
Natur, aus dem sie überhaupt entstanden, gewesen, so dass auch
in den betr. Aberglauben die Scene ursprünglich am Himmel gespielt zu haben und auch hier nur dann irdisch localisirt zu sein
scheint[3]). Doch diese Andeutung möge genügen, wir haben noch
auf Bedeutsameres in Betreff des antiken Heidenthums hinzuweisen.

---

[1]) S. unter Sturm.

[2]) Urspr. d. Myth. 210 f. 263 f.

[3]) Dasselbe scheint auch von dem Glockengeläut in den am Himmel erscheinenden und versinkenden Gewitterstädten zu gelten, einem
Mythos, den ich von Indien bis Italien und Deutschland in den mannigfachsten Beziehungen im Anschluss an den grummeltorn verfolgt habe.
S. oben S. 16 f., dann I. 263 und Urspr. 262 ff.

Der Zug der Wolken, resp. das Herumziehen eines
Gewitters am Himmel galt als das Schwärmen resp. als
Umzug himmlischer Wesen s. S. 159 f. 43. cf. 155. 63. 71.
Reihen wir diesem Bilde nun das himmlische Gekessel,
Paukon- und Drommetenschlagen, das Schlagen mit
Schwertern an die Schilde als Auffassung des Donners an
(s. S. 98), so haben wir zu letzterem, um damit zu beginnen,
Analogieen in dem Lärm der Kureten und Korybanten (die
schon Lauer als Wolkendämonen erkannt), in den sagenhaften
Kampfspielen der Amazonen (der griech. Valkyren), wie in
den Nachahmungen der himmlischen Vorgänge zur Frühlings-
zeit von Seiten der Salier, die speciell es machten wie die
oben erwähnten Donnerkrieger des Romulus Sylvius. Aus
dem vielen Anderen, was hierher gehört, greife ich nur
noch heraus, weil es zu der oben berührten Vorstellung, dass
der Donnerlärm die Unholden der Gewitternacht ver-
scheucht, passt, dass Herakles die stymphalischen (Wol-
ken-) Vögel mit ehernen Klappern scheucht oder Typhon
durch den Schall des Klapperblechs verjagt wird. Urspr.
d· Myth. S. 196.

Was aber die lärmenden Umzüge noch weiter angeht,
so stellt sich zu dem der wilden Jagd und der Hulda das lär-
mende Schwärmen der Bacchantinnen, Satyrn u. s. w.
mit dem Dionysos. Führen in jenen gelegentlich die Geister
Sicheln in den Händen und geht dies auf den Regenbogen,
so geht der Thyrsosstab auf den Blitz. s. Urspr. d. Myth.
besonders S. 134 ff. Die Bacchantinnen zerreissen ihr Opfer
z. B. einen Pentheus, wie die wilde Jagd (s. unter „Sturm zerreisst die Wolken" und Schwartz, Heutiger Volksgl. u. s. w. S.49).

Wie bei regnerischem Wetter die wilde Jagd unter
hundertstimmigem Hurrahrufen, unter Kesseln und Rasseln
auftritt (voran dann, wie schon angedeutet, der Regenbogen-
sichelträger) oder Hulda, so tritt ihr im Ursprung zur Seite
die χαλκόκροτος Demeter, wenn sie mit Fackellicht die ent-
führte Sonnentochter sucht, ebenso wie der orgiastische
Umzug der Göttermutter Kybele unter Pauken- und Cymbel-
schlag hierher gehört. s. Urspr. d. Myth. a. a. O. In Betreff
des erwähnten Zuges der Demeter-Sage habe ich schon I. S. 101

und 186 auf den einfachen analogen Mythos hingewiesen, den Diodor von den Atlanteern berichtet. Als Sonnensohn und Mondtochter den Nachstellungen böser Verwandten erlegen, d. h. die himmlischen Lichtgötter in der Gewitternacht untergegangen, da sucht die Himmelsalte, rasend mit fliegenden Haaren (die in den Blitzen flattern), unter Pauken- und Cymbelnschlag die verlorenen Kinder, bis sie in Regengüssen selbst verschwindet.

Dem Rumpelfass, durch das es regnet, stellt sich übrigens zur Seite das Fass der Danaïden, welche ich als Regengottheiten besprochen, und manches Andere. s. Regen = Sieben des himmlischen Wassers.

6. Gewitterdrache (vergl. unter Blitz als Schlange).

Schon oben ist bei dem Blitz als Schlange von der entwickelten Vorstellung des Drachen, den Kämpfen mit demselben u. s. w. die Rede gewesen. In den Sagen einzelner Völker tritt die Bezeichnung „Gewitterdrache" noch heut zu Tage ausdrücklich auf. „Wird der Wind stürmisch", sagt Grohmann Abergl. I. S. 36, „so ist man in der Rossnauer Gegend der Meinung, dass ein Schwarzkünstler irgend woher einen Drachen ausführt." (Der Schwarzkünstler stellt sich hier zu den das Wetter machenden Hexen.) — „In Böhmen besteht noch stellenweise der alte Gebrauch," heisst es ebendas. weiter, „dass, wenn ein starker Wind kommt, Weihrauch angezündet und damit im Freien geräuchert wird. Es heisst nämlich, im Winde sei ein Drache, der in der Luft umherfliege und durch seinen giftigen Hauch die Luft verpeste" (das Letzte geht wohl zunächst auf die bedrückende Gewitterschwüle, s. Gewitter brütet).

„Bei den Wallachen erscheint der Gewitterdrache unter dem Namen der Wilwa. Die Wilwa hat die Gestalt eines Lindwurms mit kleinen unbehülflichen Flügeln und einen sehr langen Eidechsenschwanz. Flügel und Schweif braucht sie, um sich durch die ungemessenen Räume der Luft zu bewegen, oft schnell und in riesenhaften Zügen, oft feierlich und sanft wie ein Kahn durch stilles Wasser. Ihr Haupteinfluss erstreckt sich auf die Witterung. Jedem Land, oder, wie der Wallache sich ausdrückt, jedem Kaiser, jedem Könige ist eine Wilwa zugewiesen. Die Räume der hohen Luft sind somit unter diese Wesen getheilt und sie begegnen sich daselbst bald freundlich, bald feindlich; bald vereinigen sich ihre Wolkenhorden, bald stossen sie mit denselben auf einander und bekämpfen sich so lange, bis die eine oder die andere weicht. Nachdem, dass der Sieg dieser oder jener zufällt, richtet's sich, ob einem Lande segensreiche Witterung kommt, oder ob es von verheerenden Regengüssen heimgesucht wird." Schott, Walachische Märchen. Stuttgart 1854. S. 296.

Das Letztere klingt an die Entwicklung an, welche der Glaube an derartige Drachen in China genommen (s. Blitz = Schlange); aber auch sonst tritt bei den Indogermanen die Beziehung zu den himmlischen Wassern hervor und speciell in der Schweiz heisst es bei einem Gewitter, wenn die Wasser anschwellen „ein Drach ist ausgefahren." cf. Urspr. Cap. 5 „der Gewitterdrache in seinem Verhältniss zu den himmlischen Wassern" und Cap. 7 „der Gewitterdrache bringt Fruchtbarkeit."

7. Gewitter bringt Ueberschwemmung (Sindfluth).

Schon entströmte der Wolkennacht unendlicher Regen
Prasselnd durch Windesgeheul und Gebrülle des rollenden Donners,
Und umfloss, ein See, die Füsse der triefenden Krieger.

Pyrker, Tunisias. 1855. S. 293.

Ha, da riss ein Wetterstrahl, dem plötzlicher Donner
Nachfuhr, weit die Wolken entzwei; sie barsten und alsbald
Stürzte die Regenflut mit lautem Geprassel herunter, —
Rauschten auch schon unzählig — aufschäumende Bäch' an
der Bergwand
Nieder, und deckten die Flur, wie ein See, mit trüben
Gewässern.

Pyrker 1855. III. S. 54.

„Am 9. Oct. hat zu Soroki ein so heftiges Gewitter stattgefunden, wie es im ganzen Sommer dort nicht vorgekommen. Das Unwetter war von einer Ueberschwemmung begleitet, welche vielen Schaden anrichtete." Berl. Voss. Zeitung v. 15. Novbr. 1845.

Lucrez VI. 288 ff.:

> sequitur gravis imber et uber,
> Omnis uti videatur in imbrem vertier aether,
> Atque ita praecipitans ad diluviem revocare.

Hieran reiht sich u. A. die Sage vom Deukalion. Er entrinnt der Fluth auf dem Wolkenschiff. An das Werfen von Steinen, ein bekanntes Gewittermoment, schliesst sich die Erschaffung neuer Wesen, wie überhaupt dem Gewitter eine Neuschöpfung der Natur folgt, s. Urspr. S. 277.

8. Gewitter kommt, zieht herauf = Erstürmen des Himmels.

Die Redensart „ein Gewitter kommt herauf" ist ganz gewöhnlich, dazu stellt sich z. B. James, der Ueberwiesene. Stuttg. 1847. S. 609. „Schwere Wolken stiegen rasch aus Süden empor."

> „Sieh', finstre Wetterwolken steigen auf,
> Ein Wirbelwind beginnt den Staub zu kräuseln" u. s. w.
>> Hamerling, Ahasver in Rom. Hamburg 1873. S. 228.

> Habt Acht, ihr rüstigen Schiffer der See,
> Es steigen des Donners Gewölke,
> Wie streitende Reiter hinauf in die Höh',
> Zum Kampf am Himmelsgewölbe.
>> Diesterweg, Schul-Lesebuch. II. „Der Lohn".

Nehmen wir zu dem letzteren hinzu als weitere persönliche Action „das Aufthürmen der (Wolken-) Berge, das Poltern des Donners als ein Werfen mit Steinen u. s. w., so haben wir die Vorstellung der den Himmel erstürmenden Sturmes- und Gewitterriesen, der Aloaden, Giganten und Titanen. Alle diese Kämpfe, in denen dann direct ja auch noch zum Theil die Gestalten des Brontes, Arges und Steropes, sowie der hundertarmigen Sturmesriesen mit erwähnt werden, sind nur Spielarten desselben Urmythos.

Ferner ergiebt sich, warum alle den Himmel bedrohenden Ungeheuer bei den Griechen als Geburten der Ge galten. Am Horizont oder aus der Tiefe der Erde schienen sie aufzusteigen. s. „Gewitternacht" am Ende.

9. Gewitter = Loslassen der Hölle = Heraufkommen der Unterirdischen.

Unter Gewitternacht ist schon auf die Redensart beim Unwetter hingewiesen worden „es ist als wäre die (ganze) Hölle losgelassen" und auf die Stelle des Lucrez uti tenebras omnes Acheronta reamur liquisse, sowie auf die aus der Unterwelt heraufkommende Hekate.

Eine ganz rohe Form dieses Glaubens liegt aus Neu-Holland vor. „Während heftiger Gewitter gerathen die Eingeborenen Neu-Hollands", sagt M. Müller, „vor War-ru-gu-ra, dem bösen Geist, so in Furcht, dass sie selbst in Höhlen Schutz suchen, in welchen Ignas, untergeordnete Dämonen, hausen, die sie sonst um keinen Preis betreten würden. Dort werfen sie sich stillen Schreckens mit ihren Gesichtern zu Boden und warten, bis der Geist seine Wuth ausgetobt hat und sich nun wieder nach Uta (der Hölle) zurückzieht, ohne ihre Schlupfwinkel entdeckt zu haben." Transactions of the Ethnological Society vol. III. p. 229. Oldfield „The Aborigines of Australia" bei M. Müller, Essays I. 330.

Aehnliche Vorstellungen fanden wir bei den sibirischen Völkern, nur dass dort die bösen Geister im Norden wohnen, also mehr finstre Wolken- und Sturmesgeister sind und dann im eigentlichen Gewitter verfolgt werden, gerade wie im finnischen Glauben in demselben Gott den resp. die Teufel mit der Regenbogensichel verfolgt. Auf die dazu stimmende pommersche Redensart „Nu slag Gott den Düwel dôt" habe ich schon Heut. Volksgl. S. 6 hingewiesen. „Dass überhaupt das Gewitter nur als der Kampf des guten Gottes mit den bösen Dämonen angesehen werde," zu diesem Resultat kommt auch Grohmann, Abergl. aus Böhmen und Mähren, indem er folgenden interessanten Aberglauben aufführt: „Der Blitz schlägt nur den bösen Geist, welcher um den Menschen herumtauzt; versteckt sich aber der böse Geist zur selbigen Zeit in dem Menschen, so erschlägt er beide."

Mit der Entwicklung der Anschauungen von dem Heraufkommen der Gewitterwesen aus der Tiefe oder vom Rande des Horizonts und dem Loslassen der Hölle, haben wir sowohl das Fundament gewonnen für die wechselnden Vorstellungen in Betreff der Lage des Todtenreichs, sowie für den ganzen Character desselben, insofern es sich in bestimmten Bildern ausspricht, und endlich auch für den Ursprung der sogen. chthonischen Götter, wie ich es schon Urspr. S. 19 ausgesprochen. Habe ich gleich die betr. Stoffe daselbst vielfach berührt, so kann ich doch nicht unterlassen, einzelne charakteristische Momente auch hier hervorzuheben. Die Wolkenschiffe erklären nämlich das Uebersetzen der Seelen nach dem Todtenreich, eine Vorstellung, die bei Indogermanen wie Celten und Aegyptern hervortritt. Am Himmel spielen die Danaiden wie des Ixion feuriges Schlangenrad, sowie der Feuer- und Heulstrom u. s. w., von dort schöpfte überhaupt die Phantasie zuerst alle die Greuel, mit denen man dann selbst im Mittelalter noch die Hölle ausstattete.

Wie die Erinnyen und Hekate ferner am Himmel heraufziehen (s. oben S. 154), kommt Hades mit dem Donnerwagen am Himmel heraufgefahren, um die Sonnenjungfrau sich für einen Theil des Jahres wenigstens zu entführen. Den Höllenhund Kerberos schien im heulenden Unwetter Herakles heraufgeholt zu haben, wie in dem schlangen-umkränzten, versteinernden Gewitterkopf Persephone der Gorgo entsetzliches Haupt zeigen sollte u. s. w. (Die Ausführungen s. im Urspr. d. Myth.)

10. Gewitter = Weltuntergang. („Es ist als sollte die Welt untergehn" gewöhnliche Redensart bei einem starken Gewitter.)

„Da brach plötzlich ein mörderisches Gewitter aus — — der Sturm heulte, als ginge es zum jüngsten Tage." „Gottes Fügung" v. Rellstab in Trowitzsch Volksk. v. J. 1857. S. 75.

Aus den Chroniken von den vielen Beispielen nur ein paar Stellen: a. 1361 berichtet Twysden, Histor. anglicae script. X. ex veteribus mss. nunc primum editi, Londini 1652. „Anno sequenti (1361) in nocte s. Mauri abbatis tantus fragor contigit venti, ut prostratis arboribus, tectis et campanilibus dejectis quasi tota mundi machina ruere videretur."

Angelus (S. 360 v. J. 1562. 19. Aug.) berichtet: „Als Herr Wenceslaus Kielmann, Pfarrer und Superintendent zu Cüstrin, gestorben, hat sich folgendes Tages um ein Uhr, da er begraben worden, ein solches Blitzen, Donnern, Regen und Ungewitter

erhoben, dass man vermeinte, die Stadt (Cüstrin) würde untergehen. Dies Unwetter sollen etliche alte Zaubersäcke, auf
welche er zuvor heftig gepredigt, zu wege gebracht haben, wie
sie selber bekannt, dass man hat denken sollen, des Pfarrherrn
Seele wäre im Ungewitter vom Teufel hinweggeführt
worden." Ebendas. S. 354 v. J. 1551: „Am 31. des Christmonats aber,
welches war der Abend vor dem Neuen Jahrestage, geschahen
sehr grosse Donner und Blitze, dass auch ein jeder meinte,
Gott der Herr würde mit seinem Gerichte hereineilen und den
lieben jüngsten Tag sehen lassen."

Diese Vorstellung eines bevorstehenden Weltunterganges
hat sich bei Griechen und Germanen in verschiedener Weise,
je nach der Entwicklungsstufe der betr. Göttersysteme entfaltet. In Griechenland, wo seit homerischer Zeit die Götter mit
Zeus als ewig (in Betreff der Zukunft) gedacht wurden, lässt die
Mythe die Gefahr als beseitigt erscheinen. Aber sie war vor-
handen gewesen. Hierher gehört die Sage, weshalb erstens Zeus
die Metis verschlingt (über dies letztere Moment gelegentlich)
und zweitens von einer Vermählung mit der Thetis absteht, im
Grunde in dieser Hinsicht derselbe Mythos, nur in verschiedener
Weise entwickelt. Von dem ersteren berichtet Hesiod Th. 890 ff.:

ἑὴν ἐγκάτθετο νηδὺν,
ἵνα μή βασιληῖδα τιμὴν
ἄλλος ἔχῃ Διὸς ἀντὶ θεῶν αἰειγενετάων.
ἐκ γὰρ τῆς εἵμαρτο περίφρονα τέκνα γενέσθαι·
πρώτην μέν κούρην γλαυκώπιδα Τριτογένειαν
ἴσον ἔχουσαν πατρὶ μένος καὶ ἐπίφρονα βουλήν·
αὐτὰρ ἔπειτ' ἄρα παῖδα θεῶν βασιλῆα καὶ ἀνδρῶν
ἤμελλεν τέξεσθαι, ὑπέρβιον ἦτορ ἔχοντα·
ἀλλ' ἄρα μιν Ζεὺς πρόσθεν ἑὴν ἐγκάτθετο νηδύν·

So legt auch Hermes dem Prometheus dann als Bedingung
seiner Lösung die Frage vor:

πατὴρ ἄνωγέ σ' οὕςτινας κομπεῖς γάμους
αὐδᾶν, πρὸς ὧν τ' ἐκεῖνος ἐκπίπτει κράτους.

Aesch. Prom. 927 f., und bei Pindar Isthm. 7, 55 ff. heisst es, als
Zeus und Poseidon um den Besitz der Thetis gestritten:

ἐπεὶ θεσφάτων ὅπ' ἄκουσαν, εἶπε δ'
εὔβουλος ἐν μέσσοισι Θέτις,
εἵνεκεν πεπρωμένον ἦν
ποντίαν φέρτερον ἄνακτα πατρὸς θεόν
οἱ τεκεῖν γόνον, ὃς κεραυνοῦ τε κρέσσον ἄλλο βέλος
διώξει χερὶ τριόδον-
τός τ' ἀμαιμακέτου, Δί τε μισγομέναν
ἢ Διοισιν ἀδελφεοῖσιν· ἀλλὰ τὰ μέν
παύσατε· βροτέων δὲ λεχέων τυχοῖσα
υἱὸν εἰςιδέτω θανόντ' ἐν πολέμῳ.
χεῖρας Ἀρεΐ τ' ἐναλίγκι-
ον στεροπαῖσί τ' ἀκμὰν ποδῶν.
τὸ μὲν ἐμὸν Πηλεῖ
γέρας θεόμορον
ὑπάσσαι γάμου Αἰακίδᾳ κτλ.

Achill ist dann der Gewitterheld und Sonnensohn (s.
weiter unten Gewitterheld), nur dass er eben sterblich war.
In der germanischen Mythe begrenzt die Sage vom Ragnarök die Existenz der Götter, der Begriff der Ewigkeit ist an
ihnen noch nicht so ausgebildet. Ein Moment bestätigt aber
vor allen hier noch in's Besondere unsere Deutung. Die Däm-
merung, das Losbrechen des Fenriswolfs und der anderen Ungeheuer, das Verschlingen von Sonne und Mond sind alles schon
mythische Momente, die an das Gewitter deutlich sich knüpfen,
den Hauptschluss des Dramas macht aber der Weltbrand
(Surtalogi) und Surtur, sowie die ganze Feuerwelt kommt von
Süden angefahren.

Dazu stimmt vollständig die Naturanschauung von Lingg,
Ged. Stuttg. 1871. S. 223 „Windsbräute“, wenn er sagt:

Mich, sprach der Südwind, liebt die Flamme,
Die Wald und Städte niederbrennt,
Sie ist aus uralt edlem Stamme
Gezeugt vom schönsten Element.

Es schlägt der Mensch sie fest in Banden,
Zur Freiheit hol' ich sie heraus,
Zur Hochzeit einst im Todesbrande
Des morschgewordenen Erdenbaus.

Was der Dichter hier prägnant in Analogie zur Surtalogi ausspricht, die von Süden kommen sollte, dazu stimmt noch die Vorstellung des historischen wie mythischen Alterthums. Im Norden
ist die Nebel-, im Süden die Feuerwelt noch bei Horaz.

> Pone me pigris ubi nulla campis
> Arbor aestiva recreatur aura,
> Quod latus mundi nebulae malusque
> Juppiter urget;
> Pone sub curru nimium propinqui
> Solis, in terra domibus negata:

Nach Süden zu schien es immer heisser zu werden, in
Afrika sind die Menschen schon davon schwarz gebrannt (cf. die
κυάνεοι ἄνθρωποι des Hesiod, die Aethiopen des Homer), und
weiter hin wird es immer schlimmer, bis zuletzt Alles auf-
hört in terra domibus negata. An der Nordsee sagte mir einmal
ein Bauer mit derselben Vorstellung „auf der grossen See, wenn
die Schiffe nach Süden kommen, wird es immer heisser, da
müssen sie sie fortwährend begiessen, dass sie nicht zu
brennen anfangen.“
Von Süden kommen auch am häufigsten die Gewitter (s.
z. B. weiter unter Gewitter = Himmel öffnet sich), so ist hier die
Gewitter- wie Feuergegend. Dies spricht auch schon Mannhardt Germ. M. 154 Anm. 4 aus, wenn er sagt: „im Uebrigen heisst
der südwestliche Theil des Himmels, von woher die meisten Gewitter kommen, Thôrbâla (Thors Höle oder Ofen), in Holstein
Donnergât, Donnerstrasse.“ Hiernach sind also nicht bloss
Thor und Loki, sondern auch Surtus drei mythische Schöss-
linge derselben Wurzel. Ja die Perspective stellt sich noch
weiter, denn auch der indische Jamas (der Schwarze) hat
seine Heimath im Süden mit seiner Hölle, woher seine
Boten mit Hämmern und Stricken (Blitzfaden), mit feurigen
Augen, langen Haaren und Zähnen, in Felle gekleidet kommen und mit Keulen, Lanzen, Streitäxten und Bogen be-
waffnet mit den Wischnudienern kämpfen. Wollheim, Myth. des
alten Indien. Berlin 1856. S. 106 ff. Als Lokapâlas beherrscht
Jamas dann den Süden, heisst auch Dhamas „der Blasende“
(ebendas.), ist der im Blitz Geborne (Kuhn, Herabk. d. F. S. 10),
stellt sich zum Agni (ebendas. 235) und dergl. mehr. Alles dies

ist gleichsam die Gewitterscite des Jama. Daneben ist er aber auch Sonnensohn und zeigt so die doppelte Seite wie Despoina-Persephone, mit der ihn Kuhn auch schon S. 19 vergleicht. Betonen wir aber die erstere Seite und sehen ihn wie Thor dem Süden zugewiesen, so tritt noch ein merkwürdiges Wahrzeichen an ihm hervor, auf das ich wenigstens hinweisen will. Erwägen wir, dass der an den Füssen „gelähmte" Völundr in Parallele zum lahmen Hephäst gefasst, sich auch wie Loki und Surtur, nur in anderer Weise an den „Hammergott" Thor ursprünglich anlehnen dürfte, so ist es auffallend, dass auch der schwarze Yamas den Namen Cîrnapâdas „der mit verschrumpften Füssen geborne" führt (s. Wollheim a. a. O.). Mag es auch für die ausgebildete Gestalt des Jamas seine Bedeutung verloren haben, so könnte es immerhin eine Reminiscenz an den dem Blitz nachhinkenden Donnergott auch auf indischem Boden sein, wie sonst auch seine Gestalt im Ursprung sich den andern erwähnten schon nach unsern Entwicklungen vermitteln würde. Und erwägt man das Auseinandergehen der betr. nordischen Gestalten schon innerhalb desselben Volks, so dürfte gleichsam bei der Distanz des indogermanischen Hintergrundes die Verschiedenheit in der Entwicklung das Auffallende, was sie zunächst hat, verlieren.

11. Der Gewitterheld.

In einem Liede, welches die Flagge der Vereinigten Staaten feiert, heisst es:

> Grosser Monarch der Wolken, du!
> Der droben schwebt im Königsglanze;
> Des Sturmes Trompete hörest zu,
> Und siehst des Blitzes flüchtige Lanze:
> Wenn wild des Sturmes Krieger wettern,
> Des Himmels Donnertrommeln schmettern;
> Du Sonnensohn, dein Amt ist's, dein:
> Zu schirmen das Panier der Freien,
> In gelbem Schwefelkranz zu kreisen,
> Den Streich der Schlacht zurückzuweisen,
> Zu schaffen, dass es hold, gewogen,
> Hoch flattre, so wie Regenbogen
> Am nächtlichen Gewölk des Kriegs,
> Herolde des ersehnten Siegs.

Drake bei Menzel, die Gesänge der Völker. Leipzig 1851. S. 68.

Vergl. „den Herrn mit den blitzenden Speeren" u. s. w. unter Blitz als Lanze.

Ueber den Gewitterhelden habe ich verschiedentlich im Urspr. d. M. namentlich in C. I. 10, wo von den heroischen Drachenkämpfen, und C. I. 16, wo von dem Sturm als Drachentödter die Rede ist, gehandelt. Er erscheint ausgerüstet nach den begleitenden atmosphärischen Erscheinungen mit Keule, Bogen und Pfeil, Sichel, Lanze u. s. w. Im Anschluss an obige Stelle notire ich seine Bezeichnung als Sonnensohn. Ich denke gelegentlich weiter, als ich es schon angedeutet, durchzuführen, dass solche Sonnensöhne in griechischer Mythologie Herakles, Perseus, Bellerophon, Theseus, Achill u. s. w. sind, deren Mythen sich meist nur durch die locale Färbung unterscheiden, die sie in dem betr. Volksstamm erhalten, dem der Mythos angehört. (s. meinen Aufs. über die neueste, durch die deutsche anthropol. Gesellschaft veranlasste Sagenbildung Berl. Zeitschr. f. Ethnol. 1875 am Schluss und Mannhardt's Nachwort zu seinen Antiken Wald- und Feldculten. Vergl. über Achill auch vorher unter No. 10.)

12. Gewitter als Reiniger, Retter ($\sigma\omega\tau\dot{\eta}\varrho$).

Luft und Athem! diese todte Schwüle
Presst das Herz im Leibe mir entzwei,
Milder Himmel, nur ein Tröpflein Kühle!
Donner brich den Kerker, mach uns frei!

Eben schlägt die heisse Mittagstunde,
Weitum regt und wegt kein Vogel sich;
Alle freien Winde ruh'n gebunden,
Welche Stille öd und schauerlich!
Hörst du! hoch im schwarzen Walde droben
Schleicht es finster durch den Höhenrauch —
Heb dich weg, Gespenst! Komm Licht von oben!
Komm, du reinigender Gotteshauch!
— Auf, ihr Blitze, auf zu heil'gen Schlachten!
Donner blast Drommeten, wachet auf!
Ach die ganze Welt muss sonst verschmachten,
Nun, Gott Lob, ein Wetter steiget auf...

K. F. Wetzel bei Wander. S. 139.

Du reinigst durch den Blitz die Luft.

„Beim Gewitter". Lavater.

Ein sogenanntes „geschwindes Gewitter" galt besonders als luftreinigend. „Anno 1646 im Juni", sagt Fr. Müller in seinen Siebenbürgischen Sagen nach der Krausi'schen Chronik, „hat es zu Schassburg Blut und Schwefel geregnet; war eine grosse Anzeigung der künftigen Pest. Es war aber den ganzen Sommer über kein einziges „geschwindes Gewitter", davon die Luft hätte können gereinigt werden; woraus zu schliessen war, dass die Luft ganz vergiftet gewesen."

Dicke, schwüle Luft galt also als ungesund und vergiftet. Das finstre durch den Höhenrauch schleichende Gespenst in dem obigen Gedicht mit seinem ganzen Hintergrund und der Ausführung aus der erwähnten Chronik führt uns auf die Pest. „Nach einer voigtländischen Ueberlieferung", sagt J. Grimm S. 1135, „kommt die Pest als blauer Dunst, in Gestalt einer Wolke gezogen." Jul. Schmidt S. 158. Das bezeichnet jenen schwülen Nebel, der Seuchen voranzieht und der blaue Dunst gemahnt an des Donnergottes Feuer." So Grimm, wir acceptiren dies, finden in dem letzteren speciell ein Hineinziehen einer phosphorescirenden Erscheinung am Himmel. Zu demselben Naturkreise passt es, wenn man in Norwegen die Pest sich als eine alte, bleiche Frau oder bei den Serben als eine in weissen Schleier gehüllte Frau dachte, die umgehe, von Dorf zu Dorf schleiche u. dergl. mehr.

Auf diesem Gebiete berührt sich die deutsche Hel mit der „Pest" und tritt gewissermassen in eine Parallele zur oben in ihrer Erscheinung geschilderten Hekate. Ebenso werden die mit ihren Blitzpfeilen Tod sendenden Gewitterwesen, indem das Bild auch sie in den obigen Vorstellungskreis hineinzieht, zu „Pest" sendenden und jene Geschosse spielen auch dabei eine secundäre Rolle. Das zeigt zunächst die orientalische Anschauung, welche Liebrecht zu Gervasius S. 142 berichtet: „Les Mahométans croient qu'il y a des Esprits ou des Lutins armés d'arcs et de flèches que Dieu envoya pour punir les hommes quand il lui plait, et que les blessures que font ces spectres sont mortelles, lorsqu'ils paraissent noirs; mais qu'elles ne le sont pas lorsque les flèches sont decochées par des spectres, qui paraissent blancs. C'est ainsi que les Mahométans raisonnent sur la Peste" etc. Wie hier gleichsam eine Art Elben mit ihren

todbringenden Blitzpfeilen zu Pestgöttern werden, so zeigt des
Apollo Wesen mit seinen tödtenden Blitzpfeilen dieselbe Entwicklung.

Charakteristisch ist in den obigen Bildern aber noch der
Reiniger, das, was die Griechen σωτήρ nannten, welche Vorstellung sich theils an einzelne Götter knüpfte, theils den Glauben
eines Götterarztes schuf. Führt uns der vom Blitzglanz als
Kind umflossene Aesculap mit der Schlange schon auf den
leuchtenden Gewittergott, der die bösen verpestenden
Nebel bannt und reine Klarheit und Sonnenschein wieder-
bringt, so dürfte es auch nicht auffallend sein, wenn, wie der
indische Götterarzt Dhanvantari das amṛta bringt, auch die
Schale in des Asklepios Hand auf die Sonnenschale geht,
überhaupt beide Gestalten, wie schon Kuhn, Herabk. d. Feuers
S. 253 vermuthen möchte[1]), auf gemeinsamen Uranschauungen
beruhen.

13. Gewitter blüht auf.

Es ist dies eine gewöhnliche Ausdrucksweise, wenn die
Gewitterwolke sich entfaltet. Dazu bringt auch Mannhardt,
Germ. Mythen S. 470 die Redensart aus Schwaben bei, dass
man bei gewissen leichten Wolkenbildungen sage „der Himmel
blüht". s. Wolke = Blume. In zwiefacher Beziehung hat
sich nun dies Element entwickelt. Es ist: 1) die Blume,
welche in deutscher Sage dem Hirten (ursprünglich dem Windwesen, s. Wind als Hirt), welcher sie pflückt, den Berg d. h.
den Wolkenberg öffnet (s. Gewitter = Oeffnen der Wolke);
ferner der Narkissos mit den hundert Dolden, der Himmel
und Erde wie das weite Meer mit seinem betäubenden Duft
erfüllt (d. h. mit der Gewitterschwüle; s. „Gewitter brütet"), bei
dessen Pflücken von Seiten der Persephone (der Sonnenjungfrau)

---

[1]) „Die äussere Erscheinung des Dhanvantari mit Stab und Krug
oder Schaale erscheint der des Asklepios so schlagend ähnlich, dass man
fast an Entlehnung derselben von den Griechen denken möchte, indess
wage ich bei dem Mangel anderer Nachrichten keine bestimmte Behauptung aufzustellen, zumal andrerseits die Geburt des Asklepios der des
Dionysos sehr ähnlich ist und aus gleichen Grundanschauungen entwickelt scheint, so dass auch Dhanvantari bei den Indern auf gleichem
Boden selbstständig erwachsen sein könnte."

der aus der Unterwelt heraufgekommene Hades mit seinem Donnerwagen hervorbricht und sie entführt. Urspr. S. 171 ff. Dies ist die Blume, von der geschwängert die römische Juno den Sonnen- und Gewittersohn Mars (s. Schwartz, Urspr. d. röm. Stammsage) gebiert. cf. Urspr. d. M. 173. Dies ist endlich die in den Glaukos-Mythen so wie im Gewitterkampf der Giganten vorkommende geheimnissvolle Blume. Urspr. S. 174 und Apollodor I. 61, ebenso wie die bei Balders Tod eine Rolle spielende.

Ehe ich auf das Letztere etwas näher eingehe, will ich nur bemerken, dass auch der Blitz mit seinem Zickzack, seinen Kugeln wie strahlenden Glanz in das Bild hineingezogen wird und so eine grosse Mannigfaltigkeit der Vorstellung entsteht.

Das von mir aufgestellte Prinzip, die Ursprünge aller mythologischen Bilder am Himmel zu suchen, stellt übrigens auch, demselben in diesem Sinne beistimmend, Angelo de Gubernatis in Bezug auf die Pflanzenwelt seinem neuen Werke „La Mythologie des plantes.“ Paris 1878. I. an die Spitze seiner Untersuchungen. „Le ciel est parfois un jardin fleurissant, que la croyance populaire a reconnu sous les formes changeantes des nuages; on a cru parfois voir dans les nuages des arbres puissants avec des fleurs lumineuses et avec des fruits.“ Par ces mots, qui datent seulement de l'année 1860, le vénérable professeur Schwartz indiquait peut-être le premier la possibilité de concevoir et de traiter à part, sous un véritable point de vue mythologique, les croyances populaires qui se rapportent au monde végétal. Nach der Constatirung der Uebereinstimmung im Prinzip mit Angelo de Gubernatis gehe ich nun auf die letzterwähnten Sagen noch etwas näher ein.

In Betreff des Gigantenkampfs lautet die erwähnte Stelle bei Apollodor: τοῖς δὲ θεοῖς λόγιον ἦν, ὑπὸ θεῶν μὲν μηδένα τῶν Γιγάντων ἀπολέσθαι δύνασθαι, συμμαχοῦντος δὲ θνητοῦ τινος τελευτήσειν. αἰσθομένη δὲ Γῆ τοῦτο ἐζήτει φάρμακον (Zauberkraut, Preller), ἵνα μηδ' ὑπὸ θνητοῦ δυνηθῶσιν ἀπολέσθαι (von diesem Kraut hing also das Leben der Giganten ab). Ζεὺς δὲ ἀπειπὼν φαίνειν Ἠοῖ τε καὶ Σελήνη καὶ Ἡλίῳ τὸ μὲν φάρμακον ἔταμε φθάσας. In den letzteren

Accidentien haben wir nach Allem einen Hinweis auf die Gewitternacht, wo weder Sonne noch Mond scheint und in der
das Kraut von Zeus dann abgeschnitten wird. Erinnert das
Letztere nun an das Schneiden der auch hierher gehörenden ge-
heimnissvollen Mistel, „der Pflanze, welche gleichsam leibhaftig
vom Himmel gefallen zu sein schien,“ und die im Gebrauch
mit goldener Sichel (der Regenbogensichel) geschnitten
werden musste (s. Urspr. S. 176), so stellt sich zu dem obigen
Kraut im Gigantenkampfe, welches der Gewitternacht
angehörte, der Mistelspross in der Baldursage. „Als Baldr
böse Träume hatte,“ heisst es in der Edda, „die seinem Leben
Gefahr dräuten, und den Asen seine Träume sagte, pflogen sie
Rath zusammen und beschlossen, dem Baldur Sicherheit von
allen Gefahren auszuwirken. Da nahm Frigg Eide vom Feuer
und Wasser, Eisen und allen Erzen, Steinen und Erden, von
Bäumen, Krankheiten und Giften, dazu von allen vierfüssigen
Thieren, Vögeln und Würmern, dass sie Baldur's schonen
wollten. Als das geschehen und allen bekannt war, da kurz-
weilten die Asen mit Baldurn, dass er sich mitten in den
Kreis stellte und einige nach ihm schossen, andere nach ihm
hieben und noch andere mit Steinen warfen. Und was sie
auch thaten, es schadete ihm nicht; das deuchte sie alle ein
grosser Vortheil. Aber als Loki, Laufeyas Sohn, das sah, da
gefiel es ihm übel, dass den Baldur nichts verletzen sollte.
Da ging er zu Frigg nach Fensal in Gestalt eines alten Weibes.
Da fragte Frigg die Frau, ob sie wüsste, was die Asen in
ihrer Versammlung vornähmen. Die Frau antwortete: sie
schössen alle nach Baldur; ihm aber schadete nichts. Da sprach
Frigg: Weder Waffen noch Bäume mögen Baldurn schaden, ich
habe von allen Eide genommen. Da fragte das Weib: Haben
alle Dinge Eide geschworen, Baldurs zu schonen? Frigg antwortete: Oestlich von Walhall wächst eine Staude, Misteltein genannt, die schien mir zu jung, sie in Eid zu nehmen.
Darauf ging die Frau fort; Loki nahm den Misteltein, riss
ihn aus und ging zur Versammlung. Hödur stand zu äusserst
im Kreise der Männer, denn er war blind. Da sprach Loki zu
ihm, warum schiessest du nicht nach Baldur? Er antwortete:
Weil ich nicht sehe wo Baldur steht; zum Anderen hab ich

auch keine Waffe. Da sprach Loki: „Thu doch wie andere
Männer und biete Baldurn Ehre wie Alle thun. Ich will dich
dahin weisen, wo er steht: so schiesse nach ihm mit diesem
Reis." Hödur nahm den Mistelzweig und schoss nach Baldur
nach Loki's Anweisung. Der Schuss flog und durchbohrte ihn,
dass er todt zur Erde fiel, und das war das grösste Unglück,
das Menschen und Götter betraf." So die Edda.

So die Edda. Gehört das „Kurzweilen" mit Baldur, dem
schönen Sonnensohn, mit Schuss, Hieben und Steinwerfen,
was seinen Tod nach sich zieht, ebenso ins Gewitter wie der
Gigantenkampf, so tritt in beiden als bedeutsames, geheim-
nissvolles Moment das Kraut ein, das bei den Griechen als
der Gewitternacht angehörend gekennzeichnet wird, im deutschen Mythos als zu jung erscheint, um in Eid genommen zu
werden, dass es dem Baldur nicht schaden wolle, in beiden
Fällen hängt an ihm die Entscheidung, hier das Leben der
drachenfüssigen Gewitterriesen, dort des strahlenden
Sonnen- und Gewitterhelden, kurz im Element berühren
sich die betr. Objecte.

Ferner reiht sich an die Vorstellung, „das Gewitter blüht auf"
die von dem Schatz, der (im Gewitter) heraufkommt, blühet,
brennt und gehoben sein will. „Aus der Bergung des betr.
Schatzes in die Tiefe folgt", sagt J. Grimm, M. 922, „dass, wer
sich seiner bemächtigen wolle, ihn heben müsse. Man glaubt,
dass der Schatz von selbst rücke d. h. sich langsam aber fort-
schreitend der Oberfläche zu nähern suche, meistens heisst es,
er komme alljährlich einen Hahnebschritt aufwärts. Auch den
Donnerkeil, Donars kostbaren Hammer, nachdem er tief in die
Erde gefahren ist, sahen wir in sieben Jahren wieder hinauf
treiben. Zu bestimmter Zeit steht der Schatz oben und ist seiner
Erlösung gewärtig; fehlt dann die geforderte Bedingung, so
wird er von neuem in die Tiefe entrückt. Jene Annäherung
aber drückt die Redensart aus „der Schatz blühet", wie das
Glück blühet, „er wird zeitig", „er verblüht" (Simpl. 2, 191),
muss wieder versinken. Das mag sich auf das Blühen einer
Blume über oder neben ihm beziehen." Ich habe u. A. Urspr.
S. 64 ff. durch Zusammenstellung der betr. Ausdrücke und Vorstellungen dieselben aus dem gemeinsamen oben angedeuteten

Hintergrund entwickelt, „der Schatz selbst blüht wie eine Art Mittelding zwischen Sache und lebendem Wesen", „sonnt sich", „kommt herauf", „brennt", „will erlöst d. h. „geboben" sein und „versinkt wieder". Ich trage dem im Ursp. d. M. Beigebrachten noch Einzelnes nach. Eine Sage bei Zingerle, Sagen aus Tyrol. Innsbruck 1859. S. 235 schildert das Blühen eines solchen Schatzes besonders prägnant. „Unter absonderlichem Geräusch ereignet es sich. Goldne und silberne Blüthen, die denen der Akazien ähnlich sahen, flogen schimmernd in die Höhe und sanken funkelnd nieder und verschwanden. Als die Leute herbeigeeilt kamen, war der Schatz schon verblüht."

Desgl. reihe ich noch eine Perspective in Betreff des brennenden Schatzes an, welche Form meist in der Wendung auftritt, dass Geld irgendwo brenne. Charakteristisch ist nämlich, dass man auf Island nach Maurer (Isländische Volkss. Leipzig 1860. S. 70) eine derartige blaue Flamme, welche den Schatz anzeigt, vafrlogi oder mámlogi, d. h. wabernde Flamme oder Erzflamme nennt. Ersteres erinnert und bestätigt meine Deutung der Waberlohe der Brunhild so wie der wafelnden Stadt Wineta, letzteres stellt sich zu dem bairischen Erzdrachen (cf. Urspr. 63 f. 80. 207. 263). So treten nun an das Gewitter sich anschliessend in Parallele und aus demselben Element je nach verschiedener Auffassung entstanden:

1. der (hinabgeschleuderte aber wieder) heraufkommende Donnerkeil;
2. die versunkene und heraufkommende Stadt (s. oben);
3. der versunkene und gehoben sein wollende Schatz;
4. die erlöst sein wollende, aber versinkende Jungfrau (s. oben);

entwickelt sich No. 1 und 2 nur innerhalb des Gewitters, so tritt No. 3 und 4 in Beziehung zum „Sonnengolde" resp. der „Sonnenjungfrau".

14. Gewitter als Säemann.

Ein riesengrosser Säemann
Durchschreitet das erschrockne Land,
Um seiner Schultern breite Kraft
Den dunklen Mantel weit gespannt.

Tief in den Mantel greift er ein,
Der seine Schultern weit umschlingt,
Und streuet aus die volle Saat,
Die nimmer doch Gedeihen bringt,
Denn nimmer sprosset ihr der Keim,
Nie treibt den Halm sie himmelan,
Das warme Leben flieht, wo sie
Umhergestreut der Säemann.
Rückert.

Ueber das Säen der Drachenzähne s. oben unter Blitz als „Wetzen" u. s. w. Ebenso gehört hierher der betr. Zug in der Sage vom Loki so wie in der vom Triptolemos. cf. Urspr. d. M. 139 f. 143. 174. 238.

15. Gewitter brütet (vergl. den Ausdruck „es ist eine wahre Bruthitze").

's ist eine von den brütend schwülen Nächten des Südens.
Hamerling, Ahasver in Rom. Hamburg 1873. S. 65.

„Das Wetter hatte sich geändert; es war wohl noch schön und klar, aber drückend heiss, denn ein Gewitter brütete in der Luft und liess sie erschlaffend auf den Fluren und Wäldern ruhn." Edmund Höfer, Neue Gesch. Breslau 1867. II. S. 148.

Diese Vorstellung liegt u. A. dem zu Grunde, wenn der Basilisk ausgebrütet gilt. s. über dens. Urspr. d. M. 52 ff. 158. 163. 214 ff. 247, daran schliesst sich die Sonne als Nest, ebend. Vergl. auch Poet. Naturansch. I. 119. s. auch „Gewitterschwüle".

16. Gewitterschwüle (= Alpdrücken).

„Nach einem drückend schwülen Tage zogen sich gegen Abend eine Masse Gewitterwolken zusammen." Familie H. von der Bremer. Leipzig 1842. S. 174. cf. „Die Gewitterschwüle machte sich an den Thieren durch Mattigkeit und Trägheit bemerkbar." Berl. Vossische Zeitg. v. 28. Juni 1825.

In der Gewitterwolke, die heraufkommt, steckt — oder noch ursprünglicher gesprochen, die Gewitterwolke — ist ein Wesen, welches die Sonne (und die ganze Welt) beschleicht und drückt. Hieran schliessen sich griechische, römische und deutsche Mythen, in welchen noch die höchsten Götter agiren und in Beziehung zur Sonne auftreten. S. meinen Aufsatz z. Methode der Mythenforschung in Fleckeisen und Masius. 1864. S. 177 ff.

Gleichzeitig bot diese Vorstellung eine Parallele für alle beängstigenden Zustände der Menschen im Traum, im Anschluss an sexuale Verhältnisse. Die Sagen vom Alp- und Mahrtdrücken sind die Niederschläge dieses Volksglaubens, wie ich in den Poet. Naturansch. I. (68). 72 ff. (250) und in dem Aufs. „zur prähist. Myth.“ in der Berl. Zeitschr. f. Ethnol. 1879 eingehend ausgeführt. Vergl. auch Heut. Volksgl. S. 117.

17. Gewitter — gebraut (gekocht) (s. Wolke als Rauch).

„Und abermals das kochend zischende Gebrause und dann ein Pfeifen, Heulen, ein Tanz der Windsbraut so entsetzlich, dass die uns umgebenden Riesenwälder krachen und jammern.“ Sealsfield, Pflanzenleben. Stuttg. 1846.

„Am fernen Horizont stieg leichter Dunst auf, die Schwüle braute ein Wetter zur Nacht.“ — „Gottes Fügung“ v. Rellstab. Trowitzsch Volkskal. v. J. 1857. S. 87.

Vergl. auch S. 160 ff. das Rühren der Kessel im Gewitter u. s. w.

18. Gewitter = Ofen = Schmiede.

So wie man Sonne und Mond unter dem Reflex eines Feuers fasste, war die Vorstellung eines Ofens, einer Schmiede, eines Feuerarbeiters (letzteres namentlich im Gewitter) angebahnt. Ich werde die einzelnen Momente der sich allmählich entwickelnden, aber wie ich behaupte, in ihrer Wurzel schon indogermanischen Naturanschauung in ihrer Zusammengehörigkeit skizziren, da sie sich gegenseitig stützen und den Widerspruch, den einzelne von mir in dieser Hinsicht schon gelegentlich aufgestellte Behauptungen u. A. bei Mannhardt gefunden haben, vollständig widerlegen dürften.

Zu den Stellen aus Lucrez zunächst, welche ich schon im Urspr. d. M. für die Vorstellung einer Himmelsschmiede im Gewitter angeführt hatte,

(Venti) — rotant cavis flammam fornacibus intus (VI. 201) und
(Vortex) — — Et calidis acuit fulmen fornacibus intus (VI. 274)

kann ich jetzt noch eine höchst interessante, schlagende aus Blomberg's Vaterländischen Dichtungen „Treu zum Tode“ (Berlin 1872) anführen:

„Mir träumt in einer schwülen Wetternacht,“
„Längst pocht es dumpf in ihrer Donnerschmiede.“

Wir haben in allem diesem nebeneinander deutlich im Anschluss an die Gluthitze der Gewitter-Temperatur, an die
dunklen Wolken als Dampf, den Feuerschein in den Wolken,
den dumpfen, aus der Ferne merklich tönenden Donner, — die
Vorstellung „himmlischer Oefen" und eines dumpfen Hämmerns eines Feuerarbeiters, so wie als Object des letzteren zunächst den Blitz. Das Funkensprühen desselben haben wir
oben ferner schon als das Resultat des Hämmerns an den im
Donnerkrach zerbrochenen Rädern des Wolkenwagens
erkannt. Der Süden, woher die meisten Gewitter kommen,
hiess speciell nun weiter in Localisirung jenes Terrains Thors
Ofen (oder Hölle), wie er als Heimath des schwarzen
Surtur (Muspelheim) so wie des schwarzen Yamas mit seiner
Hölle galt[1]). Die Sterne erschienen im Anschluss daran als
Funken, welche aus Muspelheim herübergeflogen, Sonne
und Mond in entwickelterer Vorstellung der Finnen, so wie
der Griechen (selbst noch griechischer Philosophen), als einge-
hegte Feuermassen, die dort oben wie ein Paar Essen leuch-
teten oder in weiterer Entfaltung direct selbst als Werk der
betr. Schmiedearbeit erschienen wie der leuchtende Wetterstrahl und zuletzt das Himmelsgewölbe selbst. Gewitterriesen und Wolkenzwerge (d. h. die Sterne in anderer Weise
als oben, nämlich anthropomorphisch gefasst) galten schliesslich als die himmlischen Feuerarbeiter. Und dass diese Vorstellung mit ihren Analogieen sich, wenn auch zersplittert, nicht
bloss allgemein bei den Indogermanen zeigt, sondern auch
schon eine gemeinsame Entwicklung in gewissen Etappen
wahrnehmbar ist: lässt sie sowohl in ihrem Ursprung als
auch in einem bestimmten Grad der Entfaltung als einen
schon gemeinsamen Besitz erscheinen, der sich wie ein rother
Faden durch die Mythologie der betr. Völker zieht. Die Belege
der einzelnen Behauptungen finden sich abgesehen von dem,
was hier neu beigebracht wird, theils in dem Urspr. d. Myth.,
theils in dem I. Theil d. Poet. Naturansch.

Den übereinstimmenden Ausgangspunkt haben wir also,
wie ich jetzt hier ausspreche, in einer im Süden liegenden

---

[1]) Vergl. über diese Auffassung des Südens „Gewitter" = „Weltuntergang" besonders S. 172.

oder von dort heraufkommenden Feuerwelt, die bald als
Hölle, bald als Feuerwerkstatt erschien. Dann findet sich
schon innerhalb des doch erst theilweise bekannten Materials
der indischen Mythologie weiter die. bedeutsame Parallele zur
nordischen, dass dort die Ribhus dem Indra den Donnerhammer schmieden¹), welche sich, wie Kuhn nachgewiesen,
ganz zu den deutschen Elben stellen, und hier dasselbe von
kunstfertigen Zwergen, welche zu derselben Kategorie ge-
hören²), ausgesagt wird. Ferner berühren sich in einer Sage,
die von dem zauberhaften Schmieden am Himmel hergenommen,
Griechen und Deutsche; ein Moment, worauf schon J. Grimm
M. S. 440 hinweist, wenn er sagt: „Dass man den Zwergen
rohes Eisen bringt und es den andern Morgen (d. h. also ursprünglich nach der Gewitternacht) um geringen Lohn vor der
Höhle geschmiedet findet (d. h., dass sie dort oben überhaupt
zauberhaft schnell arbeiten), ist ein uralter Zug.“ Der Scho-
liast des Apoll. Rhodius (Argon. 4. 761) erläutert die ἄκμονες
Ἡφαίστοιο durch eine ähnliche Sage von den vulcanischen Inseln
um Sicilien aus Pytheas Reisebericht: τὸ δὲ παλαιὸν ἐλέγετο τὸν
βουλόμενον ἀργὸν σίδηρον ἀποφέρειν καὶ ἐπὶ τὴν αὔριον
ἐλθόντα λαμβάνειν ἢ ξίφος ἢ εἴ τι ἄλλο ἤθελε κατα-
σκευάσαι, καταβαλόντα μισθόν. Wie im ersteren noch
deutscher mit indischem (und auch wohl griechischem) Glauben
sich berührt, so in Letzterem wieder deutscher mit griechischem.
Dasselbe tritt aber, worauf schon J. Grimm und Kuhn hingewiesen haben und dessen ich oben auch schon andeutend Er-
wähnung gethan habe, im Mythus des gelähmten Wieland
hervor, der sich auch sonst mythisch zu Daidalos und zum
gelähmten Hephäst stellt, wo wieder eine alte gemeinsame
Beziehung hindurchblickt.

Dass übrigens die griechische Sage von den schmiedenden
einäugigen Himmelsriesen (bei deren Ausstattung also die
Sonne als Auge hineingezogen), nämlich dem Arges, Brontes
und Steropes, sich nur als eine Variante den übrigen hinken-

¹) Mannh. Germ. M. S. 107.
²) Schon Grimm sagt von seinem Standpunkt u. A.: „Festgehalten
werden muss die Identität der svartâlfar und dvergar.“ M. S. 415.

den und **zwergartigen** Wesen anreiht, die meine ganze Deutung nur bestätigt, bedarf keiner weiteren Ausführung.

19. Gewitter = Wolken quirlend.

„Ein Gewitter zieht wolkenquirlend am Himmel vorüber."
J. Mosen in der Beschreibung des Gemäldes „der Judenkirchhof"
v. Jacob Ruisdael.

Ich habe nur eine derartige Stelle gefunden, sie ist aber
höchst charakteristisch und berührt sich mit uralten, mythischen Anschauungen der primitivsten und mannigfachsten Art.
Sie giebt sich nämlich erstens als die Grundanschauung und
Grundlage aller der Vorstellungen, welche Kuhn in seinem
Buche über die Herabkunft des Feuers und des Göttertrankes
in Betreff der Bereitung des Feuers so wie des Amṛta-Trankes
durch Quirlen (d. h. Drehung eines Stabes wie eines Butter-
quirls) entwickelt hat. Sie vervollständigt speciell in letzterer
Hinsicht das Bild, welches ich Urspr. d. M. S. 45 von der Scene
gegeben, wo Devas und Asuren um den Wolkenberg die
Blitzesschlange wie einen Strick schlingen und das Ganze
wie einen Drehbohrer hin- und herziehen und so das
Milchmeer (d. h. den Wolkenhimmel[1]) gleichsam quirlen
um so den neuen Sonentrank, das neue Sonnenlicht zu
erzielen. (Vergl. d. Aufsatz z. prähist. Mythol. in der Berl. Zeitschr.
f. Ethnol. 1879.) — Ferner charakterisirt das Bild das Wühlen
in den Wolken als ein Kreiseln und schliesst sich damit der
Vorstellung an, welche ich als den Ausgangspunkt der Prometheus-Sage bezeichnet, dass er der „Küsel- oder Wirbelwind" als Feuerräuber sei. (s. oben unter Windsbraut und
meine Abhandlung „zur Prometheus-Sage" bei Kuhn, Zeitschr.
f. vergl. Sprachw. v. J. 1871). Endlich reiht sich auch daran das
Wühlen des Gewitterebers in den Wolken mit seinem
Blitzzahn (s. Blitz = Wetzen) u. s. w.

20. Gewitterschwanger = Wolke „schwanger" und
„Blitzgeburt", „Donnerschwanger".

---

[1]) Diese Anschauung habe ich im Urspr. d. M. vielfach behandelt,
ich trage noch als den Anfang einer analogen Reproduction der betr.
Anschauung eine Stelle aus Turgéniew nach. Dunst, Berlin. (Janke,
III. Aufl. S. 148). „Sie (eine Frau) verschwand einen Augenblick später
im dichtem Milchnebel, der dem Schwarzwalder Klima während der
ersten Herbsttage eigenthümlich ist."

Die verschiedensten Accidentien der Vorstellung einer im
Gewitter stattfindenden Geburt haben wir schon gelegentlich
oben berührt, Anderes ist im Urspr. d. M. besprochen worden.
Der Ausgangspunkt ist wohl die dicke, schwangere Wolke
bei den phallischen Vorstellungen, welche der Naturmensch
an die himmlischen Erscheinungen knüpfte (s. meine Abhandlung über den Sonnenphallus in der Berl. Zeitschr. f. Ethnol.
v. J. 1874). Die stossartige Entwicklung des Unwetters, das
Stöhnen und Wimmern (auch Weinen), welches sich im Sturm
(s. das.) daran zu schliessen schien, der endlich aus dem gährenden Schooss der Wolken herausfahrende Blitz sind gleichsam
die verschiedenen Phasen des betr. Ereignisses, in dem auch ev.
die Windsbraut als Hebeamme eintrat (s. das.). — Da ich
auch ausser an den oben citirten Stellen im Urspr. d. Röm.
Stammsage dies betr. Element wieder ausführlich zu behandeln
Gelegenheit gehabt, so mögen diese Andeutungen hier genügen.
Nur eine Stelle aus dem Urspr. d. M. möchte ich ihrer Bedeutung halber hier wiederholen, S. 115 nämlich, wo ich von den
Gewittergeburten handelte, machte ich die Anmerkung:

„Wie unwillkürlich sich solche Anschauungen immer wieder
bei natürlicher Darstellung reproduciren, bestätigen viele Beispiele; so sagt u. A. Beckmann, Beschreibung der Kurmark
Brandenburg. Berlin 1751. I. 507: „Hiernach wird auch den
Donnerwettern, als Geburten der Luft, eine Stelle zu lassen
sein" u. s. w.

21. Gewitter, der Himmel öffnet sich in demselben;
der himmlische Pförtner; Blitz = Schlüssel.

Wenn es blitzt, dann öffnet Gott ein Fenster oder eine
Thür des Himmels. Grohmann, Abergl. und Gebr. aus Böhmen
und Mähren. Prag und Leipzig 1864. I. S. 36.

Doch sieh! es bricht aus Südgewölk hervor,
Des Himmels Pförtner naht mit Sturmesrossen,
Und krachend aufgethan das heil'ge Thor,
Strömt Segen aus, vom goldnen Blitz verschlossen.
Trinius b. Grube. S. 179.

Dem entsprechend verschliesst Petrus die Schleusen des
Himmels mit seinem Blitzschlüssel, wenn es im Schweizer
Kinderreim von ihm heisst: „er wirft de Schlüssel über de

Rhî, morn muess schö Wetter sî." Desgl. geben die (goldnen)
Schlüssel der weissen Frau, das Schlüsselbund, welches
man rasseln hört, wenn sie umgeht, auf den Blitz. Vergl.
Kuhn in d. Zeitschr. f. D. Myth. III. 385.
Griechische und römische Schilderungen weisen auf ähn-
liche Anschauungen hin. Dem „krachend aufgethan das heil'ge
Thor" entsprechen homerische Schilderungen, wenn es Il.
5, 749 und 8, 393 heisst, wo Here und Athene auf strahlendem
Wagen den Himmel verlassen, um zum (schneeigen) Olymp zu
fahren wo Zeus weilt:

Ἥρη δὲ μάστιγι θοῶς ἐπέμαιετ' ἄρ' ἵππους·
αὐτόμαται δὲ πύλαι μύκον οὐρανοῦ, ἃς ἔχον Ὧραι,
τῆς ἐπιτέτραπται μέγας οὐρανὸς Οὔλυμπός τε,
ἢ μὲν ἀνακλῖναι πυκινὸν νέφος, ἠδ' ἐπιθεῖναι.

Eine Art Himmelsschlüssel wird dann in specieller Beziehung noch erwähnt, nämlich mit der Modification, dass er
zu dem geheimen Gemach führe, wo Zeus den *κεραυνός* „verschlossen" hält.

In des Aeschylos Eumeniden sagt Athene v. 791 ff.:

καὶ κλῇδας οἶδα δωμάτων μόνη θεῶν,
ἐν ᾧ κεραυνός ἐστιν ἐσφραγισμένος·

Der obigen Stelle andrerseits „Doch sieh! es bricht aus
Südgewölk hervor, Des Himmels Pförtner naht mit Sturmesrossen" entspricht die Scene, wo der *ἄναξ ἐνέρων Ἀϊδωνεύς*
hervorbricht, um die Persephone von der Blumenau des
Himmels zu entführen, nur dass er nach der Entwicklung der
Vorstellung in der griechischen Mythologie nicht am Horizont,
sondern aus der Erde als der *ἄναξ ἐνέρων* hervorkommt.

— γαῖα δ' ἔνερθεν
χώρησεν, τῆς δ' ἔκθορ' ἄναξ κρατερὸς Πολυδέγμων.
βῆ δὲ φέρων ὑπὸ γαῖαν ἐν ἅρμασι χρυσείοισιν
πόλλ' ἀεκαζομένην· ἐβόησα δ' ἄρ' ὄρθια φωνῇ

sagt Persephone Hymn. in Cer. 429. cf. über die Sache selbst
Urspr. d. M. C. II.

Noch prägnanter entwickelt sich aber der himmlische
Pförtner mit seinem Schlüssel im römischen Janus; und wie
alles Mythische bei den Römern sich mehr im Gebrauch abge-

lagert hat, so finden wir im bekannten Janustempel gleichsam
den Himmel selbst localisirt, der offen ist, wenn Krieg im
Himmel, d. h. also im Gewitter, sonst aber geschlossen,
wie auch die Nachahmung des ersten Blitzes durch rituellen
Lanzenwurf den Beginn des Kampfes wie dort oben signa-
lisirte. S. Poet. Nat. I. 196. 199. (267) und oben unter „Blitz"
als „Lanze".

Erwägt man übrigens, wie stets sich das Christliche in
Betreff der Formen den vorhandenen Verhältnissen anschloss
und so überall gar viel vom Heidenthum, wenn gleich anders
gewandt, mit hinübernahm, wie ferner auch im übrigen Europa
dann Petrus im Anschluss an die bekannte Bibelstelle direct
zu einem himmlischen Pförtner in fast neuer heidnischer
Gewandung wurde, so hat überhaupt die Petrus-Legende, welche
sich an Rom knüpfte, kaum einen fruchtbareren und geeigne-
teren Boden im ganzen orbis terrarum zu weiterer volksthümlicher Entfaltung finden können, als die, wo schon der himmlische Pförtner auf heidnischem Boden mit dem, Himmel
und Erde ihm unterthan machenden Schlüssel ausgestattet, seinen Tempel hatte und als Jahresgott für einen
Beschliesser Himmels und der Erden galt, wenn sie nicht
überhaupt in diesem Boden erst weitere Wurzel gefasst und
Realität gewonnen hat. Ebenso haben die Nachfolger Petri auch
in geistiger Hinsicht nur den weltbeherrschenden Standpunkt
des alten Janus als christliche pontifices vortrefflich ausgebaut, so dass auch in dieser Hinsicht die Continuität der angeblich
ewigen Roma nicht verloren gegangen ist. Sagt doch Janus
von sich Ovid I. 117:

Quidquid ubique vides, coelum, mare, nubila, terras,
Omnia sunt nostra clausa patentque manu.

22. Gewitter, Wettstreit in dems. s. oben Anhang zu
„Blitz" und „Donner" u. s. w. No. 4 und „Gewitter" = „Zank,
Kampf" u. s. w. •

23. Gewitter wird schwächer, gewöhnliche Ausdrucksweise. Vergl. Urspr. d. M. C. 1. No. 15 die Entmannung und
Schwächung des Uranos, Zeus u. s. w. und oben unter „Donner
hängt an den Fersen des Blitzes."

Regenbogen.

---

1. Regenbogen als Kopf- und Halsschmuck.

Der Regenbogen erscheint nach Müller (Amerik. Urreligionen S. 226) den Karaiben in den verschiedensten Beziehungen personificirt als Juluka. Er ist ein riesig grosser Geist, welcher über Länder und Meere schreitet, mit dem Haupt über die Wolken ragt und dergl. mehr. Das Erstere erinnert an Lenau's Verse aus der Haideschenke:

> Froh, dass es (das Wetter) fortgezogen,
> Sprang über's ganze Haideland
> Der junge Regenbogen.

Als Person wird er, nach Müller anthropomorphisirt, wenn er bisweilen neugierig aus dem Meere oder der Erde Tiefen hervorblickt, das Haupt geschmückt mit Federn, die Stirn geziert mit dem prächtigen Schmuck einer breiten Binde. Diese Binde besteht aus den in allen Farben spielenden Federn des Colibri.

Zu dem Letzteren stellt sich zunächst in Parallele, was J. Grimm M. S. 696 erwähnt, dass in einigen Gegenden Lothringens der Regenbogen courroie de S. Liénard, couronne de S. Bernard heisst.

In griechischen Mythen möchte wohl zuerst hierher gehören die goldene Krone der Ariadne, ein Werk des Hephäst, welches ihr Dionysos bei seiner Vermählung mit ihr schenkte, oder die Horen und Aphrodite. Ist doch Ariadne gleichsam die kretische Medea, die wie jene dem Jason, so hier dem Gewitterhelden Theseus beisteht, damit er im himmlischen

Labyrinth den Gewitterstier bewältige (s. Blitz als Faden).
Ihr Verhältniss zu Theseus und Dionysos erinnert an das der
Brunhild zu Siegfried und Gunther, nur ist eben Alles anders
gewandt, aber im gewissen Sinne lückenhaft geblieben in Betreff
des Uebergangs der Ariadne aus der Hand des einen in die andere, denn die betr. Motivirung ergiebt sich als ein dürftiges späteres Machwerk, obgleich ein charakteristisches Moment hindurch
vibrirt, was auch wieder an die Brunhild-Sage erinnert, dass
Theseus sie verlässt, Dionysos sie schlafend findet. (Das
Sachliche über die Ariadne-Krone findet sich im Schol. zu Hom.
Od. 11. 320 und Eratosth. Katast. 5.)

Ebenso dürfte sich hier anschliessen das verhängniss-
volle Halsband der Harmonia, das kostbare, kolossale, goldene
Brustgeschmeide (ἐννεάπηχυς), welches der Eileithyia bei der
Entbindung der Leto versprochen wird, so wie auf germa-
nischem Boden der Halsschmuck der Freyja Brisingamen,
welcher wieder durch ihren Namen „Menglada" d. h. monili
laetabunda zur Seite tritt, s. Urspr. d. M. 117 und 206 ff.

2. Regenbogen als Saum eines Kleides oder Gürtel.

1. Saum eines Kleides.

> Du (die Sonne) nimmst aus Wolkenflor
> Den Silberschleier vor,
> Und hast den Regenbogen
> Als Saum um's Kleid gezogen.   Rückert.

Nach dem Glauben der Kamtschadalen ist der Regenbogen der Saum des Kleides des Billukai. Klemm, Culturgesch. II. S. 327. Ebenso gilt in der Oberpfalz der Regenbogen als der Saum des Kleides U. L. Frauen. Schönwerth
II. S. 129.

2. Regenbogen als Gürtel.

> Selber der Tag, der strahlenschüttende Tag,
> Bleichet vor Scham vor dem Gürtel der Iris.
>   Matzerath b. Grube S. 312.

> Gottes Donnergewölk im farbigen Gürtel des Friedens
> Rollt ostwärts und blitzt freundlich zurück in das Thal.
>   Joh. Heinr. Voss. Lyr. Ged. Königsberg 1802. I. S. 88.

Vergl. Nonn. Dionys. II. 201 ff.

— ὑπ' ἀκτίνεσσι δὲ λάμπων
ἀντιπόρου Φαέθοντος ἐκάμπτετο σύνδρομος ὄμβρῳ
Ἴριδος ἀγκύλα κύκλα πολύχροος ὁλκὸς ὑφαίνων,
χλωρὰ μελαινομένῳ, ῥοδοειδέι λευκὰ κεράσσας.

Dieser Anschauung entsprechend heisst bei den Lithauern
der Regenbogen Gürtel der Lauma oder Himmelsgürtel,
bei den Neu-Griechen auf die Jungfrau Maria, in offenbar alter
Auffassung des Objects, übertragen: ἡ ζώνη oder τὸ ζωνάριον
τῆς Παναγίας, der Gürtel der Mutter Gottes, denn es ist
entschieden auch der zauberhafte Gürtel der Sonnengöttin
Aphrodite, an den aller Liebreiz, das Verlangen u. s. w.
sich knüpfte. Macht doch andrerseits Nonnus Dion. auch den
πόθος geradezu zu einem Sohn der Iris:

εἰ Ζέφυρος κλονέει, Ζεφυρηίδι δείξατε νύμφῃ
Ἴριδι μητρὶ Πόθοιο βιαζομένην Ἀριάδνην   47, 341 f.

Ebenso schliesst sich hier an der sagenhafte Gürtel der
Hippolyte, der Kampfpreis im Streit des Herakles mit den
Amazonen u. s. w. Er erhält nämlich je nach den Personen
und Sagen, mit denen er in Beziehung tritt, verschiedene Bedeutung.

Die doppelte Beziehung, die beim Regenbogen hervortritt,
einerseits als Zeichen des Streits (wie bei Homer), andrerseits als Zeichen des Friedens, ergiebt sich zumal, je nachdem
er zu Anfang des Gewitterkampfes oder zu Ende des bei-
gelegten (dann als Zeichen der Versöhnung) erschien[1]).
Als Schmuck, mit dem die Sonnengöttin endlich sich putzt,
um ihrem Gemahl zu gefallen, schien er ihren Liebreiz
zu mehren und dieser sich an ihn zu knüpfen.

Wie er nun in der oben zuletzt erwähnten Sage als Kampfpreis des Gewitterkampfes am Himmel galt, den Herakles
dort oben mit den griechischen Valkyrien auszufechten schien,
so wurde er, wenn der Gewitterheld selbst sich mit ihm angeblich gürtete, zum Stärkegürtel, es ist eben in diesem
Falle, um mit Voss zu reden: „das Donnergewölk nur nicht

---

[1]) Aehnlich meldet er auch schon nach Ptolemäus „nach den Umständen aus Heiterkeit Sturm, und aus Sturm Heiterkeit." Voss, Georg.
I. 356 ff.

im Gürtel des Friedens, sondern des Kampfes." Ich habe demgemäss Urspr. d. M. 116 ff. schon herangezogen des Thor wie Ares „Stärkegürtel". Aber auch aus der uralten Vorstellung vom Werwolf gehört der Gürtel hierher, mit dessen Erscheinen ein Sturmeswolf plötzlich am Himmel wie im Zauber auftrat und in den Wolken zu reissen schien, welches Moment charakteristisch in irgend einer Weise immer in den Werwolfsagen wiederkehrt. s. Urspr. d. M. unter „Werwolf".

3. Regenbogen als Ring.

Der Regenbogen heisst in Schwaben Himmelsring. Birlinger und Buck. Sagen u. s. w. aus Schwaben. Freiburg im Breisgau 1861. I. S. 196. — Gottes Ring bei den Zigeunern. Pott in Kuhn's Zeitschr. f. sprachvergl. Wissenschaft II. S. 248. Hierauf habe ich Urspr. S. 194 den Schwanenring bezogen, mit dem, wie beim Werwolf mit dem Gürtel, die Verwandlung des betr. Wesens in den Wolken vor sich zu gehen schien. Auch der unsichtbar machende Ring in verschiedenen Sagen dürfte ursprünglich hierher gehören. (Vergl. die Sagen, dass der Same des Farnkrauts unsichtbar macht.)

4. Regenbogen als Hörner.

Angelus, Ann. March. Brand. Frankf. a. d. O. 1598 bringt vom Jahre 1519 die Notiz bei, man habe einen Regenbogen mit den Hörnern nach oben stehend, beobachtet. Dazu stellt sich die Angabe des Plutarch, welcher berichtet, man habe der purpurnen Iris einen Stierkopf beigelegt, mit dem sie Flüsse ausschlürfe (s. Regenbogen zieht Wasser). Im Slovenischen ist der Name des Regenbogens mávra oder mávriza d. h. schwärzlich gestreifte Kuh (s. die Stelle oben aus Nonnus: χλωρὰ μελαινομένῳ, ῥοδοειδὲι λευκὰ κεράσσας). In der Schweiz sagt man von einem „sich verziehenden" Gewitter „das Wetter zieht die Hörner ein".

Dass diese Anschauung als Ergänzung der vom brüllenden Donner- (resp. Sonnen)-Stier anzusehen, habe ich schon oben unter „Donner brüllt" erwähnt, ebenso dass u. A. die griechischen stierhäuptigen Wassergötter (Achelous u. s. w.), dann auch der Stiergott Dionysos sich hier anschliesse u. dgl. m. s. Urspr. d. M. unter „Rindergottheiten" und Heut. Volksgl. II. Aufl. den I. Anhang „die rothe Kuh im Regenbogen und

Iris mit dem Stierkopf so wie die stierhäuptigen Wassergötter der Griechen." Auch die Vorstellung eines Trinkhorns scheint sich hier und zwar an unvollständige Regenbogen angereiht zu haben. S. Urspr. d. M. besonders S. 201. 203.

5. Regenbogen zieht Wasser.

J. Grimm sagt M. S. 695: „Die Römer meinten, der aufstehende Bogen trinke Wasser aus der Erde (?): bibit arcus, pluet hodie: Plaut. curcul. 1, 2; „purpureus pluvias cur bibit arcus aquas?" Propert. III. 5, 32. Tibull. 1, 4, 44. Virg. Georg. 1, 380. Ov. Met. 1, 271. „Wahrscheinlich reiht sich hier an die russische Bezeichnung für Regenbogen Veselka vodu bere d. h. die Veselka holt Wasser. Die Veselka ist nämlich bei den Kleinrussen ein kleines Mädchen, welches mit einem Eimer aus den Flüssen, Seen und Brunnen Wasser schöpft und damit die Erde begiesst. Grohmann, Abergl. I. S. 40. Jedenfalls holt auch unter Umständen die griechische Iris Wasser, wie Hesiod in einer auch sehr merkwürdigen Stelle berichtet. Theog. 780 ff.

παῖρα δὲ Θαύμαντος θυγάτηρ πόδας ὠκέα Ἶρις
ἀγγελίης πωλεῖται ἐπ' εὐρέα νῶτα θαλάσσης,
ὁππότ' ἔρις καὶ νεῖκος ἐν ἀθανάτοισιν ὄρηται
καί ῥ' ὅςτις ψεύδηται Ὀλύμπια δώματ' ἐχόντων·
Ζεὺς δέ τε Ἶριν ἔπεμψε θεῶν μέγαν ὄρκον ἐνεῖκαι
τηλόθεν, ἐν χρυσέῃ προχόῳ, πολυώνυμον ὕδωρ,
(nämlich den Styx)
ψυχρόν, ὅ τ' ἐκ πέτρης καταλείβεται ἠλίβατοιο κτλ.

Halten wir übrigens den Anfang dieser letzten Stelle, wo die Iris „Botendienste" thut ἐπ' εὐρέα νῶτα θαλάσσης, mit der oben erwähnten karaibischen Vorstellung zusammen von einem riesig grossen Geist, der im Regenbogen über Land und Meere schreitet, und der Lenau'schen Anschauung, dass der junge Regenbogen über das ganze Haideland springe, so dürften wir, zumal wenn die Iris dann weiter goldgeflügelt heisst, hierin auch den Grund der Vorstellung haben, die sie zur Botin des Zeus machte. (χρυσόπτερος Ἶρις. Nonn. D. 20, 251. 31, 124.) Vom letzteren Standpunkt aus „fliegt" natürlich dann die Regenbogengöttin, z. B.

καὶ ταχινὴ πεπότητο θεὰ παλινόστιμος Ἶρις. N. 31, 197.

Interessant ist es übrigens, wenn sie derselbe Nonnus 31,
106 ff. *Ζεφύρου σύγγαμον, Ζηνὸς διάκτορον* nennt,
καὶ Ζεφύρου δυσέρωτος ἐδίζετο (Ἥρη) σύγγαμον Ἶριν,
Ζηνὸς ἐπειγομένοιο διάκτορον, ὄφρα τελέσσῃ
ἠερόθεν σκιόεντι ποδήνεμον ἄγγελον Ὕπνῳ.

Aber auch ohne diese Stelle liegt nach Allem die Vermuthung nahe, ob der *διάκτορος Ἀργειφόντης* mit seinen goldenen Fussflügeln nicht auch kraft einer der obigen analogen
Anschauung wenigstens in dieser Ausstattung zum *ἄγγελος* des
Ζεύς geworden sei oder ihn wenigstens so repräsentire.

6. Regenbogen als eine gebogene, gekrümmte Waffe
(im Gewitterkampf) und zwar:

a) als Sichel (meist golden) und als Waffe, aber auch
als Werkzeug bei den Esthen in den Händen des Donnergotts (Urspr. d. M. S. 133), ferner in Griechenland in denen des
Kronos (S. 129), des Zeus (S. 96), des Hermes (S. 183), des
Herakles (S. 133), des Perseus (S. 84), dann der Demeter (lehrt
den Titanen das Mähen S. 135, vergl. bei ihren Opfern S. 185),
auf deutschem Boden im Gewitterumzug in den Händen des
voranziehenden Reiters oder der Weiber im wilden Heer
der Frau Holle (S. 134), in einem Mythos von Odhin und den
Mähdern (S. 136f. cf. 140), die goldene Sichel beim Schneiden
der Mistel (S. 176) und in den Händen der Pilwize oder
Bilsenschnitter S. 254; auch die blinkende in den Schwingen Widofnirs S. 207 dürfte hierher gehören.

b) als Bogen. Bei den Finnen in den Händen des Donnergottes Ukko (Ursp. d. M. (S. 103), bei den Griechen in denen des
Apollo (S. 101—104), des Eros (des Sohnes des Zephyros und
der Iris S. 175), des Herakles (S. 101), Orest (von Apollo zur
Abwehr der Erinnyen S. 142), des Odysseus (S. 208), Eurytos,
Philoktet u. s. w.; auch Odhin führte Bogen und Pfeil, vergl.
was Kuhn über Robin Hood und dahin gehöriges aus englischen
Gebräuchen beigebracht und Simrock M. S. 276 zusammengestellt hat[1]).

---

[1] Vergl. auch das reichhaltige Material, welches über die mythischen Bogenschützen Rochholz in seinem Buche „Tell und Gessler in
Sage und Geschichte" Heilbronn 1877 beigebracht.

7. Regenbogen als gespannte Brücke. s. u. A. Urspr. d. M. 202, vergl. Grimm M. S. 694. Dass es wohl auch die wunderbare Brücke oder der Damm ist, welchen der Teufel in verschiedenen Sagen baut, habe ich schon oben erwähnt. So soll der Teufel dem Lippold von Bredow einen Damm mitten durch einen See in der Weise haben bauen müssen, dass er immer geradezu fahren konnte, und hinter dem Wagen musste er denselben stets gleich wieder abreissen, dass Niemand ihm nachfolgen könne[1]). Auch die eisernen, silbernen, ledernen Brücken, von denen die Schweizersagen berichten, dürften hierber gehören. S. Rochholz, Schweizersagen II. 216 f. 241. Charakteristisch ist auch der Zug einer Sage, welche mir dieser Tage Herr Lieutenant a. D. v. d. Schulenburg aus der Lausitz von einer solchen „Lederbrücke“ mittheilte, sie sei eine Art „Rollbrücke“ gewesen, welche sich stets von selbst vor dem Betreffenden aufrollte und vorn ausbreitete, so weit er gerade zu Pferd oder Wagen darüber ritt oder fuhr u. s. w. Laistner in s. Nebelsagen S. 250 führt, wie ich nachträglich sehe, noch für die behauptete Beziehung zum Regenbogen an, dass Rochholz in den an die sogen. Lederbrücken sich anschliessenden Sagen Hinweise fände, die sie als „Seelenbrücken“ charakterisirten, und nach Vernal. Alpens. 401 gelte im östreichischen Gebirge der „Regenbogen“ als „Todtenbrücke“. Wenn er dessenungeachtet Mannhardt beistimmt, der darin die Vorstellung eines Wolkenzuges findet, der zwischen zwei Bergkuppen zu hängen scheint, so kann ich mich dem nicht anschliessen, es erscheint mir etwas zu künstlich. Die Drahtbrücken beziehe ich übrigens, wie ich auch schon im Urspr. u. s. w. gethan, auf den Blitz, auf ihn auch die von Rochholz a. a. O. erwähnten gespannten Seile mit den Glocken, welche läuten. Ueber die mythischen Brücken dürfte auch noch zu vergleichen sein, was Wolf in s. Beiträgen z. D. M. II. S. 213 anführt.

---

[1]) S. meine Volksausgabe der märkischen Sagen v. J. 1871. (Sagen u. alte Geschichten der Mark Brandenburg. Berlin bei W. Hertz.) S. 30.

CAPITEL VII.

R e g e n.

Regen.
Noch immer goss es vom Himmel wie mit Kannen.
Freytag „Soll und Haben". Leipzig 1874. II. 219.
cf. Nonn. Dionys. X. 302 διιπετέος χύσιν ὄμβρου und
ebend. 296 ἠερίου χύσιν ὄμβρου.
„Aus der Wolke quillt der Regen."   Schiller.
— Auch stürzet des Regens
Prasselnde Fluth nun bald aus dem berstenden Wetter-
gewölk her.
Pyrker, Tunisias. S. 292.
— Jedoch schon schiffen von Neuem
Beladene Wolken vom Abend und hemmen wieder das Licht;
Sie schütten Seen herab.
Chr. Ew. v. Kleist. 1766. S. 40.
„Die Schleusen des Himmels öffnen sich von ihrer
Last und stürzen ganze Fluthen herab." — Hirschfeld „das
Landleben" (Oltrogge, Deutsch.Lesebuch. Hannover 1861. S.225).
„Nicht achtend die Sündfluth von Regen, die jetzt vom
Himmel stürzte, sondern taumelnd" u. s. w. James „der Räuber.
Franklin Gray". Stuttg. 1844. II. S. 142.
Vergl. die unter „Gewitter bringt Ueberschwemmung" bei-
citirten Stellen, namentlich die aus Lucrez von der neuen dro-
henden Sindfluth.

„Wenn der See im obersten Himmel überläuft, so regnet
es auf Erden. Sollten aber einmal die Dämme desselben durch-

brechen, dann gäbe es eine allgemeine Sündfluth." Glaube der Grönländer. Klemm, Culturgeschichte. II. 311. vergl. 314. Aehnlich ist die Vorstellung des A. T., nur dass sie eben allgemein poetischer gehalten. 1 Mos. 1, 7. „Und Gott schied das Wasser unter der Veste von dem Wasser über der Veste," wozu Gerlach hinzusetzt „das aus den Wolken niedertrieft. Ps. 148, 4." Hierzu habe ich schon Urspr. d. M. S. 274 bemerkt: „Ebenso spricht auch noch die heutige Celtische Tradition von einem oberen See und die Schweiz kennt ihn zwar nicht mehr im Himmel, sondern die Sage hat den See, dessen möglicher Weise eine Sündfluth bringendes Uebertreten zu fürchten ist, irdisch localisirt, wo er u. A. durch einen goldenen Ring zum Glück der Menschen gebannt ist, in dem wir nicht schwer den Regenbogen wiederfinden werden."

Dies sind ferner ebenso irdisch localisirt die Seen, bei denen durch Hineinwerfen von Steinen oder dergl. ein Unwetter entsteht. s. „Donner = Poltern, Werfen mit Steinen". In gleicher Weise ist der in Norddeutschland an vielen, meist angeblich unergründlichen Seen haftende Name „Teufelssee" im Anschluss an den Gewitterteufel, die Ueberschwemmung die er zu schicken schien und dergl. zu erklären. S. meinen Aufsatz im Berliner „Bär" v. 1. März 1879 „Teufelssteine und Teufelsseen".

Dem Glauben, dass durch Hineinwerfen von Steinen in die himmlischen Wasser ein Unwetter erzeugt werde, stand zur Seite der römische Regenzauber des aquaelicium, so wie die Vorstellung, dass auch durch Schlagen mit der Blitzruthe Regen erzeugt werde, was auch in entsprechender Nachahmung mit einer Ruthe, einem Zweige, als Mittel Regen herbeizurufen, besonders in Griechenland galt. Dieser Gedanke, als helfenden Gebrauch das zu wiederholen, was man bei ähnlicher Situation im Himmel glaubte vor sich zu sehen, tritt besonders charakteristisch überhaupt bei den sogen. Regenzaubern entgegen (s. über das Prinzip Schwartz, Zum Ursprung der Gebräuche der Urzeit. Berl. Zeitschr. f. Ethnol. 1875. S. 401 ff.). J. Grimm kommt hier unserer Ansicht zum Theil schon entgegen in der Art, wie er den hergehörigen deutschen, serbischen

und griechischen Gebrauch erklärt. „Ein Mädchen (serb. dodola
griech. πυρπηροῦνα)“, sagt er nämlich, „wurde, das ist die Haupt-
sache, bei den Deutschen nackt entkleidet, an einen Fluss von
andern Jungfrauen geführt und mit der Fluth besprengt;
bei Slaven und Griechen wird es auch nackt ausgezogen, dann
aber mit Kräutern und Blumen des Feldes vom Kopf
bis zu Füssen angeputzt und verhüllt, in diesem Zustand
dann unter Absingung eines Liedes von Haus zu Haus geführt
und von der Hausfrau mit einer Mulde oder einem Eimer
Wasser übergossen.“ Dazu bemerkt nun J. Grimm „der
Sinn der Handlung ist klar. Wie aus dem Eimer das
Wasser auf die dodola, soll Regen vom Himmel auf
die Erde niederströmen, es ist die geheimnissvolle, echt
symbolische Beziehung des Mittels auf den Zweck.“ Dem „Ge-
heimnissvollen“ möchte ich nun nicht beistimmen: der Naturmensch glaubte eben bloss, wenn er äusserlich das nach-
ahme, worin er einen Causalnexus fand, so werde er denselben Schlusserfolg erzielen.

Da ich einmal schon in die primitivsten Zeiten zurück-
gegriffen, so reihe ich hier eine rohe Vorstellung an, die sich
ganz zu der oben besprochenen des Donners als πορδή stellt.
Fällt ein Platzregen, so heisst es in der Oberpfalz „die Gäste
im himmlischen Wirthshause hätten zu viel getrunken und
pissten nun herunter.“ (Schönwerth II. S. 128.)

Wenn es bei Aristophanes nur ein Scherz ist, wenn Strep-
siades sagt, er hätte früher geglaubt, dass im Regen Zeus
durch einen Sieb harne, so tritt es uns, wie ich schon oben
im I. Theil S. 260 bemerkt, als roher Glaube noch factisch bei
den Kamtschadalen entgegen, indem diese wirklich meinten,
dass die Luftgötter zur Zeit von Regengüssen ihr Wasser
liessen. s. ebendas. über das Harnen der Frau Harke, der Mar-
gareth am Rhein, wenn es am 10. Juni regnet u. s. w.

An das διὰ κοσκίνου οὐρεῖν reihe ich eine Stelle bei Rochholz, Naturmythen S. 55: „Bei starkem Regen heisst es in der
Schweiz, es schütte mit allen Kübeln und Gelten;“ bei fein-
sprühendem „rinnt es durch Seiher, Sieb und Korb“. Dem
celtischen Drac mit den siebartigen Händen, den ich schon
im Urspr. d. M. erwähnt, tritt zur Seite die finnische Nebeltochter

Terhenetär, welche den Nebel und die Wasserdünste auf die
Erde hinabsiebt (Kalewala 19, 137 ff.), vergl. Castrèn, Finn.
Myth. S. 68.

> Terhenetär, Nebeltochter,
> Siebe mit dem Sieb den Nebel,
> Streue nebelreichen Schatten u. s. w.

Vergl. oben I. Theil. Vorr. X. Hierher gehören natürlich auch
die deutschen Hexen mit ihren Sieben.
Dazu stellt sich dann ferner der Regen, der aus dem himmlischen (Donner-) Rumpelfass rinnt (s. Gewitter = Gekessel
u. s. w.), der vom „Ueberschwabbeln" des Wolkenschiffes
herkommt. s. Wolke als „Schiff". Wenn sich dem aus dem
Rumpelfass rinnenden Regen der aus dem Danaidenfass
(ohne Boden) zur Seite stellt (s. Urspr. d. M. 7 u. s. w.), so
haben wir auch noch eine deutsche Sage, welche speciell an
die Gestaltung jenes Mythos erinnert, indem nämlich hier bei
der betr. Aufgabe des Füllens des bodenlosen Fasses mit
Wasser eine Verwünschung (resp. Erlösung) mitspielt, gerade
wie die Danaiden zur Strafe auch gleichsam verwünscht werden
„ewig zu schöpfen". Es fehlt der deutschen Sage nur die
ethische Motivirung der griechischen, und damit die anthro-
pomorphische Entwicklung, wie sie jene empfangen hat. Von
der Frau Holle, der weissen Frau, d. h. der Sonnen- und
Wolkenfrau, heisst es nämlich, sie habe ein Fass ohne Boden,
wenn sie dies vollgefüllt, sei sie erlöst (Pröhle, Harzsagen
bei Mannhardt, Germ. M. 104). Mit solchen Anschauungen
wurden überhaupt die Wolken (die himmlischen Töchter) in
deutscher Mythe zu Wasserfrauen (Nixen), bei den Griechen
zu Najaden, Nereiden u. s. w. Als fliegende Wolken nehmen
sie Vogelgestalt an, weilen bei Seen und Brunnen (natürlich den himmlischen), wachsen dann in die Gewitterscenerie
ein, tanzen im Wirbelwind, lieben Gesang und Musik wie
die Elben u. s. w.
Die Gewittererscheinungen brachten dann weiter, wie wir
oben gesehen, die διιπετέος χύσις όμβρου oder den διιπετής
ποταμός selbst mit den Gewitterdrachen in Verbindung (wie
sich noch in der Schweiz die Redensart erhalten hat, wenn die
Gebirgswasser anschwellen „ein Drach sei ausgefahren")

oder bei den Griechen mit der stierhäuptigen purpurfar-
benen Regenbogen-Iris und ihren Substituten in dieser Hinsicht,
dem Achelous u. s. w. Daneben weckt u. A. das Donnerross
mit seinem Hufschlag den himmlischen Quell, kurz überall
knüpfen sich die mannigfachsten Beziehungen. Immer aber ist
das Wasser vom Himmel gekommen, dort erschien es zuerst,
und wie göttliche Wesen (Thetis, Metis) sich dort oben in
Wasser gewandelt zu haben schienen, so bekam mit dem
Regenstrom auch der irdische Strom ein gewisses Relief,
eine gewisse mythische Wesenheit; und so kann es schliesslich nicht auffallen, wenn bei Griechen und Römern in den
Stammsagen neben Sonne und Mond als den ersten Ge-
schöpfen auch der dem Lande Wasser spendende Strom (ähnlich wie die Najade als Substitut der himmlischen Wolkenwasser-
frau) sich ihnen in besonderer Persönlichkeit anreiht und
den localen Mythen einflicht (vergl. u. A. „Den Ursprung der
Römischen Stammsage").

REGISTER.